C·H·Beck

PAPERBACK

W0176768

Günter Seufert
Christopher Kubaseck

Abschied von Atatürk

Die Krisen und Konflikte
der Neuen Türkei

C.H.Beck

Mit 11 Abbildungen und 5 Karten

Originalausgabe
© Verlag C.H.Beck oHG, München 2023
www.chbeck.de
Umschlaggestaltung: Kunst oder Reklame, München
Umschlagabbildung: Schatten von Demonstrierenden auf
einer Türkei-Flagge, 23. Oktober 2007, © Photo by ADEM ALTAN/AFP
via Getty Images
Satz: C.H.Beck.Media.Solutions, Nördlingen
Druck und Bindung: Druckerei C.H.Beck, Nördlingen
Printed in Germany
ISBN 978 3 406 80642 1

myclimate

klimaneutral produziert
www.chbeck.de/nachhaltig

Inhalt

Anhang

Verzeichnis der Karten

Vorwort

2023, zum einhundertjährigen Jubiläum der Republik Türkei, nimmt das Land wohl endgültig Abschied von seinem Gründer und politischen Übervater Mustafa Kemal Atatürk. Nichts zeigt das besser als der Auftritt Recep Tayyip Erdoğans nach seinem Wahlsieg vom 28. Mai 2023. Erdoğan, der das Land seit 2002 ununterbrochen regiert und nun für weitere fünf Jahre als quasi Alleinherrscher bestätigt wurde, trat nicht gleich nach Bekanntwerden des Wahlergebnisses auf den Balkon seines Präsidentenpalastes in Ankara. Er wartete mit seiner Ansprache bis kurz nach Mitternacht, bis in die ersten Minuten des 29. Mai. Denn der 29. Mai 2023 ist der Tag, an dem vor 570 Jahren der osmanische Sultan Mehmet II. Konstantinopel einnahm, das heutige Istanbul. Und Erdoğan sieht sich in einer Linie mit den osmanischen Sultanen – und nicht mit Atatürk.

Kemal Atatürk, der «Vater der Türken», hat nach dem Ersten Weltkrieg in den 1920er Jahren den «nationalen Befreiungskrieg» der Türken angeführt, hat Griechen und Armenier aus Anatolien vertrieben und ganz Kleinasien erneut unter türkische Kontrolle gebracht. Er hat den Staat modernisiert, mit Zuckerbrot und Peitsche eine ethnisch-türkische und säkulare Kulturrevolution durchgesetzt, kurz, Atatürk hat die Türkei sowohl innen- als auch außenpolitisch auf das Europa seiner Zeit ausgerichtet. Jahrzehntelang war seine Weltanschauung, der Kemalismus, die amtliche Ideologie der Republik. Für Atatürk und seine Schüler war das Reich der Osmanen unwiderrufliche und unrühmliche Vergangenheit. Denn unter den Osmanen, so sah es Atatürk, seien Wissenschaft und Fortschritt unter dem Diktat der Religion verkümmert und der türkischen Nation der Weg in die Zukunft verbaut worden.

Nicht so für Recep Tayyip Erdoğan. Vom Balkon des Palastes herab trägt er am 29. Mai auf Arabisch die Sure des Koran vor, die die Eroberung Konstantinopels durch ein muslimisches Herr weissagt, und richtet sich dann an seine Anhänger mit den Worten: «Für mich seid ihr die Enkel dieser großen Ahnen.» Abschließend rezitiert er ein Gedicht des konservativen Poeten Arif Nihat Asya, in dem Gott angefleht wird, er möge der mit dem Islam getränkten Heimat die Gläubigen, die Krieger und den Anführer erhalten. So wie für Atatürk die Zeit der Osmanen endgültig vorbei sein musste, so muss heute für Erdoğan die Zeit der kemalistischen Republik zu Ende gehen. Für Erdoğan ist diese Zeit, sind die letzten einhundert Jahre, nur eine Art Betriebsunfall der türkischen Geschichte, den es zu reparieren gilt.

Kein Wunder, dass für Erdoğan der Vertrag von Lausanne, mit dem die junge türkische Republik im Jahre 1923 ihre internationale Ankerkennung errungen hat, ein Dokument der Niederlage ist und kein Dokument des Sieges. Denn der Vertrag, so Erdoğan, besiegele den Verlust von vier Fünfteln «unseres» Landes, sprich: des Territoriums der Osmanen. Im Grunde müsse Lausanne nachverhandelt werden, besonders in Bezug auf die Grenze mit Griechenland. Das ist das Gegenteil der Politik von Atatürk, der mit dem Motto «Frieden im Land, Frieden auf der Welt!» pantürkischen Träumen eine Absage erteilte und Expansionsbestrebungen entgegentrat. Erdoğans Slogan dagegen lautet: «Die Türkei geht über die Türkei hinaus!» Er sieht sein Land als Regionalmacht. Sich selbst schreibt er die Rolle zu, im Nahen Osten die Interessen der Muslime zu vertreten, in Zentralasien die Einigung der Turkvölker voranzutreiben, in Afrika den westlichen Imperialismus zu besiegen und auf dem Balkan das Erbe der Osmanen zu bewahren.

Doch auch im Inneren gibt es viel zu tun. Es gilt, erneut eine fromme Generation heranzuziehen, weshalb in der Schule die religiösen Fächer ausgeweitet werden und Theologen und Imame zunehmend die sozialpädagogische Betreuung der Schüler übernehmen. Das unter Atatürk gegründete *Staatliche Amt für Religion* (Diyanet), das darauf achten sollte, dass mit dem Islam keine Politik gemacht wird, ist unter Erdoğan zum Instrument seiner Partei geworden. Der Chef des Amtes tut nichts dagegen, dass religiöse Orden und Vereine die politische Opposition als Werkzeug des Bösen und des Unglaubens verteufeln, einzelne seiner beamteten Imame in der Moschee Propaganda für die Regierungspartei betreiben und Politiker von Erdoğans AKP die Interessen ihrer Partei mit denen des Islam gleichsetzen.

Einer der Hebel Atatürks für die Zurückdrängung religiöser Normen im Alltagsleben und für die Veränderung konservativer Lebensformen war es, den Frauen politische Rechte zu gewähren, ihre Bildung zu fördern und ihnen den Einstieg ins Berufsleben zu erleichtern. Das Bürgerliche Gesetzbuch der jungen Republik schaffte die Polygamie ab, gewährte Frauen das Recht, die Scheidung einzureichen, und sicherte Töchtern dasselbe Erbteil zu wie Söhnen.

Auch für Erdoğans Politik spielt die Lage der Frauen eine zentrale Rolle, jedoch in umgekehrter Richtung. Um konservative NGOs an seiner Seite zu halten, veranlasste er den Austritt der Türkei aus der Istanbul-Konvention, ein Vertragswerk des Europarates zum Schutz der Frauen vor (häuslicher) Gewalt. Bei seiner Rede auf dem Palastbalkon waren die Vorsitzenden von zwei extrem islamischen Parteien an Erdoğans Seite, die ihn im Wahlkampf unterstützt hatten und verlangen, dass das Recht von Frauen auf Unterhalt beschränkt wird. Politiker der Regierungspartei und ihre Verbündeten schießen sich gern auf selbstbewusste Frauen ein. Erdoğan selbst verleumdet Canan Kaftancıoğlu, die Vorsitzende der säkularen Oppositionspartei CHP in Istanbul, droht der prominenten Sängerin Sezen Aksu, ihr die «Zunge auszureißen» und spricht den Popstar Gülşen Çolakoğlu öffentlich schuldig, noch bevor ein Gericht darüber entschieden hat, ob sie wirklich Gläubige beleidigt hat. Seine Parteikollegen äußern sich unverbrämt sexistisch, zum Beispiel gegen Meral Akşener, die Vorsitzende der oppositionellen Mitte-Rechts-Partei.

Auf allen diesen Feldern geriert sich der heutige Präsident praktisch als Anti-Atatürk. Doch traut er sich noch nicht, den Gründer der Republik offen und direkt zu kritisieren. Nicht als Kulturevolutionär, aber als Führer im türkischen «Befreiungs-krieg» wird Atatürk auch von Erdoğans Wählern noch geachtet. Um aus dem großen Schatten Atatürks zu treten, behauptet Erdoğan, er hätte es ihm längst gleichgetan, ja ihn als Führer eines «zweiten Befreiungskriegs» sogar noch übertroffen. Es ist der fehlgeschlagene Putschversuch von Teilen des türkischen Militärs vom 15. Juli 2016, den Erdoğan für dieses abenteuerliche Argument ausschlachtet. Der versuchte Staatsstreich hätte nicht nur seiner Herrschaft gegolten, sondern sei ein Versuch des Westens gewesen, das Land erneut auch militärisch zu besetz-ten. So wird die Niederschlagung des Putsches von Teilen des eigenen Militärs zur Vaterlandsverteidigung und Erdoğan zu Atatürk 2.0.

Und das Verhältnis zu Europa? Dass die Türkei schon lange keinen Kurs mehr auf Europa nimmt, ist keineswegs allein die Schuld von Recep Tayyip Erdoğan. Daran haben Politiker wie Ni-colas Sarkozy, Angela Merkel und Sebastian Kurz, die der Türkei die größten Steine in den Weg nach Europa gelegt haben, einen großen Anteil. Doch dass im Juni 2023 der Europarat über den Ausschluss der Türkei nachdenkt, weil Ankara die Urteile des Europäischen Gerichtshofs für Menschenrechte ignoriert, ist ein Ergebnis der Politik Erdoğans. Das trifft auch auf die Worte von Nacho Sánchez Amor zu, Berichterstatter für die Türkei im Euro-päischen Parlament. Er meinte direkt nach den Wahlen vom Mai 2023, die Umstände der Wahl, die die Chancen der Opposition massiv beschnitten worden hätten, zeigten, dass der Beitrittspro-zess zur Europäischen Union mit der Türkei nicht funktioniert.

Tatsächlich rutscht das Land, anstatt sich zu demokratisieren, in die Autokratie ab.

Auch Atatürk war alles andere als ein Demokrat. Er war Kind seiner Zeit und hat sein Land mit eiserner Hand modernisiert. Dass die Türkei nach einhundert Jahren Abschied von ihm nimmt, könnte auch ein positives Zeichen sein. Dass dieser Abschied über die Herrschaft eines neuen starken Manns geschieht, ist keine gute Nachricht.

Günter Seufert & Christopher Kubaseck
Berlin und Jugenheim in Rheinhessen
12. Juni 2023

Erster Teil:
Das Ende von Atatürks Republik

1. Ein neues Selbstverständnis, ein neues politisches System

Die Republik Türkei feiert 2023 ihr hundertjähriges Bestehen. Und mehr als fünfzig Jahre ist es her, seit 1950 zum ersten Mal eine frei und fair gewählte Regierung ihr Amt antrat. Denn von 1923 bis 1950 war die Türkei ein Einparteienstaat, in dem sich Wahlen auf die Akklamation der Kandidaten beschränkten, die dem Wahlvolk von der damals allmächtigen *Republikanischen Volkspartei* (CHP) vorgegeben wurden. Nichtsdestotrotz kann das Land 2023 auf 100 Jahre moderner Staatlichkeit und fünfzig Jahre geregelter politischer Beteiligung seiner Bürger zurückblicken. 2023 indes scheint weder der säkulare Charakter der Republik noch ihre demokratische Verfasstheit garantiert. Im Gegenteil, nicht wenige im Land fürchten, dass die kommenden Wahlen der letzte freie Urnengang sein könnten,[1] dann nämlich, wenn die Regierung am Ruder bleibt. Fast ebenso groß ist die Besorgnis, die Regierung könnte die Wahlen aus fadenscheinigen Gründen verschieben, das Wahlergebnis manipulieren oder es – im Falle ihrer Niederlage – schlicht nicht anerkennen. Schon werden im Regierungslager die ersten Stimmen laut, die eine solche Möglichkeit ansprechen.[2] Gemeinsam ist allen diesen Szenarien, dass, sollten sie eintreffen, dies das Ende der säkularen Republik, einen tiefen Einschnitt in die türkische Demokratie und wohl auch die Auflösung der Westanbindung der Türkei bedeuten würde.

Tatsächlich befindet sich das Land heute nicht nur in einer schweren und bereits lang anhaltenden Finanz- und Wirtschaftskrise. Die Probleme erschöpfen sich auch nicht darin, dass die Grund- und Bürgerrechte weitgehend zur Disposition stehen. Vielmehr betrifft die Krise die Grundlagen der Republik Türkei als eines Landes, das bisher, was Wirtschaft, politisches System und Sicherheitspolitik angeht, trotz aller Defizite westlich ausgerichtet war und jenseits aller Rückschläge eine entsprechende Reformagenda verfolgte. Von alledem ist heute wenig übrig geblieben, zunehmend ähnelt das Land anderen Staaten des Nahen Ostens. «Wird die Türkei zu einem zweiten Irak?»[3] fragte im Juni 2022 ein bekannter Kommentator und warnte davor, dass sich angesichts der starken innenpolitischen Polarisierung religiöse, konfessionelle und ethnische Bruchlinien verstärken und die damit zusammenhängenden Konflikte eskalieren könnten.

Modell für die Islamische Welt?

Geographisch liegt die Türkei an der Schnittstelle von Europa und dem Nahen Osten. Jahrzehntelang sorgten ihre innenpolitische Entwicklung und außenpolitische Einbindung dafür, dass sie Teil der westlichen Staatengemeinschaft war. Doch heute ist Europa geschwächt und der Nahe Osten in fundamentaler Umwälzung begriffen. Eingeläutet wurde der Umbruch im Nahen Osten 1979 durch die Islamische Revolution im Iran. Mit den Protesten, Aufständen und Revolutionen in den arabischen Ländern um das Jahr 2011 fand dieser Umbruch seine Fortsetzung. Denn unabhängig vom jeweiligen Verlauf der Ereignisse wurden im Iran, wie Jahre später in Tunesien, Ägypten oder Libyen, autoritäre Regime gestürzt, die ethnisch-nationalistisch, säkularistisch und modernistisch sowie in aller Regel militaristisch ausgerichtet waren. Zu Fall gebracht wurden die Regime dieser Staaten von Volksbewegungen, in denen sich letzten Endes religiös-konfessionelle politische Strömungen mit einer antiwestlichen Rhetorik durchsetzten, die den zahlenmäßig größten identitären Block ihrer Gesellschaft repräsentierten. Die Umbrüche kamen relativ plötzlich als Resultat einer politischen Mobilisierung der Massen, und mit ihnen einher gingen in aller Regel gewaltsame Auseinandersetzungen zwischen Bevölkerung und Regime, aber auch zwischen kulturellen Mehr- und Minderheiten.

Die Türkei ging einen ganz anderen Weg, war sie doch in der Lage, muslimisches Selbstverständnis mit einer parlamentarischen Regierungsform und Demokratie sowie mit prowestlicher Orientierung zu vereinigen. So außergewöhnlich war dieser Erfolg, dass das Land in den Jahren um 2010 allerorten als Inspiration oder gar als Modell für den Nahen Osten gefeiert wurde.

Dass es in der Türkei zu keinem vergleichbaren Aufstand religiös-konservativer Kräfte gekommen war, hatte seine Ursache darin, dass konservative Parteien und damit auch ihr Anhang bereits seit dem Ende der 1940er Jahre Schritt für Schritt ins politische System integriert worden waren. 1946 erfolgte der zögerliche Übergang zum Mehrparteiensystem. Von 1950 bis 1960 regierte die konservative *Demokratische Partei* (DP) unter Ministerpräsident Adnan Menderes. Nach dem ersten Staatsstreich des Militärs im Jahre 1960 übernahm 1965 die konservative *Gerechtigkeitspartei* (AP) unter Süleyman Demirel das Ruder. Zwar wurde Demirel 1971 durch das Militär zum Rücktritt gezwungen, doch es dauerte nur vier Jahre, bis er mit seiner Partei erneut zur bestimmenden Kraft in der türkischen Politik wurde.

Ab 1973 konnte die islamistische *Nationale Heilspartei* (MSP) unter ihrem Vorsitzenden Necmettin Erbakan, der als der Ziehvater des heutigen Staatspräsidenten Recep Tayyip Erdoğan gilt, ins Parlament einziehen und sich von 1974 bis 1979 an drei kurzlebigen Koalitionsregierungen beteiligen. Nachdem die türkischen Generäle 1980 ein weiteres Mal geputscht hatten, setzte sich, als sie nach drei Jahren die Macht an eine gewählte Regierung abgaben, erneut eine konservative Partei durch: die *Mutterlandspartei* (AnaP) unter Ministerpräsident Turgut Özal. Danach folgten oft kurzlebige Koalitionsregierungen. Schließlich gelangte 2002 nach einer schweren Wirtschaftskrise die noch

Abb. 1: «Die Zukunft liegt über den Wolken!» Eine der Anweisungen Kemal Atatürks für die junge türkische Nation auf einem Mosaik in der Hauptstadt Ankara

heute regierende *Gerechtigkeits- und Entwicklungspartei* (AKP) unter Führung von Recep Tayyip Erdoğan an die Macht, die aus der islamistischen *Wohlfahrtspartei* (RP) hervorgegangen war. Damit stellten nach dem Ende der Einparteienperiode ganz überwiegend konservative Parteien mit bisweilen demonstrativ frommen Führern die Regierung.

Gleichzeitig jedoch blieb die bürokratische Elite, die das Land seit der Republikgründung 1923 autoritär modernisiert und verwestlicht hatte, ein bestimmender politischer Akteur. Ihre Ideologie war der Kemalismus, eine Mischung aus Säkularismus, Nationalismus und Etatismus, die ihren Namen vom Gründer der Republik, Mustafa Kemal, dem späteren Atatürk, bezog. Die kemalistische Elite, die sich aus Mitgliedern des Militärs, der hohen Justiz sowie den Professoren der Universitäten und einem Großteil der Medien zusammensetzte, war in der Lage, den Handlungsspielraum konservativer Regierungen wirkungsvoll zu begrenzen und unerwünschte Entwicklungen notfalls mit Gewalt zu beenden. So richteten sich die drei großen Interventionen des Militärs von 1960, 1971 und 1980 allesamt gegen konservative Regierungen und setzten den Primat der kemalistischen Bürokratie in der Politik immer wieder durch. Sogar noch während der ersten beiden Regierungsperioden der AKP war eine entsprechende Einflussnahme zu beobachten. Zu nennen ist hier das Memorandum des Generalstabs vom 27. April 2007, in dem die Generäle sich gegen die Wahl des AKP-Politikers Abdullah Gül zum Staatspräsidenten wandten und einen Kandidaten verlangten, «der sich den Lehren Atatürks, dem Laizismus und den Grundprinzipien der Republik verpflichtet fühlt».[4] Ein weiteres Beispiel ist das Verfahren vor dem Verfassungsgericht zum Verbot der AKP (die auch damals mit absoluter Mehrheit im Parlament allein regierte), dem die Partei 2008 nur um Haaresbreite entgehen sollte. So etablierte sich seit dem Ende des Einparteiensystems 1950 eine zwar immer fragile, aber letzten Endes doch dauerhafte Machtbalance zwischen der von säkularen Kräften beherrschten Bürokratie und dem Militär und einer in aller Regel von rechtskonservativen Parteien geführten Regierung und ihrer Parlamentsmehrheit.

So sehr sich konservative Regierungen in diesem politischen

System unter der Vormundschaft der Bürokratie befanden, so sehr konnten sie doch auch Veränderungen durchsetzen, Ressourcen des Staates an ihre Wählergruppen ausschütten und ihre Klientel allmählich in den Staatsdienst integrieren. Infolgedessen schienen sich radikale politische Positionen der Konservativen allmählich abzuschleifen. Als die noch heute regierende AKP 2004 einen dicken Strich unter die islamistische Vergangenheit ihrer führenden Kader zog und sich als «konservativ-demokratische» Partei neu definierte[5], schien dieser Prozess erfolgreich abgeschlossen zu sein. Damit war eine zweite innenpolitische Voraussetzung für den Modellcharakter der Türkei geschaffen: die Versöhnung explizit muslimischer Identität mit parlamentarischer Politik, demokratischer Rhetorik und prowestlicher Orientierung. Das Land schien am Ende einer langen und stillen Revolution angelangt zu sein.

Polarisierung statt Liberalisierung

Doch im Frühjahr und Sommer 2013 wurden die Grenzen der türkischen Transformation schmerzhaft sichtbar. Die Regierung reagierte gewaltsam auf die Proteste rund um den Istanbuler Gezi-Park, die sich zu einer landesweit ausgetragenen Kraftprobe auswuchsen. Seit damals beschuldigt die AKP unablässig internationale – aber ausschließlich westliche – Kreise, die Fundamente der Regierung zu untergraben, die Türkei zu schädigen und sie daran zu hindern, ihrer Aufgabe als Schutzmacht der (sunnitischen) Muslime des Nahen Ostens gegen westliche Machenschaften gerecht zu werden.

Gleichzeitig verlor die AKP jegliches Interesse an der Weiterentwicklung, ja selbst an der Aufrechterhaltung demokratischer Standards. Schon seit geraumer Zeit hält sie ihre Wähler nicht wie früher über die Orientierung an positiven wirtschaftlichen und sozialen Zielen zusammen, sondern durch unablässige Polarisierung ethnischer, religiöser und konfessioneller Unterschiede in der Bevölkerung. Der Abbruch der Friedensgespräche mit der verbotenen *Arbeiterpartei Kurdistans* (PKK) 2015 ist ebenso Ausdruck dieser Politik wie die Islamisierung des Bildungswesens, Interventionen in den Lebensstil säkularer Kreise und eine zunehmend von nationalen, ethnischen und konfessionellen Feindbildern bestimmte Außenpolitik.

Die AKP-Regierung konnte sich so gebärden, weil sie bereits 2013 den Einfluss der alten säkularen Elite Schritt für Schritt begrenzt hatte. In der ersten Hälfte der 2000er Jahre wurde das Militär allmählich im Rahmen des Beitrittsprozesses zur Europäischen Union aus der Politik zurückgedrängt. Brüssel forderte nicht nur die Einhaltung der Menschen-, Bürger- und Minderheitenrechte, sondern auch die Kontrolle des Militärs durch die Zivilregierung. Die lange Regierungszeit der AKP von mittlerweile zwanzig Jahren zeugt von massiver gesellschaftlicher Unterstützung, was außerparlamentarischen Veto-Akteuren wie dem Militär und der kemalistischen Justiz die politische und gesellschaftliche Legitimation für Interventionen raubte. In ihrer langen Zeit als alleinregierende Partei hat es die AKP außerdem verstanden, Teile der Sicherheitsbürokratie, insbesondere die Polizei und den Nationalen Geheimdienst unter ihre Kontrolle zu bringen. Schließlich hat die AKP sechs Parlamentswahlen für sich entschieden (fünf davon mit absoluter Mehrheit). Dreimal ging ihr Kandidat aus Staatspräsidentenwahlen siegreich hervor, und in vier Kommunalwahlen wurde sie landesweit stärkste Partei. Zu guter Letzt hat Erdoğans Partei alle drei von ihr initiierten Volksabstimmungen gewonnen, die jeweils tiefe Breschen in die Vorherrschaft der bürokratischen Elite geschlagen haben. 2007 votierten die Wähler für die direkte Wahl des Staatspräsidenten, was angesichts der breiten gesellschaftlichen Unterstützung für die AKP die Anwartschaft der Partei auf das ihr bis dahin verwehrte Amt festigte. 2010 stimmte das Volk für eine Änderung der Rekrutierungsregeln für die Richterschaft der höchsten Gerichte, eine Reform, die das Ende des faktischen Monopols der

Kemalisten auf das höchste Verwaltungsgericht, den Kassationsgerichtshof und das Verfassungsgericht einläutete. Und im April
2017 billigten die Wähler den Übergang vom Parlamentarismus
zu einem Präsidialsystem türkischer Art, das dem Staatspräsidenten unbeschränkten Zugriff auf die gesamte Bürokratie ge-
stattet.

Den entscheidenden Schlag gegen das Militär konnte die AKP-
Regierung jedoch nach dem fehlgeschlagenen Putschversuch
vom 15. Juli 2016 führen. Am 27. Juli erklärte der Generalstab, es
seien nur 8651 Angehörige der Streitkräfte am Putschversuch beteiligt gewesen, darunter 1214 Studenten der Kriegsakademie, die
nicht in eigener Regie handeln konnten. Die Putschisten wurden
in erster Linie von Obersten und nicht von Generälen angeführt.
Trotzdem entfernte die Regierung nur wenige Stunden nach dieser Erklärung des Generalstabs 149 Generäle und Admiräle aus
dem Dienst,[6] mehr als 41 Prozent[7] der Führungskader des türkischen Militärs. Bis zu dem Putschversuch hatte das Militär immer noch als quasi autonomer Staat im Staate bestanden. Beim
Generalstab lag nicht nur der alleinige Oberbefehl über alle Waf-
fengattungen, er entschied auch über Beförderungen und damit
über das interne Kräftegleichgewicht im Militär. So wurde nicht
nur die Militärjustiz, sondern auch das militärische Gesundheits-
wesen, der militärische Geheimdienst und – wichtiger noch – die
politische Sozialisation des soldatischen Nachwuchses in die
kemalistische Ideologie überwacht. Unmittelbar nach dem
Putschversuch zerschlug die Regierung per Notverordnung dieses Machtzentrum. Sie entzog dem Generalstab die Befehlsge-
walt über die Teilstreitkräfte und degradierte ihn so vom Ent-
scheidungszentrum zur Koordinierungsstelle unter Aufsicht der
Politik. Schon vorher hatte das Militär sein Monopol über den in-
nerstaatlichen Gewaltapparat verloren, was die Vereitelung des
Putschversuchs durch Spezialeinheiten der Polizei, die im letzten
Jahrzehnt gegen den Widerstand des Militärs ausgebaut worden
waren, eindrucksvoll vor Augen führte.

Die Regierung nutzte den Putschversuch außerdem dazu, die Justiz vollständig unter ihre Kontrolle zu bringen. Angaben des Justizministers zufolge fielen nach dem Putschversuch etwa 4000 Richter und Staatsanwälte den Säuberungen in der Justiz zum Opfer, das ist mehr als ein Drittel dieser Berufsgruppen.[8]

Damit sind sämtliche Bastionen der einstigen kemalistischen Elite des Landes im Staatsapparat geschleift, und die lang anhaltende Machtbalance zwischen muslimisch-konservativen und säkularen Eliten existiert nicht mehr. Dass das Militär unter die Kontrolle der gewählten Regierung gebracht ist und in der Türkei kein Putschversuch mehr denkbar scheint, ist sicher zu begrüßen. Ein Fortschritt ist es auch, dass die hohe Justiz das Handeln der Regierung nicht mehr aus ideologischen Gründen beschränken und kontrollieren kann. Doch das Ende der Vormundschaft des Militärs über das Parlament und die von ihm gewählte Regierung hat keineswegs ein Mehr an Demokratie mit sich gebracht. Immerhin scheiterte erstmals in der Geschichte der Türkei ein Putschversuch am entschlossenen Widerstand von Teilen der Bevölkerung, und keine der im Parlament vertretenen Parteien unterstützte den Staatsstreich. Bei früheren Interventionen hatte das Militär sich immer sicher sein können, in der Bevölkerung und unter den Politikern starke Parteigänger zu finden.

Diesen spontanen anti-militärischen Reflex der großen Mehrheit der Bevölkerung hätte die AKP-Regierung in einen Minimalkonsens aller Parteien zur Stärkung der Demokratie überführen können, doch daran hatten Erdoğan und seine Partei kein Interesse. Stattdessen nutzten sie den Putschversuch zur Festigung ihrer Macht und dazu, die ohnehin schwach entwickelten Checks and Balances des türkischen politischen Systems noch weiter auszuhebeln. Schon am zweiten Tag nach dem versuchten Staatsstreich schloss die Regierung die prokurdische *Demokratische Partei der Völker* (HDP) aus der Front der Demokraten gegen die Putschisten aus, und es sollte nicht lange dauern, bis Erdoğan der *Republikanischen Volkspartei* (CHP), der Hauptoppositionspartei, den aberwitzigen Vorwurf machte, mit Teilen der Putschisten unter einer Decke zu stecken. Seither ist die Regierung dazu übergegangen, jegliche Kritik an Erdoğan und seiner Politik als verdeckten Putschversuch beziehungsweise als Unterstützung von Terrorismus zu brandmarken. Für die AKP repräsentiert nur die eigene Wählerschaft – der streng muslimisch-konservative Teil der Bevölkerung – die türkische Nation. Wer nicht dazugehört, den grenzt die heutige Regierung aus oder versucht, ihn in die Zwangsjacke religiös-konservativer Sittlichkeit zu pressen. Schritte dahin sind der Austritt der Türkei aus der Istanbuler Konvention zum Schutz der Frauen vor Gewalt, die Ausweitung der religiösen Bildung in der Schule, die staatliche Förderung traditioneller religiöser Orden, eine restriktive Kulturpolitik, das Verbot aller Aktivitäten der Gay- und Lesbenszene und nicht zuletzt die Umwidmung der Hagia Sophia von einem Museum zu einer Moschee. Diese Politik treibt das Land in eine Zerreißprobe, denn sie negiert die religiöse, ethnische und kulturelle Vielfalt der Türkei. Heute wehren sich gegen diese Politik nicht nur der säkulare und an Europa orientierte Teil der Gesellschaft, die muslimisch-heterodoxen Aleviten und die Kurden, sondern auch ein guter Teil der Jugend des konservativen Milieus.

Schleichende Entmachtung: Das Militär

Dreimal putschte das türkische Militär und übernahm die Macht, dreimal gab es die Macht an demokratisch gewählte Regierungen zurück. So mischte das Militär als selbsternannter «Hüter der Demokratie» 1960, 1971 und 1980 jeweils die Karten neu und veranlasste dabei zugleich weitgehende Verfassungsänderungen, die die Türkei wieder regierbar machen sollten. Obwohl die Mehrheit der Bevölkerung die Mitte-Rechts-Regierungen unterstützte, deren Wirken durch die Staatsstreiche beendet wurde, führten wirtschaftliche Probleme, die Zuspitzung gesellschaftlicher Antagonismen und vor 1980 auch bürgerkriegsähnliche Zustände zu einer weitgehenden Akzeptanz der Eingriffe des Militärs. Dabei wurden die Putschisten auch durch das Ideal eines «starken Staats» sowie durch den Schulterschluss mit der bürokratischen und wirtschaftlichen Elite des Landes sowie großen Teilen des Bildungssystems und der Justiz unterstützt. Nicht zuletzt konnte sich das Militär auch auf sein großes Prestige berufen, galt es doch zusammen mit dem Republikgründer Mustafa Kemal Atatürk als Retter der Nation im Unabhängigkeitskrieg gegen Griechenland und die Siegermächte des Ersten Weltkriegs. Auch die Tatsache, dass das Militär die Macht nach jeder Intervention relativ zügig wieder an gewählte Regierungen zurückgab, überzeugte viele Bürger davon, dass die Putschisten nicht aus Eigeninteresse, sondern aus Sorge um das Gemeinwohl gehandelt hatten.

Doch nach dem Staatsstreich von 1980 nahm die Akzeptanz der Militärinventionen deutlich ab. Dafür lässt sich eine ganze Reihe von Gründen anführen, nicht zuletzt das Ausmaß an Gewalt, das während des Putsches von 1980 zum Tragen kam, eine Gewalt, die sich auch in der Zeit nach der Übernahme der Regierungsgeschäfte durch gewählte Volksvertreter fortsetzte. Um das Ausmaß dieser Gewalt zu verdeutlichen, die weite Teile der Gesellschaft betraf, mag es ausreichen, einige Zahlen anzuführen: 610 000 Personen wurden damals verhaftet, ca. 200 000 davon angeklagt, ca. 14 000 türkische Bürger, die im Ausland lebten, wurden ausgebürgert, 229 Menschen starben in den Gefängnissen und in den Kerkern war Folter eine gängige Praxis. Hinzu kamen das Verbot sämtlicher Parteien und Gewerkschaften und die Auflösung von 24 000 Vereinen. Darüber hinaus beschränkte eine stark vom Militär geprägte neue Verfassung die Rechte und Freiheiten der Bürger erheblich. Dem Militär dagegen wurde verfassungsgemäß das Recht gewährt, die politische Ordnung der Republik zu schützen – was zukünftige Interventionen der Generäle in den politischen Prozess von vornherein straffrei machen sollte. Die Liberalisierung dieser Verfassung von 1982 sollte für die nächsten Jahrzehnte ein ständiger Punkt auf der politischen

Tagesordnung der Türkei bleiben – so lange, bis ein zusehends diktatorisch agierender Erdoğan in ähnlicher Weise repressive Bestimmungen einzuführen begann, mit denen er die eigene Macht absicherte.

Obwohl das Militär nach 1980 auf weitere gewaltsame Interventionen verzichtete, nahm es doch weiterhin Einfluss auf die Politik des Landes. Ihren Höhepunkt fand die Einmischung der Generäle in den politischen Prozess am 28. Februar 1997. An diesem Tag verabschiedete der damals noch vom Militär dominierte Nationale Sicherheitsrat (NSR) ein Memorandum an die Adresse der Regierung. In der Erklärung forderte der NSR ultimativ, dem Treiben religiöser Kräfte ein Ende zu setzen, religiöse Unternehmer von Staatsaufträgen auszuschließen, das Verbot religiöser Kleidung in der Öffentlichkeit durchzusetzen und den Absolventen der islamischen Predigerschulen den Zugang zur Universität zu erschweren. Als sich der islamistische Ministerpräsident Necmettin Erbakan von der *Wohlfahrtspartei* (RP) weigerte, den Forderungen nachzukommen, wurde er zum Rücktritt gezwungen, was die Presse, die säkulare Unternehmerschaft, die hohe Justiz und fast alle politischen Parteien unterstützten. Nur wenig später wurde die Wohlfahrtspartei vom Verfassungsgericht verboten.

Dass diese Vorgehensweise von großen Teilen der Bevölkerung des Landes nicht mehr als legitim oder zumindest nachvollziehbar angesehen wurde, lag auch an der veränderten weltpolitischen Lage nach dem Zusammenbruch des Ostblocks. Ließen sich vor dem Beginn der 1990er Jahre viele Bürger noch relativ einfach auf die Abwehr innerer und äußerer Bedrohungen durch den «Kommunismus» einschwören, so trat danach das Feindbild «Islam» fast von alleine in den Vordergrund. Das türkische Militär folgte damit nicht nur weiterhin dem kemalistischen Ideal eines laizistischen Staates, sondern auch der Haltung des Westens unter Führung der USA, die radikale islamische Strömungen als die größte Gefahr für demokratische, freiheitliche und säkulare Gesellschaften anzusehen begann. Damit jedoch machten sich die Generäle weite Teile der Bevölkerung, die sich einem gemäßigten, und mehr noch diejenigen, die sich dem politischen Islam verbunden fühlten, zu Feinden.

Gleichzeitig führten der Ausbau des Tourismus seit Mitte der 1980er Jahre und die Förderung der Exportwirtschaft zu einer stärkeren Einbindung der Türkei in die Weltwirtschaft. Mit der rasanten Entwicklung des Unternehmertums in einigen anatolischen Städten, allen voran Kayseri, Konya und Gaziantep, ebenso wie mit der Öffnung für ausländische Investitionen kam es zu einer wirtschaftlichen Liberalisierung des Landes. Verstärkte Kontakte ins Ausland und eine wachsende Zahl von Menschen aus aller Welt, die sich in den städtischen Zentren im Westen des Landes niederließen, trugen dazu bei, dass sich diese Liberalisierung auch auf gesellschaftlicher und politischer Ebene zu manifestieren begann. In dieselbe Richtung wirkte das erstarkende Selbstbewusstsein der Mittelschicht, die sich trotz einschneidender Krisen wirtschaftlich zusehends besser abgesichert fühlte.

Die Zollunion mit der EU von 1995 und die Angleichung der türkischen Gesetze an die Vorgaben der EU 2005 im Rahmen der Beitrittsverhandlungen beschleunigten diese Entwicklung. Während sich das türkische Militär unter diesen Bedingungen immer schwerer damit tat, sich der Gesellschaft als treuer und verlässlicher «Hüter der Demokratie» zu präsentieren, trat ihm auf politischer Ebene ein neues Bündnis entgegen. Zu diesem gehörten die Partei Erdoğans, die sich damals als gemäßigt und im Sinne europäischer Parteien religiös-konservativ darstellte, liberale Intellektuelle und die nur scheinbar harmlose religiöse Bewegung des Predigers Fethullah Gülen. Innerhalb weniger Jahre sollte es diesem Bündnis gelingen, das türkische Militär in einem zuvor kaum vorstellbaren Maße und wohl auch endgültig zu entmachten.

Am 12. Juni 2007 hob die türkische Polizei ein illegales Waffenlager aus, das, so schien es, eine Gruppierung aus Kriminellen und extremen Nationalisten angelegt hatte. Diese wurden beschuldigt, im Auftrag geheimer Abteilungen innerhalb des Militärs verdeckte Operationen durchgeführt und dabei Verbrechen begangen zu haben. Nach den Behauptungen der Staatsanwaltschaft existierte ein weit verzweigtes inoffizielles Netzwerk aus rechten Journalisten, Angehörigen extrem säkularistischer Nichtregierungsorganisationen (NGO) und Offizieren. Es kam zu einer Reihe von Festnahmen, und schließlich wurden zum ersten Mal in der Geschichte der Republik auch ehemalige und später dann sogar aktive Offiziere verhaftet. Ihnen wurde zur Last gelegt, Anschläge geplant zu haben, die dem Militär einen Vorwand dafür bieten sollten, erneut in die Politik einzugreifen und die AKP-Regierung unter Erdoğan zu stürzen. Die Ermittlungen zogen sich über Monate hin und fügten dem Image des Militärs in der Bevölkerung extremen Schaden zu. Schließlich wurde gar der frühere Generalstabschef İlker Başbuğ belangt.

Das anschließende Strafverfahren, bekannt unter der Bezeichnung Ergenekon-Prozess, wurde vor Sondergerichten und im Rahmen der Antiterrorgesetzgebung durchgeführt, die ein extrem hohes Strafmaß vorsieht. Aus einer Fülle von teils wahren, teils erfundenen Anschuldigungen konstruierte die Staatsanwaltschaft eine große Verschwörung gegen die Regierung. Was als Beweis vorgelegt wurde und später die Schuldsprüche rechtfertigen sollte, wies erhebliche Fehler und Hinweise auf eine nachträgliche Manipulation auf. Das gilt auch für ein späteres Verfahren gegen 365 ehemalige und aktive Offiziere, das unter dem Namen «Schlaghammer» (Balyoz) stattfand und zur Verurteilung von 297 der Beschuldigten führte, unter ihnen auch elf Vier-Sterne-Generäle. Die Verfahrensfehler und teilweise fabrizierten Beweise hinderten den türkischen Kassationsgerichtshof im Oktober 2013 nicht daran, den Großteil der Urteile zu bestätigen.

Diese Prozesse wurden unter dem Deckmantel des Schutzes der demokratisch gewählten Regierung, der Rechtsstaatlichkeit und der Demokratie geführt. Weil sich das Militär immer wieder in die Politik eingemischt und früher tatsächlich auch mit verdeckten und damit illegalen Operationen agiert hatte – beson-

Abb. 2: Die Regierung übernimmt die Kontrolle über das Militär: Innenminister Efkan Ala *(3. von links)*, der Chef des Generalstabs Hulusi Akar
(2. von links) und Generäle der türkischen Armee beten am 24. Juli 2016
vor der Nationalen Polizeizentrale in Ankara für die Sicherheitskräfte, die
bei dem Putschversuch vom 15. Juli ums Leben kamen.

ders im Kampf gegen die PKK –, unterstützten auch viele liberale
Personen und Organisationen die Prozesse und feierten sie als
Abrechnung mit dem sogenannten «tiefen Staat» sowie als Fortschritt für den Rechtsstaat. Erst als das Bündnis zerbrach, das die
Regierungspartei AKP mit der Gülen-Bewegung geschlossen
hatte, stellte sich heraus, dass Kader der Bewegung in Polizei und
Justiz für die Fabrikation belastenden Materials verantwortlich
waren. Daraufhin wurden zwar viele der verhafteten Offiziere re-
habilitiert, doch das Ansehen des Militärs war angeschlagen und
seine politische Macht sollte durch den fehlgeschlagenen Putsch
vom Juli 2016 endgültig gebrochen werden.

Ein Präsidialsystem «türkischer Art»[9]

Lange hatte Erdoğan dafür getrommelt. Am 16. April 2017 war es so weit. Mit der denkbar knappen Mehrheit vom 51,4 zu 48,6 Prozent entschieden sich die Wähler in einer Volksabstimmung, vom Parlamentarismus zu einem Präsidialsystem türkischer Art zu wechseln. Die Abstimmung erfolgte unter den Bedingungen des Ausnahmezustands, der sofort nach dem versuchten Staatsstreich eingeführt und noch nicht wieder aufgehoben worden war; es herrschte ein Klima der Drangsalierung und Einschüchterung. Erstmals seit 1950, als im Land die ersten freien und geheimen Wahlen durchgeführt wurden, erreichten Behinderung der Opposition, Wahlfälschung und Manipulation des Wahlergebnisses ein solches Ausmaß, dass die Rechtmäßigkeit der Abstimmung in Zweifel gezogen werden muss.[10]

Zum Zeitpunkt dieses Referendums hatte die Regierung die frühere Vormundschaft des Militärs längst überwunden. Gleichwohl behauptete die AKP, das Präsidialsystem stärke das Parlament, schiebe einer erneuten Einmischung des Militärs und der hohen Justiz in die Politik ein für alle Mal einen Riegel vor und trage so zur Demokratisierung bei. Doch Dinge, die gemeinhin zur Demokratisierung zählen, wie die Stärkung des Rechtsstaats, die Sicherung der Gewaltenteilung und die Ausweitung der Möglichkeiten politischer Beteiligung, standen nicht auf dem Programm. Erdoğan zufolge verkörpert der Mann an der Spitze des Staates – am besten natürlich er selbst – mit seinem Glauben und seiner Überzeugung die türkisch-muslimische Nation perfekt. Vom Volk direkt gewählt, kann er eben deshalb vollkommen autonom und ohne jegliche Kontrolle herrschen.[11] Das neue Präsidialsystem ist direkt auf diese Vorstellung zugeschnitten. So besteht die Regierung nicht länger aus einem vom Parlament bestätigten Ministerpräsidenten mit seinem Kabinett, sondern der Staatspräsident allein ist es, der seine Minister ohne Beteiligung des Parlaments nach Belieben ein- und wieder absetzen darf. Zudem ernennt der Präsident nicht nur seinen Stellvertreter, sondern auch alle führenden Beamten in den Ministerien, und weder er noch seine Minister müssen dem Parlament Rede und Antwort stehen. Absetzen kann das Parlament den Präsidenten nur mit der satten Mehrheit von drei Fünfteln seiner Mitglieder. Damit die Abgeordneten sich diesen Schritt gut überlegen, sieht die geänderte Verfassung mit der Abwahl des Präsidenten auch die Auflösung des Parlaments vor. Deshalb finden die Wahl des Parlaments und die des Präsidenten immer am selben Tage statt.[12] Mit der Verfassungsänderung verliert das Parlament auch sein bisheriges Monopol, Gesetze zu beschließen, vielmehr kann der Präsident jetzt Verordnungen mit Gesetzeskraft erlassen. Und ruft dieser den Ausnahmezustand aus – auch hier handelt er autonom –, dann hat das Parlament so gut wie keine Möglichkeit, diese Verordnungen zu kippen. Vorbei ist auch die Zeit, in der die Volksvertretung über den Staatshaushalt das Handeln der Regierung kontrollieren konnte. Im neuen Präsidialsystem bereitet das Staatspräsidentenamt den Haushalt vor und bringt ihn zur Beratung ein. Verweigern sich die Abgeordneten dem Vorschlag, regiert der Präsident mit dem Haushalt des Vorjahres weiter. Doch nicht nur die Macht des Parlaments wird durch dieses System unterminiert, es gewährt dem Staatspräsidenten auch großen Einfluss auf die Justiz. Solange die AKP im Parlament stärkste Partei ist, bestimmen die Partei und Erdoğan, wer Richter beim Verfassungsgericht, beim Kassationsgerichtshof und beim obersten Verwaltungsgericht wird.

Die Opposition in neuer Einigkeit?

Die AKP und Erdoğan priesen das Präsidialsystem nicht nur als Weg zur Demokratisierung an. Die Bündelung aller Kompetenzen beim Staatspräsidenten, kurze Entscheidungswege, eine Verschlankung der Bürokratie und die Beschneidung der Möglichkeiten, bei Gericht Einspruch gegen Infrastrukturprojekte der Regierung einzulegen, all das sollte die Wirtschaft der Türkei beflügeln. «Lasst uns ein Präsidialsystem einführen, das der Türkei angemessen ist! Das gibt uns die Chance, die Türkei viel schneller zu entwickeln», sagte Erdoğan im Jahr vor dem Referendum.[13] «Abheben wird die Türkei», titelte die AKP-Postille *Yeni Şafak* im selben Jahr,[14] und ein Berater des Staatspräsidenten sagte der Zeitung: «Dann wächst das Vertrauen in die Wirtschaft, Investitionen steigen, und Großprojekte werden viel schneller abgeschlossen.» Doch fünf Jahre nach Einführung des Systems ist die wirtschaftliche Bilanz mit einem Wort katastrophal. Verantwortlich dafür sind zum allergrößten Teil die selbstherrlichen und extrem erratischen Entscheidungen Erdoğans, die Umsetzung seiner abstrusen Finanztheorie sowie das häufige Auswechseln von Fachministern und der Präsidenten der Zentralbank und des statistischen Amtes, Entscheidungen, die Erdoğan ebenfalls eigenmächtig trifft. All dies sind direkte Folgen des neuen Systems, die das Vertrauen von Investoren in die Türkei zerrüttet haben. Doch auch in anderen Bereichen, wie in der Flüchtlingspolitik, in dem Verhältnis zu Europa und den USA sowie zu den Staaten der Region, ist die Bilanz des neuen Systems ernüchternd.

Entsprechend sank die Zustimmung der Wähler zum Staatspräsidenten und seiner Partei. Seit dem Regierungsantritt der AKP 2002 war Erdoğan durchgängig der beliebteste Politiker des Landes, gegen ihn hatte bisher kein Kandidat bei Wahlen auch nur den Hauch einer Chance. Doch längst, vor allen Dingen als Folge der Wirtschaftskrise, ist Erdoğan nicht mehr der unangefochtene Spitzenreiter. Umfragen zeigten bereits im Mai und Juni 2022, dass gleich drei Politiker grundsätzlich das Potential hatten, Erdoğan 2023 als Staatspräsident abzulösen. Das waren der CHP-Bürgermeister von Istanbul Ekrem İmamoğlu, der CHP-Vorsitzende Kemal Kılıçdaroğlu[15] und der CHP-Bürgermeister Mansur Yavaş.[16]

Jahrzehntelang konnten Politiker der CHP, der kemalistischen *Republikanischen Volkspartei*, nicht einmal davon träumen, Erdoğan aus dem Amt zu drängen. Zu tief verankert war in großen Teilen der Bevölkerung das negative Image der Partei als der politische Arm des Militärs im Parlament. Dass ihre Kandidaten dennoch hoffen durften, sich bei den Wahlen gegen den Staatspräsidenten und dessen Partei zu behaupten, lag daran, dass das Präsidialsystem die türkische Parteienlandschaft gründlich umgekrempelt hat. Erdoğan herrscht als Autokrat so gut wie allein und hat das Parlament entmachtet. Kontrollinstitutionen wie der Rechnungshof sind praktisch kaltgestellt, und der Staatspräsident setzt sich auch über die Urteile des Verfassungsgerichts hinweg. Das beraubt die anderen Parteien jeglicher Einflussmöglichkeiten, weshalb sich erstmals in der Geschichte der Türkei Parteien unterschiedlicher, ja gegensätzlicher Ideologie zu einem Bündnis gegen die AKP zusammenschlossen. Das *Nationale Bündnis* vereinte die CHP unter Kemal Kılıçdaroğlu, die rechtsnationale *Gute Partei* (İyiP) unter ihrer Vorsitzenden Meral Akşener, die islamistisch-traditionalistische *Glückseligkeits-Partei* (SP) unter Temel Karamollaoğlu, die islamisch-demokratische *Zukunftspartei* (Gelecek) unter Ahmet Davutoğlu, die liberale *Demokratische Aktionspartei* (DEVA) unter Ali Babacan und die national-liberale *Demokratische Partei* (DP) unter Gültekin Uysal. Ohne das Präsidialsystem wäre diese Allianz nie entstanden. Viel zu groß sind die ideologischen Gräben zwischen den Parteien und viel zu tief das Misstrauen zwischen ihren Führern. Es war deshalb dieses Streben Erdoğans nach unbegrenzter Macht, das zu seinem Machtverlust hätte führen können.

Die Schicksalswahl im einhundertsten Jahr der Republik

Es war die türkische Opposition, die die Wahl vom 14. Oktober 2023 zuerst zur «Schicksalswahl» erklärte. Wenn es nicht gelänge, Staatspräsident Erdoğan abzulösen, würde das Land unweigerlich in eine Diktatur abgleiten. Entscheidend sei die Wahl nicht nur für die wirtschaftliche Zukunft der Türkei. Auf dem Spiel stehe die säkulare Republik und damit die Trennung von Staat und Religion sowie die Gleichheit von Mann und Frau vor dem

Gesetz. Erdoğan lasse außerdem unbegrenzt syrische, iranische und afghanische Flüchtlinge ins Land und verscherbele wertvolle Industrieunternehmen und ganze Küstenregionen an die Herrscher der arabischen Golfstaaten. So verändere er den Charakter der Türkei und mache sie zu einem Teil des Nahen Ostens.

Als seine Werte in den Meinungsumfragen sanken, stimmte auch Erdoğan das Lied von der Schicksalswahl an, natürlich mit einem entgegengesetzten Text. Er behauptete, wenn die Opposition gewänne, dann stehe die Existenz des Landes auf dem Spiel. Sein Herausforderer sei eine Marionette an den Fäden Washingtons und Brüssels. Kemal Kılıçdaroğlu untergrabe die Unabhängigkeit der Türkei und mache sie zu einem Spielball des westlichen Imperialismus. Mit ihrer liberalen Haltung zu Homosexualität und freier Liebe schwächten die Opposition und der Westen die türkische Familie und gefährdeten die Nation. Und mehr noch, die Opposition paktiere zudem mit kurdischen Terroristen, die die Einheit des Landes bedrohten.

Sowohl für die Anhänger der Regierung als auch für die Unterstützer der Opposition schien es um alles oder nichts zu gehen. Beide sahen ihre Lebensstile bedroht, sollte die Gegenseite die Macht erringen. Dieses Gefühl erklärt die hohe Wahlbeteiligung: Über 88 Prozent gaben in der ersten Runde ihre Stimme ab, in der das Parlament gewählt wurde. Und über 85 Prozent beteiligten sich an der Stichwahl vom 28. Mai, die notwendig geworden war, weil keiner der Kandidaten für das Staatspräsidentenamt in der ersten Runde die absolute Mehrheit erreicht hatte.

Fast allen Voraussagen zum Trotz gewannen erneut Präsident Erdoğan und das von seiner AKP angeführte *Republikanische Bündnis* islamistischer und extrem rechter Parteien. Erdoğan erhielt im zweiten Wahlgang 52 Prozent der Stimmen und lag damit vier Punkte vor seinem Herausforderer Kılıçdaroğlu, der sich mit 48 Prozent bescheiden musste. Im Parlament hat das rechte Bündnis Erdoğans mit 323 von 600 Sitzen die absolute Mehrheit. Die Parteien des oppositionellen *Nationalen Bündnisses* kommen auf 212 Sitze, 65 Mandate gehen an die prokurdische Partei, und die sozialistische Türkische Arbeiterpartei (TİP) ist mit vier Abgeordneten vertreten. Damit kann Erdoğan fünf weitere Jahre regieren, faktisch ohne Kontrolle durch das Parlament und nicht wirklich behindert durch eine flügellahme Richterschaft.

Was hat den Erfolg Erdoğans ermöglicht, und warum zerschlugen sich die großen Hoffnungen auf einen Wechsel? Warum wählte die Mehrheit einen Präsidenten, unter dessen Regierung das Pro-Kopf-Einkommen von 2013 bis 2021 von 12 508 US-Dollar auf 9601 Dollar zurückgefallen ist, die Inflation am Wahltag bei über 40 Prozent lag und die Türkische Lira seit Einführung des Präsidialsystem 2018 massiv an Wert verloren hat? So kostete im Jahr 2018 ein Dollar 4,5 Türkische Lira, am Wahltag lag der Preis bei knapp unter 20 Lira.

Die Opposition hat Fehler gemacht. Sie hat sich zu spät auf einen gemeinsamen Kandidaten geeinigt und nicht auf ein populäres Zugpferd gesetzt, wie den noch jungen Istanbuler Bürgermeister Ekrem İmamoğlu, sondern auf den eher trockenen und bereits älteren CHP-Vorsitzenden Kılıçdaroğlu. Sie hat den Wählern nicht immer ein Bild von Einigkeit geboten, und am Wahltag hat sie es nicht geschafft, in allen Wahlbüros präsent zu sein und Wahlfälschungen zu verhindern.

Wirklich gescheitert ist die Opposition jedoch daran, in größerem Maße religiös-konservative Wähler, die Stammkundschaft von Erdoğans AKP, zu überzeugen. Erneut waren die Religiös-Konservativen nicht bereit, eine Partei zu wählen, von der sie glaubten, dass sie nicht ihrer Identität entspricht. Zwar herrscht auch in diesem Spektrum der Gesellschaft große Unzufriedenheit. Auch die Religiös-Konservativen klagen über wirtschaftliche Not, Armut und Arbeitslosigkeit, und auch sie wissen, dass Korruption und Vorteilsnahme allgegenwärtig sind. Der Unmut der Wähler über die AKP zeigte sich bei diesem Urnengang daran, dass sie mit 35,5 Prozent der Stimmen ein um 7 Prozent schlechteres Ergebnis eingefahren hat als bei den vorhergehenden Wahlen im Juni 2018. Tatsächlich befindet sich die AKP in einem langsamen, aber unaufhaltsamen Niedergang. Denn bereits bei den Wahlen von 2018 hatte sie mit 42,6 Prozent der Stimmen 7 Prozent weniger erhalten als bei den vorletzten Wahlen im November 2015, als die Partei noch 49,5 Prozent und damit fast die Hälfte aller Stimmen auf sich vereinigen konnte.

Im Mai 2023 gaben diejenigen Religiös-Konservativen, die sich nicht durchringen konnten, die AKP trotz allem zu wählen, ihre Stimme nicht der säkularen Opposition, sondern marginalen islamistischen Parteien, die Erdoğan noch kurz vor der Wahl in sein *Republikanisches Bündnis* aufgenommen hatte. Die größere dieser islamistischen Parteien ist die *Neue Wohlfahrtspartei* (YRP), die von Fatih Erbakan geführt wird. Er ist der Sohn Necmettin Erbakans, in dessen *Wohlfahrtspartei* Erdoğans politische Karriere einst begann. Ins *Republikanische Bündnis* integrierte Erdoğan außerdem die *Partei der Freien Sache* (Hüda-Par), die in den mehrheitlich kurdisch besiedelten Gebieten der Türkei Anhänger hat. Kritiker beschuldigen die Hüda-Par, die zivile Version der türkisch-kurdischen Terrororganisation Hizbullah (Partei Gottes) zu sein, die in den 1990er Jahren eine ganze Reihe politischer Morde begangen hat. Die Hizbullah hatte sich am Iran orientiert, und tatsächlich lässt sich das Akronym Hüda Par auch als «Partei Gottes» lesen (Gott heißt auf Persisch *Hoda/Hüda*).

Dass islamistische und rechtsextreme Parteien vom Niedergang der AKP profitierten, zeigte sich deutlich in den Hochburgen der AKP in Zentralanatolien und an der Schwarzmeerküste. So verlor die AKP in den zentralanatolischen Städten Konya, Yozgat und Sivas im Vergleich zu 2018 jeweils um die 10 Prozent, während dort die islamistische YRP und rechtsextreme Parteien zulegen konnten. Dasselbe gilt für die Städte Rize, Trabzon und Samsun am Schwarzen Meer, wo die YRP circa die Hälfte der von der AKP verlorenen Stimmen einsammeln konnte.

Freilich stand der Weg, die eigene Unzufriedenheit mit der Politik der AKP zu zeigen, ohne «die Seiten zu wechseln», den

Religiös-Konservativen nur bei der Wahl zum Parlament und in der ersten Runde der Staatspräsidentenwahl zur Verfügung. In der zweiten Runde, in der sich Erdoğan und sein Herausforderer Kemal Kılıçdaroğlu ohne weitere Alternative gegenüberstanden, wählten die Unzufriedenen unter den Religiös-Konservativen zähneknirschend erneut Recep Tayyip Erdoğan. Am deutlichsten kam das in den Provinzen zum Tragen, die im Februar 2023, drei Monate vor der Wahl, von zwei großen Erdbeben erschüttert worden sind. So musste die AKP in Kahramanmaraş, Kilis, Malataya und Şanlıurfa ein Abwanderung von rund 10 Prozent der Stimmen hinnehmen. Erdoğan hingegen ging auch in diesen Provinzen mit nur sehr geringen Verlusten von circa 3 Prozent als klarer Sieger aus dem Rennen.

Es war jedoch nicht nur das kulturelle Fremdeln mit der eher säkularen Opposition, die es den AKP-Wählern erschwerte, ihre Hoffnungen in sie zu setzen. Denn Teil der großen AKP-Community zu sein, verspricht handfeste materielle Vorteile, derer man sich beraubt, wenn man die Seiten wechselt. Die Geschehnisse in der vom Erdbeben verwüsteten Region sind ein gutes Beispiel für diese Diskriminierung: In seinem Bericht zur Lage in den Erdbebenregionen schrieb der *Verein der Ärzte in der öffentlichen Gesundheitsvorsorge* (HASUDER), die von der offiziellen *Katastrophenschutzbehörde* (AFAD) geleistete Hilfe bevorzuge in gravierendem Ausmaß Regionen und Bevölkerungsgruppen, die der Regierung und ihrer Partei nahestehen. Benachteiligt würden «andere ethnische Gruppen» – ein Synonym für Kurden –, aber auch Flüchtlinge aus Syrien. Vernachlässigt werde insbesondere die Region Hatay. Dort leben viele arabisch-sprachige Angehörige der heterodoxen Alawiten, die der AKP eher kritisch gegenüberstehen.

Erstaunlich gut geschlagen hat sich bei den Parlamentswahlen 2023 auch die rechtsradikale *Partei der Nationalistischen Bewegung* (MHP), die mit gut 10 Prozent viel mehr Zuspruch erhielt, als die Meinungsforscher vorausgesagt hatten. Auch diese Partei profitierte von der geringer werdenden Anziehungskraft der

AKP. In den letzten Wochen des Wahlkampfes konzentrierte sich der Staatspräsident fast ausschließlich darauf, die Opposition als Helfershelfer von Terroristen darzustellen. Von der AKP produzierte gefakte Videos, die das staatliche Fernsehen brav verbreitete, erweckten den Eindruck, die Führung der PKK greife direkt in den Wahlkampf der Opposition ein. Damit trieb Erdoğan die Angst der Türken vor kurdischem Separatismus und einer Zerstückelung ihres Landes auf die Spitze. Und profitiert von dieser Angst haben extreme Nationalisten wie die MHP. Sie ernteten, was Erdoğan gesät hat.

Erneut haben deshalb die tiefen Gräben in der türkischen Gesellschaft den Ausgang der Wahlen stärker beeinflusst als lösbare wirtschaftliche und politische Probleme. Das ist kein gutes Omen für die Zukunft.

2. Erdoğanomics:
Korruption, Manipulation und Fehlentscheidungen

«Die Türkei wird einen Höhenflug erleben!»[17] Mit diesem Versprechen trommelte ab 2016 die regierungsnahe Presse für die Einführung des Präsidialsystems. Die Konzentration aller Entscheidungsbefugnis in der Person von Staatspräsident Recep Tayyip Erdoğan sollte die zentrale Steuerung der Wirtschaft und damit schnelle und strategisch richtige Entscheidungen ermöglichen. «Das Vertrauen in die Wirtschaft wird wachsen, Großprojekte werden gestartet, Investitionen fließen und das Wachstum wird sich beschleunigen»[18], war sich Erdoğans Chefberater Bülent Gedikli damals sicher.

Zwei Jahre später schienen die Träume Wirklichkeit zu werden. Nach einer knapp gewonnenen Volksabstimmung im April 2017 trat Erdoğan im Juni 2018 sein Amt als erster Präsident des neuen Systems an, das ihn zum allein entscheidenden Lenker der türkischen Wirtschaft machte.

Bereits damals zeigte die Ökonomie des Landes deutliche Zeichen von Ermüdung. Die ausländischen Direktinvestitionen waren von 19,3 Milliarden im Jahre 2015 auf 12,8 Milliarden US-Dollar eingebrochen.[19] Auch das Pro-Kopf-Einkommen befand sich schon seit 2013 auf Talfahrt und war von damals 12 615 auf 9454 US-Dollar zurückgefallen.[20] Die jährliche Inflationsrate war im selben Zeitraum von 7,5 auf 16,3 Prozent geklettert,[21] und für den Dollar, der Mitte des Jahres 2013 nur 1,9 Türkische Lira gekostet hatte, musste man Mitte 2018 schon 4,6 TL hinblättern.[22]

Die Gründe für diesen relativen Niedergang waren vielfältig. Innenpolitisch waren 2013 die gewaltsame Niederschlagung der Gezi-Proteste und 2016 die Aussetzung der Grund- und Bürgerrechte nach dem fehlgeschlagenen Putschversuch nicht zu übersehende Anzeichen für die weit verbreitete Verletzung der Menschenrechte, für den Abbau von Rechtsstaatlichkeit und um sich greifende Rechtsunsicherheit. Außenpolitisch sorgten die Entscheidung Ankaras, das russische Raketenabwehrsystems S-400 zu erwerben, die anfängliche Zurückhaltung im Kampf gegen den «Islamischen Staat», die primär gegen die syrischen Kurden gerichteten Invasionen der türkischen Armee in Syrien und der faktische Stopp des Beitrittsprozesses zur Europäischen Union für eine tiefe Krise zwischen der Türkei und ihren westlichen Partnern. Europa, der Hauptabnehmer türkischer Waren, und die USA, ein weiterer maßgeblicher Investor, waren auf Distanz zu Ankara gegangen.

Gleich nach seinem Amtsantritt als allzuständiger Staatspräsident nahm Erdoğan die Zügel entschlossen in die Hand. Im September 2018 ernannte er sich selbst zum Aufsichtsratsvorsitzenden des *Staatsfonds der Türkei*, der die Aktien großer staatseigener Firmen und Banken in Höhe von rund 40 Milliarden US-Dollar verwaltet. Der Fonds war 2016 geschaffen worden, um ausländische Kredite und Investitionen in Höhe von bis zu 200 Milliarden US-Dollar absichern zu können.[23] Zu seinem Stellvertreter ernannte Erdoğan seinen Schwiegersohn Berat Albayrak, damals Finanzminister der Türkei.

Nachdem er sich die persönliche Herrschaft über den Staatsfonds gesichert hatte, riss Erdoğan bald auch die Entscheidungsgewalt über die Politik der türkischen Zentralbank an sich, die nach dem immer noch gültigen Gesetz eigentlich von der Regierung unabhängig ist.[24] Von 2019 bis 2021 wechselte Erdoğan in nur 20 Monaten viermal die Präsidenten der Zentralbank aus, hatten doch die Amtsinhaber dem Wunsch Erdoğans, den Leitzins zu senken, nicht nachgegeben. Der Staatspräsident beharrte und beharrt indes noch immer darauf, dass hohe Zinsen die Ursache und nicht die Folge von Geldentwertung sind. Sein Rezept, die Zinsen und damit auch die Inflation zu senken, ist bisher allerdings nicht aufgegangen.

Sowenig sich der Präsident im Umgang mit der Zentralbank um deren Unabhängigkeit und damit um ihren Vertrauensvorschuss bei den Investoren scherte, so wenig kümmert es ihn, ob Wirtschaft und Gesellschaft dem Staatlichen Amt für Statistik der Türkei (TÜIK) Vertrauen entgegenbringen. Von 2018 bis 2022 entließ Erdoğan im Schnitt jedes Jahr einmal den Präsidenten der Behörde, weil diese, wie es heißt, bei der Berechnung der Inflation regelmäßig zu anderen Ergebnissen als die Regierung kam.[25]

Keiner der Eingriffe Erdoğans in die Finanz- und Wirtschaftspolitik hat bisher nachhaltigen Erfolg gezeitigt. Seit dem Wechsel des Regierungssystems sind zwar die absoluten Wachstumszahlen gestiegen, dies kam jedoch lediglich den Unternehmen zugute. Das Pro-Kopf-Einkommen stagnierte zuerst, die Währung verlor dramatisch gegenüber dem Dollar und dem Euro, die Verschuldung der Wirtschaft und der Bürger stieg, genauso wie die Zinsen, die das Land für ausländische Kredite zahlen muss. In der Liste der größten Ökonomien (gemessen am Bruttoinlandsprodukt, BIP in US-Dollar), die der Internationale Währungsfonds regelmäßig veröffentlicht, rutschte die Türkei von Platz 16 im Jahr 2015 auf Platz 21 im Jahr 2021 ab, überholt von Indonesien, Holland, Saudi-Arabien, der Schweiz und dem Iran.[26] Wird das Pro-Kopf-Einkommen in US-Dollar zugrunde gelegt, fiel die

Türkei im gleichen Zeitraum von Rang 66 auf Rang 78.[27] Und auch die Zukunft ist nicht rosig, denn die Projektionen deuten auf einen weiteren Verfall der maßgeblichen Zahlen.

Zu den strukturellen Schwächen der türkischen Wirtschaft gehört zum einen das seit 2004 chronische Zahlungsbilanzdefizit. Die türkische Industrie ist in hohem Maße auf importierte Halbfertigprodukte angewiesen, weshalb das Zahlungsbilanzdefizit mit steigender Wirtschaftsleistung wächst. Außerdem kämpft das Land mit einer ungenügenden Sparrate, die von 18 Prozent des BIP Ende der 1990er Jahre auf 13 Prozent Mitte der 2000er Jahre gefallen war und im Vergleich mit anderen aufsteigenden Ökonomien und Schwellenländern niedrig ist.[28] Das Volumen der inländischen finanziellen Ressourcen liegt deshalb kontinuierlich unter dem Investitionsvolumen, was die Türkei in prinzipielle Abhängigkeit von stetigem ausländischem Kapitalzufluss bringt.[29]

Angesichts der beeindruckenden Wachstumsperiode der Wirtschaft von 2002, die nur 2009 infolge der globalen Finanzkrise von 2008 vorübergehend stark einbrach, können die genannten strukturellen Schwächen allein jedoch die bereits 2017/2018 einsetzende Wirtschaftskrise nicht erklären. Entscheidende Faktoren für den Niedergang der türkischen Wirtschaft, dessen erste Anzeichen bereits 2011 sichtbar geworden waren, lagen damals und liegen noch heute im politischen Bereich. Das gilt – mit entgegengesetzter Wirkung – auch für den außergewöhnlichen wirtschaftlichen Aufschwung in den vorhergehenden Jahren von 2002 bis 2006. Ein Vergleich der beiden Perioden führt dies anschaulich vor Augen.[30]

Vom Wirtschaftswunder in die Krise

Mit dem Regierungsantritt der AKP 2002 hatte für die Türkei eine beeindruckende Periode wirtschaftlichen Wachstums begonnen. Nach der schweren Finanzkrise von 2001 konnte das Land von 2002 bis 2007 jährliche Wachstumsraten von durchschnittlich über 7,5 Prozent verzeichnen.[31] Der Aufschwung hatte wesentlich dazu beigetragen, dass es der erst 2001 gegründeten Partei gelang, sich eine breite gesellschaftliche Basis zu schaffen. So hatten bei einer Umfrage noch 2008 85 Prozent ihrer Wähler erklärt, sie würden der AKP primär aufgrund der erfolgreichen wirtschaftlichen Entwicklung ihre Stimme geben.[32]

Tatsächlich erzielte die Türkei in den ersten Jahren der AKP-Regierung, genauer von 2002 bis 2006, nicht nur hohe Wachstumsraten, sondern erreichte auch eine Produktivitätssteigerung von 7 Prozent per annum. Diese Steigerung der Produktivität ging zwar auch auf die Integration landwirtschaftlicher Arbeitskräfte in die Industrie zurück, sie war aber ebenso die Folge eines rasanten Anstiegs der privaten Investitionen. So stieg das Verhältnis privater Investitionen zum BIP kontinuierlich von 12 Prozent im Jahr 2001 auf 22 Prozent im Jahr 2006, wobei das Kapital primär in Maschinen und Anlagen gesteckt wurde.[33] Als Folge davon nahm im selben Zeitraum der Anteil industrieller Güter am BIP von 22 auf nahezu 24 Prozent zu.

Dieses Wirtschaftswachstum, eine beträchtliche Zunahme ausländischer Direktinvestitionen sowie der weitgehende Verzicht der Regierung auf parteipolitisch motivierte Ausgaben entlasteten die Staatskasse, so dass die Schulden der öffentlichen Hand von 75 Prozent des BIP 2001 auf 35 Prozent zum Ende des genannten Zeitraums sanken. Erreicht wurde auch eine Verbreiterung der ökonomischen Basis. Investitionen konzentrierten sich nicht mehr ausschließlich auf die traditionellen industriellen Zentren Istanbul, Izmit, Ankara und Izmir, sondern flossen auch in Standorte östlich von Ankara, etwa nach Konya, Kayseri und Gaziantep.[34] Der nun breiter gestreute Aufschwung führte zu einer generellen Verbesserung der Lage insbesondere der unteren Schichten und der unteren Mittelschicht. Die Rate der von Armut Bedrohten ging zurück, die Mittelschicht wuchs, und Einkommensunterschiede verminderten sich – dokumentiert durch den Fall des Koeffizienten des Gini-Indexes von 45 Prozent im

Jahre 2003 auf 28 Prozent 2008. In den ersten Jahren ihrer Regierung hatte es die AKP offensichtlich vermocht, die Befriedigung der Partikularinteressen ihrer Wähler mit der Förderung der wirtschaftlichen und sozialen Entwicklung des gesamten Landes in Einklang zu bringen.

Die Aufrechterhaltung dieser Kombination aus nachhaltigem Wachstum und einer glücklichen Balance allgemeiner und partikularer Interessen gestaltete sich ab 2007 zunehmend schwierig. Zum einen ließ die wirtschaftliche Dynamik merklich nach. Das Pro-Kopf-Wachstum des BIP fiel von durchschnittlich 6 Prozent zwischen 2002 und 2006 auf rund 3 Prozent im Zeitraum von 2007 bis 2014. Bereits 2007 – noch vor der globalen Finanzkrise – verlangsamte sich das Wirtschaftswachstum auf 4,7 Prozent.[35] Ähnliches gilt für die privaten Investitionen, die ebenfalls bereits 2007 merklich nachließen. Auch die Produktivitätssteigerung sank, sie liegt nun schon seit 2007 bei mageren 1 Prozent.[36]

Das Wachstum in den darauffolgenden Jahren war nicht mehr der Steigerung der Produktivität, sondern einer stark kreditfinanzierten Ausweitung des Konsums (auf Seiten der Verbraucher), einer ebenfalls stark kreditfinanzierten Welle der Privatisierung (auf Seiten der Unternehmen) sowie von der öffentlichen Hand finanzierten großen Infrastrukturprojekten zu verdanken. Ein Hinweis darauf ist die unterschiedliche Entwicklung des Zahlungsbilanzdefizits in den beiden Perioden. Während dies in der ersten Periode noch relativ moderat ausfiel, lief das Defizit in den Jahren nach der globalen Finanzkrise zunehmend aus dem Ruder.[37] Die ausländischen Direktinvestitionen, die sich zwischen 2004 und 2007 mit einem Sprung von 2,79 Milliarden auf 22,05 Milliarden US-Dollar verzehnfacht hatten, konnten sich nach einem rapiden Absturz im Rahmen der globalen Finanzkrise nicht mehr erholen, und von 2016 auf 2020 fielen sie von 13,84 auf 7,6 Milliarden Dollar.[38] Die Korruption, die seit 2001 rasant und stetig zurückgegangen war, verzeichnete ab 2008 erneut eine deutliche Zunahme.[39]

Die abnehmende Bereitschaft ausländischer Investoren zu finanziellem Engagement ging mit steigender Korruption einher.

Ein Großteil der wirtschaftlichen Regulierungsinstitutionen entstand in der Türkei nach der Finanz- und Wirtschaftskrise von 2001. In den vorhergehenden Jahren hatte die ohnehin fragile Wirtschaft schwere Rückschläge hinnehmen müssen. Im Verlauf dieser Krise hatte die Türkische Lira in nur zwei Tagen 57 Prozente ihres Wertes verloren, die Inflation war auf 70 Prozent gestiegen, das Zahlungssystem zusammengebrochen, über 15 000 Firmen waren pleite gegangen, 1,5 Millionen hatten ihren Arbeitsplatz verloren, und die Wirtschaft war um 8,5 Prozent geschrumpft.[40] Beim darauf folgenden Urnengang im November 2002 verwehrten die Wähler allen vorher im Parlament vertretenen Parteien den erneuten Einzug in die Nationalversammlung.[41] Ohne diese Krise, die im Februar 2001 ihren Höhepunkt erreichte, wäre der AKP im November 2002 die Erringung der absoluten Mehrheit im Parlament nicht gelungen.

Den Weg aus der Wirtschaftskrise wies allerdings nicht die neue AKP-Regierung, sondern der Internationale Währungsfond (IWF), der bereits vor der Wahl ein Standby-Abkommen mit der Türkei abgeschlossen hatte. Umgesetzt wurde dieses von Kemal Derviş, einem leitenden Weltbankmanager türkischer Herkunft. Schon die Vorgängerregierung hatte ihn zum Staatsminister ernannt und für die Krisenbewältigung mit weitreichenden Vollmachten ausgestattet. In seiner kurzen Amtszeit konnte Derviş maßgebliche Gesetze auf den Weg bringen. Mit den neuen Vorschriften wurden zum einen die staatliche Kreditaufnahme und die Vergabe von staatlichen Krediten zentralisiert, diese Vorgänge transparenter gemacht und so die Rechenschaftspflicht der Akteure erhöht. Der Staatsminister mit Weltbankhintergrund brachte außerdem ein für die Türkei revolutionäres Gesetz über öffentliche Ausschreibungen sowie eine Reihe von Gesetzen, die Hindernisse für die Privatisierung ineffizienter Staatsbetriebe beseitigen sollten, auf den Weg.[42] Ziel all dieser Reformen war es, eine stärker regelbasierte Ökonomie zu schaffen, die eine größere Vorhersehbarkeit wirtschaftspolitischer Entscheidungen und eine Zurückdrängung partikularer politischer Interessen bewirken sollte.[43] In jenen Jahren wurde die Unabhängigkeit der Zentralbank ausgeweitet, und es erfolgte die Gründung einer Reihe von unabhängigen wirtschaftlichen Regulierungsinstitutionen wie der Bankenaufsicht, der Energiemarkt-Regulierungsbehörde und der Öffentlichen Beschaffungsbehörde.[44] Dem Schock der Krise, dem Druck des IWF und den Erwartungen der Europäischen Union, die im Oktober 2005 in Beitrittsgespräche mit der Türkei eingetreten war, war es zu verdanken, dass die junge AKP-Regierung den von Derviş eingeschlagenen Kurs in der ersten Periode ihrer Regierung weitgehend beibehielt.

Regeln und wie sie unterlaufen werden

Doch alledem zum Trotz begann die AKP-Führung sehr früh damit, die eben erst etablierte, stärker regelbasierte Wirtschaftsordnung an dieser oder jener Stelle zu unterlaufen. Und je sicherer sich die AKP in den darauffolgenden Jahren aufgrund gewonnener Wahlen und der allmählichen Zurückdrängung der republikanischen Elite in der Bürokratie, der Justiz und dem Militär fühlte, desto stärker untergrub sie die Unabhängigkeit von Regulierungsinstitutionen, um der eigenen wirtschaftlichen Klientel Vorteile zu verschaffen und sie dadurch auf die Unterstützung der Partei zu verpflichten.

Ein Paradebeispiel dafür ist die Manipulation des Systems der öffentlichen Ausschreibung und Auftragsvergabe. Bereits 2003 wurde die staatliche Auftragsvergabe an Unternehmen, die in den Bereichen Energie, Wasserwirtschaft, Verkehr und Telekommunikation tätig sind, aus dem Geltungsbereich des erst 2002 mit dem Ziel größerer Transparenz und der Verhinderung von Korruption erlassenen Gesetzes über öffentliche Ausschreibungen ausgegliedert, so dass wesentliche Bereiche staatlicher Auftragsvergabe effektiver Kontrolle entzogen wurden.[45] Noch im selben Jahr erlaubte eine Neuregelung, dass in dringenden Fällen der sogenannte «Direkteinkauf» nicht mehr den strengen Vorgaben des Gesetzes folgen musste. Beim «Direkteinkauf» bedarf es weder einer öffentlichen Anzeige des Beschaffungsprojekts noch der Gründung einer Beschaffungskommission.[46] Auf diese Weise wurde bereits zwischen 2004 und 2017 jedes 13. öffentliche Ausschreibungsverfahren ohne Information und ohne Kontrolle Dritter durchgeführt.[47] Auch das Gesetz über öffentliche Ausschreibung vom Januar 2002 selbst wurde ständig geändert oder, besser gesagt, durchlöchert. Die nur 70 Rechtsvorschriften erfuhren bis Oktober 2021 insgesamt 191 Änderungen.[48] So wurden willkürlich Ober- und Untergrenzen für die Anwendung dieses Gesetzes festgelegt. Zusätzlich führten die Verantwortlichen stark verwässerte, intransparente Methoden der Auftragsvergabe ein, die es den öffentlichen Auftraggebern erlauben, nur einzelne, von ihnen ausgewählte Firmen zu Verhandlungen über eine Vergabe einzuladen.[49] Dem Paragraphen, der die Fälle regelt, in denen der öffentliche Auftraggeber auf die formale und transparente Ausschreibungsprozedur verzichten darf, wurden in 13 zusätzlichen Absätzen immer wieder neue Ausnahmen hinzugefügt.[50] Die Praxis spricht eine noch deutlichere Sprache. So gibt es in vielen Fällen intransparente Ausschreibungsverfahren, bei denen selbst *jene* Regeln nicht beachtet werden, die nach dem ohnehin durchlöcherten Ausschreibungsgesetz noch zu befolgen wären.[51]

Infolgedessen wuchs das nominelle Volumen der Beschaffungen, die nach verwässerten und intransparenten Verfahren vergeben wurden, zwischen 2003 und 2017 um mehr als das 600-fache, mit der Folge, dass bereits 2017 nur noch 60 Prozent aller öffentlichen Ausschreibungen nach den ursprünglich formulierten Vorschriften durchgeführt worden.[52] Auf diese Weise hat sich die Partei ein wirksames Instrument geschaffen, Unternehmen des eigenen politischen Lagers zu fördern und sie von sich ab-

Abb. 3: Die Bauindustrie, ein Hort der Korruption: Neubaugebiet in Istanbul mit der Mimar-Sinan-Moschee im Vordergrund

hängig zu machen und zu halten. Zudem wirkt dieses Vorgehen auf eine Disziplinierung aller Unternehmen hin, die mit dem Staat geschäftlich verbunden sind. Von besonderer Bedeutung war und ist dies für die Presse, die sich seit den 1990er Jahren im Eigentum großer Mischkonzerne befindet, welche in der Regel auf gute Beziehungen zur Regierung angewiesen sind.

Daran, dass die türkische Wirtschaft in eine Sackgasse geraten ist, hat die Konzentration auf die Bauindustrie einen maßgeblichen Anteil. Zwischen 2003 und 2017 stieg ihr Anteil an den öffentlichen Ausschreibungen von 19 Prozent auf 62 Prozent.[53] Ein erster Hinweis darauf, wie eng dieser Sektor mit der AKP verflochten ist, zeigt sich daran, dass im Zeitraum von 2007 bis 2011 zwei Drittel aller öffentlichen Auftragsvergaben, die nach den oben geschilderten intransparenten Verfahren abgewickelt wurden, Firmen zufielen, die auf die eine oder andere Weise mit der AKP verbunden sind.[54]

Eine zentrale Rolle spielen dabei der Wohnungsbau und die dafür zuständige Behörde TOKİ. TOKİ steht musterhaft für die Instrumentalisierung einer staatlichen Institution und die Nutzung staatlicher Ressourcen zum ökonomischen Vorteil der Klientel der Regierungspartei und damit indirekt für die Stärkung der finanziellen Basis der AKP. Bereits 2004 unterstellte die AKP die bis dahin autonome Behörde dem Amt des Ministerpräsidenten.[55] Im selben Jahr erhielt TOKİ, der in den Jahren davor das Vermögen der aufgelösten staatlichen Immobilienbank (Emlak Bankası) zugefallen war, die Rechte zur Erstellung von Flächennutzungsplänen, zur Verstaatlichung privaten Land- und Immobilienbesitzes, zur Transformation/Gentrifizierung von Siedlungen (die ohne amtliche Bebauungspläne entstanden waren) sowie zur Erschließung und Bebauung von staatseigenem Land.[56] Auf diese Weise besitzt die Behörde nicht nur Planungs-, Projektierungs- und Enteignungskompetenzen, sondern hat auch Zugriff auf staatliche Ländereien. Damit verfügt sie über eine bedeutende finanzielle und institutionelle Macht, die sie für die Zuteilung von außerordentlichen Renditen an von ihr bevorzugte Unternehmen nutzen kann.

2010 entzog eine Änderung des Gesetzes über den Rechnungshof dessen Finanzkontrolleuren das Recht zur Prüfung der Ausgaben der Wohnungsbaubehörde.[57] Zudem wurden 2011 Aktivitäten der TOKİ außerhalb des Wohnungsbaus wie die Errichtung von öffentlichen Verwaltungsgebäuden, Sozialzentren, Grenzwachen etc. aus dem Geltungsbereich des Gesetzes für öffentliche Ausschreibungen herausgenommen.[58] Und 2017 setzte eine Verordnung des Ministerpräsidentenamtes die Kriterien für Bauunternehmen, die an Ausschreibungen der Wohnungsbaubehörde teilnehmen können, drastisch herab.[59] Damit wurde der Ermessensspielraum der Behörde erneut ausgeweitet. Die Partei bestimmt das Handeln der Baubehörde, deren Bindung an bestehende Vorschriften Schritt für Schritt ausgehöhlt wurde und die keiner Kontrolle des Rechnungshofes unterliegt. So kann die

AKP auf der einen Seite die Bedürfnisse der unteren Bevölkerungsschichten – ihre hauptsächliche Wählerbasis – nach Eigentumswohnungen befriedigen und damit Stimmen an sich binden. Auf der anderen Seite kann sie eine von ihr abhängige Unternehmerschaft heranziehen.

Klientelismus und Vorteilsnahme

Bereits im August 2014 war ein Bericht des Rechnungshofs bekanntgeworden, nach dem die öffentlichen Ausschreibungen die Hauptquelle der Korruption im Lande sind.[60] Dieser Eindruck verfestigt sich, wenn zahlreiche Fälle krasser Fehlplanungen im Bereich der sogenannten Public Private Partnership (PPP) ins Blickfeld genommen werden, die sich in unverhältnismäßig hohem Grade zum ökonomischen Nutzen der beteiligten Unternehmen auswirken. Eine geradezu dramatische Fehlkalkulation liegt im Falle des Flughafens der westanatolischen Stadt Kütahya vor. Der 2012 eröffnete Flughafen wurde im Auftrag der Regierung von der Firma IC İctaş errichtet, die als einzige an der Ausschreibung teilnahm und den Flughafen betreibt.[61] Der Vertrag über die Finanzierung des Projekts legt Einnahmen des Flughafens pro in- und ausländischem Fluggast zugrunde und garantiert dem Betreiber Ausgleichszahlungen, wenn die vorgesehenen Passagierzahlen nicht erreicht werden. Bereits 2016 stellte der Rechnungshof fest, dass die Zahl der zu erwartenden Fluggäste unverhältnismäßig hoch angesetzt worden war und dadurch gewaltige staatliche Zuschüsse vorprogrammiert waren. Tatsächlich stellte sich zum Ende der ersten fünf Betriebsjahre eine Fehlkalkulation von 95,8 Prozent heraus. Sie kostet den Staat nahezu 21 Millionen Euro, womit die Firma in fünf Jahren die Hälfte der Investitionskosten des auf 30 Jahre projektierten Flughafens erwirtschaftet hat. Kütahya ist das bei weitem extremste, aber nicht das einzige Beispiel dieser Art.

Grobe Fehlkalkulationen zum Wohle der ausführenden Privatfirmen sind wohl auch bei drei Prestigeprojekten der AKP-Regierung im Spiel. Es handelt sich um die dritte Brücke über den Bosporus (Yavuz-Sultan-Selim-Brücke), die Straßenunterführung unter dem Bosporus und die 2016 eröffnete Brücke über den östlichen Ausläufer des Marmara-Meers (Osman-Gazi-Brücke).[62] Bei allen diesen Projekten hat der Staat im Rahmen von PPP-Verträgen Garantien für die gebührenpflichtige Mindestnutzung, gemessen an der Zahl der Fahrzeuge, übernommen. Die Verbindungen werden jedoch wesentlich weniger genutzt als geplant, was den Staatshaushalt unnötig belastet, da er die durch Verträge garantierten Einnahmen der Firmen finanzieren muss.

Nach Angaben der Opposition im Parlament wurde die Zahl der Fahrzeuge, die diese Verkehrswege kostenpflichtig nutzen sollten, bei der Yavuz-Sultan-Selim-Brücke um zwei Drittel, beim Eurasien-Tunnel um 50 Prozent und bei der Osman-Gazi-Brücke um rund 60 Prozent zu hoch angesetzt.[63] Der Regierung zufolge wurde die dem Vertrag zugrundeliegende Schätzung bei der Yavuz-Sultan-Selim-Brücke jedoch «nur» um 34 Prozent zu hoch bemessen.[64] Die Verträge sind generell zum Vorteil der großen Holdings gestrickt. So musste der Staat seine Garantieverpflichtungen auch unter dem Lockdown der Corona-Pandemie erfüllen und die Firmen für den Einnahmeverlust in dieser Zeit entschädigen.[65]

Ende 2020 fand der privilegierte Zugang einiger großer türkischer Baufirmen zu Staatsaufträgen gar internationale Aufmerksamkeit. Ein Bericht der Weltbank über Public-Private Partnership bei Infrastrukturprojekten förderte interessante Informationen zutage. Danach befanden sich unter den zehn Firmen, die in den letzten 18 Jahren weltweit die größten Staatsaufträge an Land gezogen hatten, fünf Firmen aus der Türkei. Es handelt sich um die Holdings Limak, Cengiz, Kolin, Kalyon und MNG.[66] Nach Berichten in der türkischen Presse konnten die fünf Firmen – Oppositionsführer Kemal Kılıçdaroğlu von der *Republikanischen Volkspartei* (CHP) bezeichnet sie als «Fünferbande» – in den Jahren 2015 bis 2019 30 Prozent des Budgets aller staatlichen Ausschreibungen ergattern.[67] Dieselben fünf Firmen bildeten anfänglich auch das Konsortium, das den neuen Istanbuler Flughafen errichtete,[68] und sollen durch eine Abänderung der ursprünglichen Baupläne über vier Milliarden Euro Zusatzgewinn erwirtschaftet haben.[69] Bereits vorher hatten Kolin, Limak und Cengiz zusammen mit anderen «Pro-AKP-Firmen» wie Çalık und Kazanç bei 16 der 19 großen Ausschreibungen für die Privatisierung des Stromnetzes den Zuschlag erhalten, und Cengiz konnte sich «for a fraction of its value» den staatlichen Aluminiumproduzenten Eti aneignen.[70] Nach Presseberichten erhielt die Cengiz-Holding allein 2017 über intransparente Ausschreibungen öffentliche Aufträge in Höhe von 3 Milliarden TL (damals 853 Millionen US-Dollar).[71] Ein Jahr zuvor, 2016, war der Firma in der Liste der 500 größten Unternehmen der Türkei der Sprung von Platz 488 auf Platz 165 gelungen.[72] Ab 2005 engagierte sich die Holding plötzlich im Mediensektor und hielt bis 2009 große Anteile am regierungsnahen Fernsehsender ATV und der Tageszeitung Sabah.[73]

Die türkische Regierung hat bislang wenig dafür getan, die strukturellen Schwächen der türkischen Wirtschaft zu beheben. Sie hat die langen Jahre hohen Wirtschaftswachstums nicht für eine Erhöhung der Produktivität des industriellen Sektors, der Landwirtschaft[74] und der Dienstleistungen genutzt. Stattdessen hat sie Kapitalakkumulation in der Bauindustrie befördert und dabei im Wohnungsbau meist auf lokaler Ebene kleinere und mittlere Bauunternehmen im Besitz ihr nahestehender gesellschaftlicher Kreise bevorzugt. Die Konzentration auf den Wohnungsbau ermöglichte es der Regierung gleichzeitig, die Nachfrage der unteren Schichten nach bezahlbarem Wohnungseigentum zu bedienen.

Im Energie- und Infrastrukturbereich wurden planmäßig große Konzerne begünstigt und deren Wachstum nach Kräften gefördert. Möglich war dies durch den großen Spielraum, den die

Regierung hatte, was die Zuweisung von staatseigenem Land anging, ein leichter Weg für die Gewährung hoher Renditen an Unternehmen, die der Partei nahestehen und sie unterstützen. Ein weiterer Grund für die Konzentration der AKP-Wirtschaftspolitik auf die Bauindustrie und nicht auf die verarbeitende Industrie liegt darin, dass das konservative Kapital im Industrie- und Dienstleistungsbereich im Vergleich zu den alten kemalistischen Wirtschaftseliten relativ schlecht aufgestellt ist.

Diese Wirtschaftspolitik erfordert geradezu intransparente und parteiliche Vergabeverfahren. Es liegt in der Natur einer solchen Praxis, dass sie, einmal etabliert, eine Eigendynamik entfaltet, die dazu führt, dass sie in immer neue Bereiche vordringt und immer größere Projekte auf diese Weise ausgehandelt und vergeben werden, wodurch die Regeltreue und Vorhersehbarkeit institutionellen Handelns genauso leiden wie seine Transparenz und die Rechenschaftspflicht der bürokratischen und politischen Akteure.

Die Erdbeben vom Februar 2023

Die gewaltigen Erdstöße, die im Februar 2023 den Südosten der Türkei und den Norden Syriens erschütterten, forderten allein in der Türkei über 50 000 Todesopfer. Auf einer Fläche von der Größe Portugals richteten die Beben in 11 der 81 Provinzen des Landes Zerstörungen an. Rund 15 Prozent der Bevölkerung der Türkei waren betroffen. Die Region trägt etwa 9 Prozent zum türkischen BIP bei.[75] Allein der materielle Schaden der Beben wird auf etwa 4 Prozent der türkischen Wirtschaftsleistung geschätzt, den zu erwartenden Einbruch der Produktion in der Region nicht eingerechnet.[76] Die Beben brachten mehr als jedes zehnte Gebäude in dem betroffenen Gebiet zum Einsturz. Rund die Hälfte aller Bauten ist dort so schwer beschädigt, dass sie entweder abgerissen oder aufwendig und erdbebensicher restauriert werden müssen. Denn erdbebensicheres Bauen steht in der Türkei nur auf dem Papier. Dabei weiß dort jedes Kind, dass 70 Prozent des Territoriums erdbebengefährdet sind. Mehr noch, Seismologen und Geologen hatten über Monate und Jahre darauf hingewiesen, dass sich auf den tektonischen Verwerfungslinien im Südosten des Landes extrem hoher Druck aufgebaut hatte, und Fachleute hatten die Epizentren und die Stärke der Beben erstaunlich exakt vorhergesagt. In Kahramanmaraş, dem Zentrum der Beben, hatte AFAD, das türkische Pendant zum deutschen Technischen Hilfswerk, erst 2019 eine Katastrophenschutzübung abgehalten. Eine Überprüfung der Gebäudesubstanz unterblieb jedoch.

Tatsächlich hat die Wirtschaftspolitik der AKP, die ihre eigenen Interessen vor die des Landes stellte, einen wesentlichen Anteil daran, dass so viele Opfer zu beklagen sind. Ein Beispiel dafür ist die Sondersteuer von 10 Prozent auf Rechnungen für Telefon, Kabelfernsehen und Internet, die nach dem letzten großen Erdbeben von 1999 eingeführt worden war und in der Bevölkerung als «Erdbebensteuer» bekannt ist. Das Beben von 1999 hatte sich in İzmit, östlich von Istanbul ereignet und etwa 18 000 Menschenleben gefordert. Erdoğan versprach damals hoch und heilig, sollte er die Regierung übernehmen, werde er für erdbebensichere Gebäude sorgen.

Doch in den 21 Jahren ihrer Regierungszeit hat die AKP die eingesammelten Gelder in Höhe von 38 Milliarden US-Dollar nicht dafür verwendet, erdbebensicheres Bauen zu unterstützen, die Bevölkerung in Schule und Universität sowie am Arbeitsplatz auf das Verhalten bei einem Beben vorzubereiten oder auch nur dafür zu sorgen, dass Schulen und Krankenhäuser sicher sind.[77] Nach Aussagen des ehemaligen AKP-Finanzministers Mehmet Şimşek wanderte das Geld in die oben genannten großen Infrastrukturprojekte: Autobahnen, Brücken und Flughäfen, die sich die AKP als große Errungenschaften auf ihre Fahnen schrieb.[78] Im Parlament hat die Regierung das Thema abgeblockt. Von den 75 Anträgen, die die Opposition von 2018 bis 2022 zu dem Thema in der Großen Nationalversammlung eingebracht hat, hat die Regierungsmehrheit 70 zurückgewiesen.[79] Eine gründliche Diskussion über Erdbebensicherheit wäre der Strategie der Regierung abträglich gewesen, ohne Genehmigung und damit ohne jede Kontrolle errichtete Gebäude nachträglich zu legalisieren und auf diese Weise Wählerstimmen zu gewinnen. So hat Staatspräsident Erdoğan vor den Kommunalwahlen 2019 ausgerechnet in den beiden Städten, die von den Beben am stärksten in Mitleidenschaft gezogen worden sind, in großem Stile illegal errichtete Gebäude nachträglich legalisiert. In Kahramanmaraş lobte er sich selbst, auf diese Weise die Probleme von 100 000 Immobilieneigentümern gelöst zu haben.[80] Und in der Provinz Hatay mit der Hauptstadt Antakya erteilte er gar 205 000 Anträgen auf nachträgliche und damit unkontrollierte Baugenehmigung seine Zustimmung.[81] Um hier ganz ungestört handeln und große Infrastruktur- und Energieprojekte ohne große öffentliche Aufmerksamkeit und Proteste durchsetzen zu können, entzog die AKP-Mehrheit im Parlament 2020 den türkischen Architekten- und Ingenieurskammern die Kompetenz, öffentliche und private Gebäude hinsichtlich der Einhaltung von Rechts- und Bauvorschriften zu kontrollieren.[82] Damit wurden die Stadtverwaltungen zu alleiniger Instanz für die Kontrolle der Erdbebensicherheit, womit diese praktisch entfiel. Die meisten der von den schweren Beben betroffenen Provinzen – Adıyaman, Gaziantep, Kahramanmaraş, Kilis, Malatya, Osmaniye und Şanlıurfa – stehen unter Verwaltung der AKP bzw. ihrer rechtsradikalen Verbündeten, der MHP. Doch in den Provinzen, in denen die Opposition am Ruder ist, sieht es nicht viel besser aus. Auch hier ist der Städtebau ein Tummelplatz für korrupte Politiker, die sich für die Manipulation von Stadtentwicklungsplänen und für die Zuteilung von Bauland genauso bezahlen ließen, wie die Beamten in den Stadtverwaltungen, wenn es um die Kontrolle der Einhaltung von Bauvorschriften geht. Unter der Herrschaft Erdoğans hat sich diese allgemeine Misere noch verschlimmert, denn die lange Regierungszeit seiner Partei in der Republik und in der Mehrzahl der Kommunen hat die Netzwerke von Korruption und Vorteilsnahme noch größer und undurchdringbarer werden lassen. Außerdem hat das Präsidialsystem alle Entscheidungsbefugnis in Erdoğans Hände gelegt, der sie ausschließlich in seinem Sinn nutzt.

Die Folgen zeigten sich unmittelbar nach dem Erdbeben. Der Staatspräsident machte umgehend von seinem Recht Gebrauch, Erlasse mit Gesetzeskraft zu verkünden. Unter Umgehung des Parlaments gewährte er dem Ministerium für Umweltschutz, Städtebau und Klimawandel das Recht, in den von den Beben betroffenen Regionen Enteignungen vorzunehmen, Baupläne zu erstellen und Wohnungsbauprojekte zu entscheiden. Die staatliche Wohnungsbaugesellschaft TOKI erhielt das Recht, Staatsaufträge für den Neubau von Wohnungen und öffentlichen Gebäuden zu vergeben; erneut nach eigenem Ermessen und ohne Ausschreibung.[83] Unter den Auftragnehmern finden sich die bereits bekannten großen Firmen und andere der Regierung nahestehende Bauunternehmen. Alle Verantwortung für die Katastrophe wurde auf Bauherren, Bauunternehmer und auf die Eigentümer der eingestürzten Gebäude abgewälzt. Staatsanwälte und Polizei begannen eine regelrechte Jagd auf diese Leute. Fünf Wochen nach den Beben waren bereits fast 300 Bauherren inhaftiert, doch nur ein einziger Beamter. Auch die Politiker blieben bislang vollkommen ungeschoren. Trotz der hohen Zahl der Opfer hat kein einziger von ihnen Verantwortung übernommen und ist zurückgetreten.

Wie dieser Klüngel aus Partei, Regierung und regierungsnahen Unternehmen internationale Firmen davon überzeugen will, in der Türkei zu investieren, bleibt sein Geheimnis. Die türkische Regierung weiß zwar, dass der Aufbau ohne westliches Kapital nicht zu schaffen ist, und spricht von Rechenschaftspflicht, Rechtsstaatlichkeit und Transparenz, um Investoren anzuziehen. Doch die Praxis weist in eine andere Richtung.

3. Bildung im Schatten der Ideologie

«Mit Gottes Hilfe ziehen wir eine gläubige Generation heran»

Am 6. November 2019 betonte Präsident Erdoğan in einer Rede zur Feier des 70-jährigen Gründungsjubiläums der Theologischen Fakultät der Universität Ankara wieder einmal sein Ziel, eine «gläubige Jugend» heranzuziehen. Davon verspricht er sich die Lösung vieler gesellschaftlicher Probleme: «Wenn uns das gelingt, dann werden wir in den Einkaufsvierteln, Gassen und Märkten weder Drogenabhängige (oder Schnüffler) sehen noch Diebe oder Alkoholiker, denn eine Generation gläubiger Jugendlicher wird wissen, dass das verboten ist. In einem Land, in dem eine Generation gläubiger Jugendlicher existiert, davon bin ich überzeugt, (…) werden sich die Menschen nicht wegen eines Vorteils, eines Amts oder einer Position achten, sondern um Allahs willen.»[84]

In der Rhetorik Erdoğans erscheint der Islam als die Problemlösung schlechthin. Es nimmt deshalb nicht wunder, dass im Pflichtfach «Religionskultur und Ethikwissen» fast ausschließlich die Dogmen und Gebote des Islam unterrichtet werden, selbst wenn es seinem Namen nach auch Wissen über andere Religionen und allgemeine ethische Grundsätze behandeln sollte. Dabei folgt der Unterricht derart strikt den orthodoxen Auffassungen der in der Türkei vorherrschenden sunnitisch-hanefitischen Tradition, dass sich die Anhänger der alevitischen Spielart des Islam im Lehrstoff des Faches nicht repräsentiert fühlen.

Bereits 2014 verlangte der Europäische Gerichtshof für Menschenrechte deshalb die Aufhebung des verpflichtenden Religionsunterrichts in der Türkei, doch Ankara weigert sich bis heute, diese Entscheidung umzusetzen.[85] Daran hat auch ein aktuelles Urteil des türkischen Verfassungsgerichts vom 7. April 2022 bisher nichts ändern können, demzufolge die Aufrecht-

Abb. 4: Türkischer Junge bei seiner Beschneidungsfeier vor der als besonders heilig geltenden Eyüp-Sultan-Moschee in Istanbul

erhaltung des Pflichtfaches Religion gegen das «in Paragraph 24, Abschnitt 4 verbriefte Recht der Eltern verstößt, über die Bildung und Ausbildung ihrer Kinder nach ihren persönlichen religiösen und philosophischen Überzeugungen entscheiden zu können». Die Regierung verweigert also nicht nur die Umsetzung der Entscheidung des Europäischen Gerichtshofs für Menschenrechte, wozu sie auch nach türkischem Recht verpflichtet ist, sondern ignoriert auch das aktuelle Urteil des eigenen Verfassungsgerichts.[86]

Von größter Bedeutung für das Vorhaben, eine gläubige Generation heranzuziehen, ist die Rolle der Predigergymnasien (İmam-Hatip Lisesi). Dieser Zweig der gymnasialen Schulen wurde nach ziemlich bedeutungslosen Vorläufern in der Frühzeit der Republik erst 1951 während der Regierung Adnan Menderes gegründet und erreichte 1997 mit mehr als einer halben Million die bis dahin höchste Schülerzahl. Nachdem die Generäle 1997 den islamistischen Ministerpräsidenten Necmettin Erbakan zum Rücktritt gezwungen hatten, kam es auf ihren Druck hin zu einer Schulreform, die primär das Ziel hatte, die Zahl der Schüler in den Imam-Hatip-Gymnasien zu reduzieren. Um dies zu erreichen, wurde die Schulpflicht auf acht Jahre erhöht und somit indirekt dafür gesorgt, dass Imam Hatip-Schulen erst ab der neunten Klasse besucht werden konnten. Davon versprach man sich seinerzeit, eine religiöse Indoktrination der Schüler im jungen Alter zu verhindern.[87]

2012 dann folgte die Gegenreaktion der AKP-Regierung unter Erdoğan. Zwar wurde mit dem Gesetz Nr. 6287 vom 30. März 2012 die Schulpflicht auf 12 Jahre angehoben, zugleich wandelte man jedoch landesweit fast 700 allgemeinbildende Mittelschulen in Predigerschulen um, so dass Kinder, die diese Schulen besuchen, seither bereits ab der 6. Klasse in den Zusatzfächern «Koran», «Leben des Propheten Mohammed» und «Grundwissen Religion» unterrichtet werden. Ergänzend erhalten sie in den ersten beiden Jahren vier Stunden und in den folgenden zwei Jahren drei Stunden Arabisch-Unterricht pro Woche. Damit haben sie ein Unterrichtspensum von 36 anstelle von 28 Wochenstunden an allgemeinbildenden Mittelschulen.[88] Die hohe Zahl an Unterrichtsstunden konnte jedoch nicht verhindern, dass die Imam-Hatip-Schulen bei PISA-Erhebungen noch schlechter als die ohnehin nicht sehr gut positionierten anderen allgemeinbildenden Schulen abschnitten.[89] Die schlechte Performanz der Imam-Hatip-Mittelschulen hielt jedoch ca. 100 000 Schüler in der gesamten Türkei nicht davon ab, sich an den 694 neu geschaffenen Schulen einzuschreiben. So kann sich Erdoğan Hoffnung machen, in diesen Schulen die «gläubige Jugend» heranwachsen zu sehen, auf die er zählt.

Besonders wichtig ist es in diesem Zusammenhang, darauf hinzuweisen, dass die Absolventen der Predigerschulen seit Anfang Dezember 2011 dieselben Möglichkeiten haben, sich an Universitäten einzuschreiben wie die Absolventen aller anderen Gymnasien. Bis dahin waren die Punkte, welche die Absolventen der Predigergymnasien bei den Zentralen Prüfungen zur Studienplatzvergabe erreicht hatten, über lange Jahre hinweg mit Hilfe eines negativen Multiplikationsfaktors heruntergerechnet worden. So sollte es ihnen erschwert werden, andere Fächer als Theologie zu studieren. Im Gegenzug wurde ihnen der Zugang zum Theologiestudium erleichtert.[90]

Für das Schuljahr 2020/21 gab das türkische Erziehungsministerium die Zahl von 666 963 Schülern an Imam Hatip-Schulen an.[91] Das staatliche Präsidium für Religionsangelegenheiten (Diyanet İşleri Başkanlığı), der Hauptarbeitgeber für Absolventen der Predigerschulen und der Theologischen Fakultäten, verwaltet derzeit fast 90 000 Moscheen und beschäftigt ca. 130 000 Angestellte.[92] Mit mehr als einer halben Million Imam-Hatip Schülern wird die Zahl des Personals, das für die Erfüllung religiöser Bedürfnisse der Bürger erforderlich ist, deutlich überschritten.

Ungeliebtes Handwerk und Prüfungsmarathon

Die Schwerpunkte der berufsbildenden Schulen liegen auf den Themen Technik, Kommunikation, Gesundheit, Tourismus und Hotelmanagement. Daneben gibt es auch weiterhin Lehrerseminare.[93] Neuesten Angaben des Erziehungsministeriums zufolge absolvierten im Schuljahr 2020/2021 insgesamt 1 731 556 Schüler eine berufliche Ausbildung. Sie besuchten entweder eines der 4 026 staatlichen oder eines der 396 privaten berufsbildenden Gymnasien. Im selben Schuljahr wurden 666 963 Schüler in 1 672 staatlichen Prediger-Gymnasien beschult. Mithin wurden lediglich ca. 2,6-mal mehr Schüler auf eine praktische Berufstätigkeit zum Beispiel als Techniker oder Hotelkaufmann vorbereitet, als Prediger und Vorbeter ausgebildet wurden.

Während die staatlichen berufsbildenden Gymnasien der Türkei auf eine lange Tradition zurückblicken können, wurde die duale Berufsausbildung erst im Juni 1986 eingeführt.[94] Die Zahl derjenigen, die eine Gesellen- oder Meisterprüfung bestanden, lag 2019 bei nur knapp 180 000. 33 Jahre nach Einführung des dualen Systems ist das – besonders im Vergleich zur Zahl der Schüler an berufsbildenden Gymnasien – ein nur geringer Fortschritt.[95]

Zurückzuführen ist dies wohl auf das geringe Prestige, das handwerkliche Berufe im Vergleich zum Hochschulstudium haben, und auf die schlechteren Einkommen in handwerklichen Berufen. Eine 2020 in 26 Provinzen und unter 2 711 Personen durchgeführte Umfrage bestätigt diese Einschätzung. Die Teilnehmer waren aufgefordert, 133 Berufe ihrer Beliebtheit entsprechend einzuordnen. Zehn der beliebtesten Berufe setzten ein Hochschulstudium voraus. Auf Platz 43 der Beliebtheitsskala der begehrtesten Berufe ohne zwingenden Studienabschluss landete der «Bauunternehmer». Unter den Handwerkern erreichte der Goldschmied mit Rang Nr. 53 einen Achtungserfolg, Techniker lagen auf Platz 56 und Vorbeter mussten sich mit Platz 63 begnügen. Berufe, die ohne ein Studium oder gar durch eine Ausbildung im dualen System ausgeübt werden können, wurden von den Teilnehmern der Umfrage fast ausnahmslos in den unteren Bereich der Beliebtheitsskala eingeordnet. Das Schlusslicht bildeten – kaum verwunderlich – Beschäftigungen im grauen Bereich der nichtversicherten Tätigkeiten, wobei Lastenträger, Tagelöhner und Tänzerinnen in Nachtlokalen die allerletzten Plätze belegten.[96]

Was ausländischen Beobachtern wohl am deutlichsten ins Auge springt, ist der hohe Prüfungsstress in Verbindung mit der Konkurrenz um die Zulassung zu einer Eliteschule. Dem liegt zugrunde, dass das Schulsystem der Türkei nicht parallel (mit einem Haupt-, Real- und Gymnasialzweig wie in Deutschland), sondern vielmehr additiv aufgebaut ist. So folgen auf fünf Jahre Grundschule (İlkokul) drei Jahre Mittelschule (Ortaokul). Danach beginnt die Sekundarschulbildung am Gymnasium (Lise). Das Gymnasium wird im Regelfall drei Jahre lang besucht, im Falle von Konservatorien und der Sonderform der «Anadolu Lisesi» kommt jeweils eine Vorbereitungsklasse hinzu. Bei Technischen Gymnasien sowie Gymnasien für Hotelwesen und Tourismus wird das schulische Pensum über vier Jahre hinweg vermittelt. Dem Abitur folgt eine Zentrale Prüfung für den Hochschulzugang, bei der die zukünftigen Studenten möglichst hohe Punktzahlen erreichen müssen, um einen Studienplatz in der gewünschten Disziplin und an einer möglichst hoch bewerteten Universität zu erlangen.[97]

Für eine erfolgreiche berufliche Karriere ist der Abschluss des Studiums an einer Eliteuniversität meist Grundvoraussetzung, wobei zwei Dinge eine Eliteschule oder Eliteuniversität ausmachen. Erstens muss der Unterricht weitgehend in einer Fremdsprache, meistens Englisch, erteilt werden, und zweitens muss es den Schülern gelingen, in der Prüfung für den Besuch der nächsten weiterführenden Einrichtung (Schule oder Universität) eine hohe Punktezahl zu erlangen.

An solchen Einrichtungen werden lediglich die Fächer türkische Sprache und Literatur, allgemeine Geschichte, Geschichte der Republikanischen Reformen sowie Religion und Ethikwissen auf Türkisch unterrichtet. Der übrige Unterricht erfolgt in der Fremdsprache. Die Ausbildung an fremdsprachlichen Gymnasien und Hochschulen eröffnet den Schülern und Studenten nicht nur einen Zugang zu ausländischen Medien mit deutlich größerer Vielfalt an Meinungen, weltanschaulichen Überzeugungen und wissenschaftlichen ebenso wie gesellschaftspolitischen Deutungsansätzen. Durch die dort tätigen Lehrer und Hochschullehrer bietet sie oft auch prägende Kontakte mit Menschen, die zumindest zum Teil eine andere Mentalität, andere Weltanschauungen und andere Verhaltensweisen repräsentieren. Diese Begegnungen können, wie den Autoren in einer Vielzahl von Gesprächen geschildert wurde, eine Bereicherung bedeuten und die Schüler und Studenten auf spätere Auslandskontakte im Berufsleben vorbereiten.

Eine wichtige Rolle im schulischen Prüfungsmarathon spielen die Repetitorien, in denen die Schüler auf die Zulassungsprüfung zum nächsthöheren Schultyp und die Absolventen der Gymnasien auf die Zentrale Prüfung zur Studienplatzvergabe vorbereitet werden. In diesen Repetitorien, die vor allem während der langen, dreimonatigen Sommerferien stattfinden, werden die Teilnehmer systematisch in der Beantwortung der Multiple-Choice-Tests der Prüfungen gedrillt.

Viele der jungen Teilnehmer an der Zentralen Prüfung haben als Ziel des mehrtägigen Testmarathons eine der folgenden Hochschulen vor Augen: Middle East Technical University (so die amtliche englische Bezeichnung) (ODTÜ), Hacettepe Üniversitesi, beide in der Hauptstadt Ankara, Ege Üniversitesi in Izmir, oder die Bosphorus University in Istanbul, hervorgegangen aus dem amerikanischen Robert College. Neben diesen staatlichen Hochschulen stehen auch private Bildungsstätten wie die Bilkent Üniversitesi (Ankara) und die Koç Üniversitesi in Istanbul weit oben im Ranking der Eliteeinrichtungen.

Die Mehrzahl der Prüfungsteilnehmer wird sich allerdings mit einem Studienplatz an einer der zurzeit 131 staatlichen und 78 privaten Universitäten zufriedengeben müssen, neben denen es auch noch fünf berufsorientierte Fachhochschulen in der Türkei gibt.[98] Doch auch wenn die Studenten in spe den begehrten Studienplatz im Fach ihrer Wahl an einer Eliteuniversität ergattern können: Es erwartet sie ein Hochschulwesen im Umbruch.

Säuberungswelle an den Universitäten

2016 setzte eine Gleichschaltungs- und Disziplinierungswelle an türkischen Universitäten ein, die selbst in der an Repressionen nicht armen Geschichte der Türkei in ihrem Ausmaß ohne Beispiel war. Heute gibt es viel mehr Universitäten als 1980, was sicherlich mit ein Grund dafür ist, warum die Zahl der Akademiker an türkischen Hochschulen, die von dieser Welle betroffen waren und sind, um ein Hundertfaches höher liegt als die Zahl der verfolgten und entlassenen Akademiker nach dem Militärputsch von 1980, der die bis dahin größte Säuberungsaktion nach sich zog.

Zu den ersten Opfern der Welle nach 2016 zählten die 1128 Erstunterzeichner eines Appells zur friedlichen Beilegung des Konflikts im Osten der Türkei. Rund tausend weitere Akademiker kamen hinzu, die den Aufruf später unterschrieben. Darauf folgten zahllose Wissenschaftler, die nach dem Putschversuch im Juli 2016 unter dem Vorwurf entlassen wurden, sie seien Anhänger der Gülen-Bewegung, welche die Regierung für den Putsch verantwortlich machte. Insgesamt mussten bis September 2016 2300 Akademiker ihren Hut nehmen. Der Forscherin Kader Konuk von der Universität Essen zufolge hat ein Zehntel der Unterzeichner des Friedensappells keine Anstellung mehr an einer türkischen Universität, und gegen 500 der Unterzeichner sind Disziplinarmaßnahmen anhängig. Zuvor waren unmittelbar nach dem Putschversuch sämtliche 1477 Dekane aller Universitäten des Landes zum Rücktritt gedrängt worden.[99] Wie Kader Konuk betont, erfolgte anschließend «die Neubesetzung der Stellen (…) nicht auf der Grundlage von Qualifikation, sondern Regierungstreue.»[100]

Führt man sich diese Entwicklung im Zusammenhang mit dem erleichterten Hochschul-Zugang für Absolventen von Prediger-Gymnasien vor Augen und erinnert man sich daran, dass die Regierung trotz anderslautender Urteile des EuGM und des Verfassungsgerichts am verpflichtenden Religionsunterricht festhält, dann wird klar, dass der Staatspräsident sein Ziel, eine «Generation gläubiger Jugendlicher heranzuziehen», auch über die Universitäten des Landes erreichen will. Diese Politik hat die Qualität der Hochschulen bereits negativ beeinflusst, was zum Beispiel am Absturz der türkischen Eliteuniversitäten im globalen QS World University Ranking deutlich wird,[101] so fiel zum Beispiel die ODTÜ von Platz 601 auf Platz 800. Vergleichbare Zahlen gibt es für andere türkische Eliteuniversitäten.[102]

Vor und während des Zweiten Weltkriegs war die Türkei ein Land, das bedrohten Akademikern, besonders aus Deutschland, Aufnahme bot. Die Repressionen haben nun umgekehrt dazu geführt, dass bedrohte Akademiker in Länder flüchten, in denen ihnen weiterhin akademische Freiheit gewährt wird.[103] Sicher, Entlassungen von Akademikern, deren ideologische Orientierung Staat und Regierung nicht genehm ist, sind keine Erfindung Erdoğans oder der AKP. Sie haben in der Türkei eine lange Tradition. In der Vergangenheit waren davon Protagonisten verschiedener politischer Lager betroffen. So wurden nach dem Putsch von 1960 linksgerichtete Personen wie die Schriftsteller Sabahattin Eyüpoğlu, Haldun Taner und die Archäologin Halet Çambel entlassen, aber auch Vertreter des konservativ-religiösen Lagers wie der Orientalist Fuat Sezgin, auf den sich Präsident Erdoğan bei seiner Behauptung, Amerika sei nicht von Christoph Kolumbus, sondern von Muslimen entdeckt worden, noch 2016 stützte.[104] Insgesamt mussten 1960 147 Personen aus einer Vielzahl akademischer Disziplinen gehen, denen es jedoch in der großen Mehrheit nach wenigen Jahren – oft auch nach Lehrtätigkeiten im Ausland – gelang, wieder Anstellung an türkischen Universitäten zu finden.

Umfassender war die Säuberungswelle nach dem Putsch vom 12. September 1980, die damals insgesamt 4 891 Beamte und Angestellte des Öffentlichen Dienstes betraf, darunter auch 38 Professoren, 25 Dozenten und 10 Hilfsdozenten. Zu ihnen zählten auch Akademiker, die wie Niyazi Öktem und Tarık Zafer Tunaya bereits nach dem Putsch von 1960 entlassen worden waren, später aber wieder an ihre Universität hatten zurückkehren können. Da viele es vorzogen, ihren Dienst zu quittieren, bevor sie aufgrund des Gesetzes Nr. 1402 mit allen Nachteilen wie dem Entzug bestimmter Versorgungsanrechte entlassen zu werden drohten, geht man davon aus, dass damals insgesamt etwa 20 000 Personen betroffen waren.[105] Bis 1989 mussten die ihres Postens enthobenen Akademiker warten. Erst in jenem Jahr gestattete ihnen ein Beschluss des obersten Verwaltungsgerichts (Danıştay) die Wiederaufnahme ihrer Tätigkeit. Das Gericht hatte entschieden, dass die «Entfernung» von den Universitäten nur für die Zeit des nach dem Putsch verhängten Ausnahmezustands gelten könne. Von einem solchen Funktionieren des Rechtsstaats kann unter der Ägide Erdoğans keine Rede mehr sein.

4. Geschichte umgeschrieben

Göbekli Tepe: Neue Erkenntnisse zur
sozialen Entwicklung

Fast hätte man den Ort, durch dessen Entdeckung die Geschichte unseres Kulturkreises neu geschrieben werden muss, schlicht vergessen. Aber wie so oft in der Türkei schien auch hier, auf dem «Bauchigen Hügel» (so lässt sich der Name Göbekli Tepe übersetzen), ein muslimischer Friedhof auf tieferliegende, ältere Kulturschichten hinzudeuten. Denn an vielen Stellen in Anatolien lässt sich die rituelle Nutzung ein und desselben Ortes von der Gegenwart bis in die Zeiten der Byzantiner, Römer, Griechen und sogar der Hethiter zurückverfolgen. In Göbekli Tepe indes geht die sakrale Nutzung des Ortes noch viel weiter zurück. Hier stieß man auf 11 000 Jahre alte Monumentalbauten, die als Tempel gedeutet werden. Da in der Türkei allerdings nur selten erlaubt wird, an Orten zu graben, an denen sich muslimische Friedhöfe befinden, lag Göbekli Tepe nach seiner Entdeckung mehr als dreißig Jahre lang in einem Dornröschenschlaf. 1994 schließlich fielen dem deutschen Archäologen Klaus Schmidt bei Göbekli Tepe Funde auf, die denen in einer nicht weit entfernten Grabungsstätte ähnelten, sogenannte T-Pfeiler. Das gab den Ausschlag für die Grabungen.[106]

Die Funde erwiesen sich als sensationell, musste doch nun der Zeitpunkt, zu dem groß angelegte Kultstätten und womöglich erste Tempel errichtet wurden, deutlich früher angesetzt werden als bisher. Um diesen Fund zeitlich einordnen zu können, muss man sich vergegenwärtigen, dass der ähnlich monumentale Steinring von Stonehenge wohl erst 5 000 Jahre nach Göbekli Tepe entstanden ist.[107] Da die Steinringe von Göbekli Tepe als Tempelanlage gedeutet werden, liegt auch ein Vergleich mit den Tempeln auf der Hand, die bis dahin als die ältesten ihrer Art gegolten hatten, nämlich die Megalith-Tempel auf den Inseln Malta und Gozo. Diese galten als die ältesten freistehenden Sakralbauten und lassen sich mit den Pfeilerringen von Göbekli Tepe vergleichen, sind jedoch etwa 6 000 Jahre jünger.[108]

Besonders erstaunlich ist im Falle der anatolischen Fundstätte, dass die ringförmigen Anlagen mit bis zu 5,5 Meter hohen und bis zu 20 Tonnen schweren Pfeilern aus Stein ohne Hilfsmittel wie Werkzeuge aus Metall, Räder oder Nutztiere errichtet wurden. Nicht einmal eine Siedlung existierte in unmittelbarer Nähe. Ackerbau und Viehzucht gab es noch nicht, und damit stellt sich die Frage, wie die vielen Menschen, die an der Anlage gearbeitet und gebaut haben müssen, versorgt werden konnten.[109]

Deshalb muss durch den Sensationsfund nicht nur die Geschichte rückdatiert werden. Denn bisher galt die These, dass Ackerbau und Viehzucht zusammen mit Sesshaftigkeit die Grundvoraussetzung dafür waren, dass Menschen von der Notwendigkeit entbunden wurden, Tag und Nacht für ihre Subsistenz zu sorgen. Dadurch, so die Vermutung, sei handwerkliches, künstlerisches und planendes Handeln von Spezialisten möglich und die Verwaltung der gespeicherten Nahrungsmittel erforderlich geworden. Hierdurch wiederum seien erste, in aller Regel autoritäre Strukturen entstanden, durch die staatliche Institutionen und Herrschaftsformen entstehen konnten. Diese These wird durch die Funde von Göbekli Tepe nun in Frage gestellt, machen die Funde doch offenkundig, dass es eine solche Arbeitsteilung zwischen «Spezialisten» bereits vor der Sesshaftigkeit und vor der Einführung von Ackerbau und Viehzucht gegeben haben muss.

In Göbekli Tepe musste nicht nur die Anlage des Heiligtums entworfen werden, es müssen auch Hunderte von Arbeitern die Steine für die Stelen aus Kalksteinbrüchen gemeißelt haben. Andere verzierten die bis zu sieben Meter hohen Pfeiler mit Tierfiguren und Mustern. Nach der Errichtung der Stelen, für die Dutzende unter Anleitung zusammengearbeitet haben müssen, wurden drum herum Rundmauern gebaut. Schließlich wird es Spezialisten gegeben haben, die als Priester und Priesterinnen religiöse Zeremonien vornahmen.

Dies alles stellt viele der bisherigen Annahmen zur neolithischen Revolution auf den Kopf. Viele Archäologen und Historiker gehen nun nicht mehr davon aus, dass ein Nahrungsüberfluss aufgrund von Sesshaftigkeit die Entstehung von monumentalen sakralen Anlagen ermöglichte. Vielmehr könnten umgekehrt religiöse Kulte und die von ihnen initiierten Tempelanlagen zur Sesshaftigkeit und zur Entwicklung von Ackerbau und Viehzucht geführt haben. Möglich wurde dies vielleicht in Regionen, in denen zu bestimmten Zeiten ein natürliches Nahrungsangebot in solcher Fülle vorlag, dass sich große Gruppen von Jägern und Sammlern für Wochen und Monate oder sogar eine ganze Jahreszeit lang versammeln konnten. Diese machten sich nicht nur das große Nahrungsangebot pflanzlicher oder tierischer Art zunutze, sondern nutzten die gute Versorgung auch für kreative Tätigkeiten und gemeinschaftliche Großprojekte.[110]

Die neuen Erkenntnisse haben Folgen auch für die Gegenwart. Die Entdeckung der Funde von Göbekli Tepe und einer ganzen Reihe ähnlicher Fundstätten in der Umgebung der südostanatolischen Stadt Urfa bewegt zurzeit Forscher dazu, das bisher weitgehend akzeptierte Narrativ sozialer Entwicklung in Frage zu stellen. Bisher herrschte die Vorstellung vor, dass um ungefähr 9 000 v. Chr. Privatbesitz und damit einhergehend Verwaltung und soziale Hierarchien entstanden, weil ein allgemeiner Übergang vom Wildbeutertum zur landwirtschaftlichen Lebensweise dies erforderte. Nun weiß man, dass dies nicht zwangsläufig so sein muss. Neue Forschungen belegen, dass die Domestikation von Pflanzen und Tieren saisonales Leben auf der Basis von Wildbeutertum nicht ausschließt. Sie können nebeneinander existieren und wurden wohl von vielen Gesellschaften gleichzeitig praktiziert. Durch diese neuen Erkenntnisse erleben wir eine Befreiung aus der sogenannten «teleologischen Zwangsjacke», die frühere Perioden primär vom heutigen Endzustand aus betrachtet. Göbekli Tepe lehrt uns, dass wirtschaftlicher Fortschritt nicht zwingend zur Herausbildung von sozialer Ungleichheit und hierarchischen Herrschaftsstrukturen führen muss. Was bedeutet ein solch neuer Blick auf autoritäre Herrschaftsformen, deren Entstehung bisher als allgemeingültig angesehen wurde?[111] Diese Frage gewinnt auch in der Türkei an Aktualität, präsentiert man dort heute doch historische Narrative und versucht die kemalistische Erinnerungskultur durch eine eher muslimische Erinnerungskultur zu ersetzen. Diese stellen die kriegerische Tradition der Turkvölker und den Herrschaftsanspruch des Islam in den Vordergrund und können damit als Rückschritt gegenüber der trotz aller nationalistischen Züge weitaus stärker auf universelle Werte setzenden Ideologie des Kemalismus angesehen werden.

Am Friedhof scheiden sich die Geister

So natürlich die freie historische Debatte und archäologische Funde – auch und gerade in der Türkei – dazu führen, dass die Anfänge der Menschheitsgeschichte neu überdacht werden, so zwanghaft und gezwungen sind mittlerweile historische Diskussionen in der Türkei. Das liegt an der Ideologie der regierenden AKP und ihres führenden Repräsentanten Recep Tayyip Erdoğan. Pünktlich zum hundertsten Jahrestag der Türkischen Republik wird dem Volk eine neue alte Version seiner Geschichte aufgetischt. Nicht Anatolien als Ort und Zeugnis der Menschheitsgeschichte steht im Zentrum der AKP-Version, sondern die Landnahme der islamischen Türken. Sie begann mit den Seldschuken (1040–1308) und wurde mit den Osmanen (1299–1923) vollendet.

Wie historische Narrative des politischen Islam neben oder auch anstelle der noch tief in der Bevölkerung verankerten Erzählmuster der Republik gesetzt werden, zeigt sich beispielhaft an dem seldschukischen Friedhof «Meydan Mezarlığı» bei Ahlat in Ostanatolien, der in der Nähe des Schlachtfeldes von Malazgirt gelegen ist, in Europa als Mantzikert bekannt. Hier schlugen die Seldschuken 1071 das byzantinische Heer so entscheidend, dass einer Besiedelung Anatoliens durch türkisch-muslimische Gruppen nichts mehr im Wege stand. Dieses Datum steht in der Türkei, aber auch in der internationalen Geschichtswissenschaft für den Beginn der türkischen Landnahme in Anatolien, die schließlich Jahrhunderte später zur Gründung und Expansion des Osmanischen Reiches führen sollte.[112]

Dem türkischen Kulturministerium gelang es, den seldschukischen Friedhof von Ahlat als den mit 52,5 Hektar Fläche größten

HALİL OĞLU
HASAN AKDERE
RUHUNA FATİHA
D. 1328
Ö. 12.10. 1984

Abb. 5: Friedhof in der Provinz Afyon. Gräber aus phrygischer, osmanischer und türkischer Zeit belegen die durchgängige sakrale Nutzung des Ortes über Jahrtausende.

türkisch-islamischen Friedhof der Welt auf die Tentativliste zur Nominierung als UNESCO-Welterbe setzen zu lassen. Jetzt werden Touren aus allen Städten der Türkei zu diesem Friedhof angeboten.[113] Der organisierte Erinnerungstourismus soll den muslimischen Sieg bei Mantzikert neben oder sogar über den Sieg Mustafa Kemal Atatürks und seiner Truppen im türkischen Unabhängigkeitskrieg nach dem Ersten Weltkrieg stellen. Seit Beginn der Republik ist dieser Sieg von Atatürk gegen die Griechen Eckstein republikanischer Historiographie und ein staatlicher Feiertag (Zafer Bayramı, Siegesfest) erinnert alljährlich daran. Jetzt macht der Sieg der muslimischen Seldschuken dem republikanischen Tag des Sieges Konkurrenz. Das Gedenken an den Sieg Atatürks fällt auf den 30. August. Der Sieg der türkischsprachigen Seldschuken liegt praktischerweise dicht davor und wird am 26. August gefeiert. So soll der säkulare Teil der türkischen Identität zurückgefahren und der islamische gefördert werden. Dabei läuft der organisierte, ja inszenierte Besuch des Seldschuken-Friedhofes nach fast demselben Muster ab wie der Besuch der republikanischen Schlachtfelder. Hier wie dort geht es um das Gedenken an die muslimischen «Märtyrer», die gegen Christen/ Europäer ihr Leben verloren, am Ende jedoch siegreich waren. Deshalb ist es fraglich, ob es der AKP gelingen wird, die «republikanischen» Feiertage durch eher islamische zu ersetzen. Ihre Versuche in dieser Richtung zeigen einen erstaunlichen Mangel an Kreativität. Was hier ersetzt werden soll, sind nicht etwa die Mischung aus Religion und Nationalismus oder die immer gleichen Feindbilder, und es geht auch nicht um eine weniger platte Art der Propaganda. Es werden lediglich die Orte und die Anlässe ausgetauscht, mit dem Ziel, die heutigen Herrscher zu legitimieren und die von gestern in den Hintergrund zu drängen.

Hier, wie in vielen anderen Punkten, war Mustafa Kemal Atatürk, der Gründer der Republik, schöpferischer, aber auch wirkungsvoller als Recep Tayyip Erdoğan: Atatürk und seine Mitstreiter begnügten sich an den Gedenkstätten bei den Dardanellen nicht damit, lediglich der Märtyrer der eigenen Seite zu gedenken, sondern weiteten ihr Mitgefühl auf die Gefallenen der Gegenseite und ihre Hinterbliebenen aus. Manche der dort errichteten Monumente erinnern auch an die Gefallenen der Gegenseite. Damit legte Atatürk sicherlich einen der Grundsteine für den Erfolg des republikanischen Mottos «Frieden im Land, Frieden in der Welt» (Yurtta Sulh, Cihanda Sulh), mit dem es seinem Nachfolger İsmet İnönü gelang, die Türkei im Zweiten Weltkrieg neutral zu halten.

Von dieser erstaunlichen Empathie ist in den von der amtlichen Nachrichtenagentur Anadolu zitierten Reaktionen der Besucher des Seldschukischen Friedhofs Ahlat wenig zu spüren: «Heute haben wir hier gemeinsam mit unseren staatlichen Autoritäten das Freitagsgebet verrichtet. Wir haben uns sehr geehrt gefühlt, dass auch unsere staatlichen Honoratioren anwesend waren. Wir haben uns bemüht, den kämpferischen Geist zu spüren, der hier geherrscht hat. Dann haben wir anschließend die Gräber unserer Vorväter besucht. Wir wollten der Kämpfe gedenken, die sie hier für uns ausgefochten haben.»[114] Autoritätsgläubigkeit, Untertanengeist und Kampfbereitschaft springen in diesen und weiteren Aussagen ins Auge und wurden offensichtlich genau dafür formuliert.

Ein «neuer Befreiungskrieg»?

Ein weiteres Beispiel dafür, wie ein zentraler Baustein der republikanischen Erzählung relativiert und dadurch in den Hintergrund gedrängt wird, ist die Rhetorik der AKP-Regierung über den Widerstand gegen den fehlgeschlagenen Putschversuch von 15. Juli 2016. So wird der Widerstand von Teilen der Bevölkerung gegen die Putschisten in Form von Gedenkveranstaltungen, Feiern und Reden zu einer Heldentat von historischer Bedeutung stilisiert. Beispielsweise äußerte sich Erdoğan nach dem Putschversuch folgendermaßen: «Der Befreiungskrieg und der 15. Juli sind ein und dasselbe.»[115] Sein damaliger Premier Binali Yıldırım stieß ins selbe Horn und sagte: «Der 15. Juli ist ein zweiter Befreiungskrieg.»[116] Beide setzten so den Kampf gegen die Besatzer Anatoliens nach dem Ersten Weltkrieg mit dem Widerstand gegen die Putschisten gleich und bedienten sich der gleichen Narrative, die damals verwendet wurden. Zivile Todesopfer werden in gleicher Weise mit religiösen Konnotationen als «Märtyrer» (şehit) und Verwundete als «Glaubenskämpfer» (gazi) bezeichnet. Darüber hinaus rief die Regierung den 15. Juli als «Tag der Demokratie und der Nationalen Einheit» zum nationalen Feiertag aus, der unter anderem mit weithin sichtbaren Illuminationen der Brücke über den Bosporus gefeiert wird, auf denen am 15. Juli 2016 Demonstranten die in Marsch gesetzten Panzer stoppten.[117]

Man will die «Märtyrer» der eigenen, dem politischen Islam nahestehenden Bewegung gegen die Märtyrer des Befreiungskrieges ausspielen, mit denen sich die kemalistisch und säkular eingestellten Teile der Bevölkerung identifizieren. Deshalb werden die herkömmlichen Rituale der «republikanischen» Feiertage zurückgefahren und mit einer ganzen Vielzahl von Einschränkungen be- und verhindert. Seit Jahren müssen alle möglichen Einwände dazu herhalten, Reden, Schweigeminuten und Kranzniederlegungen an Statuen Atatürks in großen und kleinen Städten zu verbieten. Nachdem staatliche Stellen zunächst Bedenken wegen angeblicher Sicherheits- und anderer Probleme erhoben, dienten dann 2020 bis 2022 zumeist Maßnahmen gegen die Pandemie als Begründungen für Verbote. Allerdings galt keine dieser Einschränkungen für die Feiern zum 15. Juli 2016.[118]

Die türkische Regierung unternimmt fraglos viel für die Ausgrabung unzähliger Stätten aus antiker, hellenistischer, römischer und byzantinischer Zeit. Doch im Hinblick auf eine lebendige Diskussion der Forschungsergebnisse ist Skepsis angesagt. Denn über eine Vereinnahmung der Geschichte fremder Gesellschaften zum eigenen Vorteil im Stile von Aussagen der Art «der

Nikolaus kommt aus der Türkei» werden alle diese Bemühungen in der Ära Erdoğan mit hoher Wahrscheinlichkeit nicht hinausgehen. Deshalb kann man wohl davon ausgehen, dass die objektiven Erkenntnisse aus den Funden in Göbekli Tepe kaum ein größeres Publikum finden werden.

Zweiter Teil:
Putsch, Protest und Propaganda

1. Fethullah Gülen und der Putschversuch von 2016

In der Putschnacht vom 15. auf den 16. Juli 2016, einem der aufregendsten Momente für die türkischen Bürger, flog Staatspräsident Recep Tayyip Erdoğan von der Ägäis nach Istanbul. Später wurde mitgeteilt, sein Flugzeug sei nur knapp dem Angriff eines türkischen F-16 Kampfjets entgangen. Wegen der unübersichtlichen Lage am Istanbuler Flughafen habe die Maschine Erdoğans fast eine Stunde Warteschleifen über dem Marmarameer gedreht. Als der Staatspräsident nur 20 Minuten nach der Landung vor seinen jubelnden Anhängern erklärte, dass die Regierung alles unter Kontrolle habe, war klar: Der Putsch war gescheitert.

Berichten zufolge hatte Erdoğan, der in der Nähe der Stadt Marmaris Urlaub machte, sein Hotel nur 20 Minuten vor dem Moment verlassen, in dem zwei Dutzend Soldaten im Auftrag der Putschisten das Gebäude stürmten. Und während des anschließenden Flugs soll die Präsidentenmaschine, eine Gulfstream IV, dem Abschuss nur deshalb entgangen sein, weil die Piloten den Transpondercode der Maschine in denjenigen eines Passagierflugzeugs von Turkish Airlines änderten.[1]

Wie weit diese Darstellung der Realität entspricht und wie viel davon als Teil einer verherrlichenden Legendenbildung in die offiziellen Darstellungen mit einging, wird wohl noch lange unklar bleiben. Sicher ist dagegen, dass der türkische Staatspräsident den Putschversuch bereits während seiner Rede auf dem Flughafen als «ein großes Geschenk Gottes» bezeichnete, «denn er wird

es uns ermöglichen, unsere Streitkräfte zu säubern».[2] Die Säuberungen, die im Folgenden einsetzten, gingen indessen weit über
die Streitkräfte hinaus. Sie umfassten weite Teile der Bürokratie
und zogen auch große Teile der Gesellschaft in Mitleidenschaft.
Bereits Ende Juli 2016 waren fast 50 000 Militärs und Beamte aus
anderen Bereichen entlassen worden, darunter Gouverneure,
Richter und Polizisten, Lehrer und Professoren. Im August desselben Jahres sollen mehr als 40 000 Personen verhaftet worden
sein. Fast 80 000 Beschäftigte des öffentlichen Dienstes verloren
ihren Job, die meisten aufgrund des Vorwurfs, Angehörige der
Gemeinde des Predigers Fethullah Gülen zu sein, deren Mitglieder in der Armee die Regierung für den Putschversuch verantwortlich machte. In vielen Fällen reichten bereits ein Verdacht
oder anonyme Anschuldigungen für die Entlassung. Dabei hatte
sich die Gülen-Bewegung selbst stets harmlos als eine vom Islam
inspirierte soziale Bürgerorganisation dargestellt.

Wie konnte es dazu kommen, dass eine anscheinend friedfer-
tige und religiös motivierte Bewegung einen Putsch gegen die
sich ebenfalls als muslimisch-konservativ verstehende Regierung
des Landes inszenierte? Das scheint umso schwerer erklärbar, als
diese Gruppe der Partei Erdoğans und vielen ihrer führenden
Vertreter jahrzehntelang sehr nahestand. Oder kann gerade diese
frühere Nähe zur regierenden *Gerechtigkeits- und Entwicklungs-*
partei (AKP) und damit zur politischen Macht als Erklärung für
den Putschversuch dienen?

Der Aufbau einer frommen Gegenelite

Fethullah Gülen, Gründer und immer noch Oberhaupt der Bewegung, der 1941 in der sehr traditionell geprägten Provinz Erzurum im Nordosten der Türkei als Sohn eines Vorbeters (Imam)
zur Welt gekommen war, wurde 1959 Imam und Prediger des
Staatlichen Amts für Religionsangelegenheiten der Türkei. Nachdem eine proislamische Zeitung eine Predigt von ihm veröffent-

licht hatte, erhielt Gülen 1962 eine Disziplinarstrafe. 1963 wirkte er an der Gründung des «Vereins zur Bekämpfung des Kommunismus» (KMD) mit, einer rechtslastigen Organisation, der in der Türkei Verbindungen zur CIA nachgesagt werden. Nach dem Staatsstreich von 1971 wurde er wegen «reaktionärer religiöser Umtriebe» festgenommen.

Gegen Ende der 1960er Jahre gründeten seine Anhänger die ersten Wohngemeinschaften, und weitere zehn Jahre später entstanden die ersten Repetitorien, die Gymnasiasten für die zentrale Zulassungsprüfung zur Universität vorbereiten sollten. Nach dem Putsch von 1980 machte Fethullah Gülen in vielen seiner Schriften deutlich, dass er auf der Seite der herrschenden, damals noch vorwiegend kemalistisch orientierten Ordnung stand und keine Opposition predigte, wie das damals der aufstrebende politische Islam tat. Stattdessen beschränkte Gülen sich darauf, vom «national-religiösen Geist»[3] der Bevölkerung Anatoliens zu sprechen. Das passte zur konservativen Kulturpolitik der Militärregierung Anfang der 1980er Jahre, unterstützten die Generäle damals doch die sogenannte «Türkisch-Islamische Synthese», welche die ethnisch-nationale und die religiöse Identität verschmolz. Vor dem Putsch hatte die Türkei schwere Auseinandersetzungen zwischen linken und rechten Organisationen erlebt, an denen sich besonders junge Leute beteiligt hatten. Die Türkisch-Islamische Synthese sollte die Jugend von politischer Aktivität fernhalten.

Gülen stand hinter diesem Ansatz und konnte sich damit nicht nur die Anerkennung konservativ-religiöser Kreise, sondern auch die Duldung und oft sogar die Unterstützung säkularer Kräfte sichern, die ihn als eine religiöse Alternative zur damaligen islamistischen Partei unter der Führung Necmettin Erbakans empfanden.

Im Gegensatz zum organisierten politischen Islam arbeitete Gülen nicht auf die Übernahme der Regierung durch eine ihm nahestehende Partei hin, sondern verschrieb sich der moralischreligiösen Erneuerung der Gesellschaft und dem Aufbau einer muslimischen Gegenelite. Die muslimische Elite, die er hervorbringen wollte, sollte sowohl sittlich gefestigt sein als auch moderne Kenntnisse und Fähigkeiten besitzen und auf diese Weise Gesellschaft und Staat befähigen, mit dem übermächtigen Westen zu konkurrieren.

Mit Blick auf die naturwissenschaftliche Bildung berief sich Gülen in religiöser Hinsicht auf das Werk des islamischen Denkers Said-i Nursi (1867–1960). Zu Lebzeiten Nursis, eines einflussreichen Angehörigen des islamischen Ordens der Nakşibendiye, begannen die Naturwissenschaften auch in der Türkei das religiöse Weltbild zu erschüttern und das bisherige Monopol der Religion zur Erklärung der Welt in Frage zu stellen. Nursi trat dem entgegen, indem er einer der meditativen Übungen seines Ordens einen neuen Sinn gab.

Zu den Übungen der Nakşibendiye gehörte es, sich die Allgegenwart Gottes durch die Wahrnehmung der Welt als Widerspiegelung seines Handelns vor Augen zu führen. Nursi führte diesen Gedanken fort und fokussierte ihn auf die Phänomene der Natur. Er teilte die Schöpfung in wahrnehmbare Dinge und in einen hinter diesen liegenden göttlichen Entwurf, der die Gestalt und Wirkung der Naturphänomene bestimme. So wurde die Erforschung der Natur zu einer Entdeckung des hinter ihr stehenden göttlichen Entwurfs und damit zu einem religiösen Anliegen.

Auch politisch ebnete Said-i Nursi Fethullah Gülen und seiner Bewegung den Weg. Er sah den Verfassungsstaat ebenso wie die Regierungsform der Demokratie als mit dem Islam vereinbar an und trat deshalb nicht für die Wiedereinführung des Kalifats und einer absolutistischen Herrschaft ein. Sein politisches Engagement erschöpfte sich in der Unterstützung von rechtskonservativen Parteien.

Worin sich Fethullah Gülen von seinem Vordenker am deutlichsten unterscheidet, ist indessen der Weg, den er zum Erreichen seines Hauptziels, der sittlichen und religiösen Erneuerung, einschlug. Dies war auch der wesentliche Aspekt, der ihn später in eine Gegnerschaft zu Erdoğan und der AKP bringen sollte. Gemeint ist Gülens Strategie, seine Anhänger gezielt in die Schaltstellen der Bürokratie zu schleusen und sie im Staatsapparat bestimmend zu machen. Seine neue, fromme Elite sollte den Staat dazu nutzen, die Gesellschaft religiös zu formen.

Scheinbar harmlos: Der Aufstieg einer Bewegung

Dieses übergeordnete Ziel Fethullah Gülens und dessen potenzielle Auswirkungen blieben jedoch über Jahrzehnte hinweg hinter einer ganzen Reihe positiv wirkender Merkmale der Bewegung verborgen. Dazu trug nicht nur bei, dass sich die Gülen-Bewegung als ein fast ideal zu nennender Partner von politischen Akteuren anbot, die im gleichen Maße vom Zusammenspiel nationalistischer und religiöser Einstellungen geprägt waren. Auch gesellschaftliche Entwicklungen ebenso wie die weltpolitische Lage spielten eine wesentliche Rolle für das Wachstum der Bewegung.

Während der ersten sieben Jahrzehnte nach Gründung der Republik sah sich die religiös-konservative Mehrheit der Bevölkerung an den Rand gedrängt. Die Abschaffung der arabischen Schrift, die strikte Begrenzung religiöser Bildung, das Verbot der Derwischorden und weitere Reformen, welche die Gesellschaft säkularisieren sollten, wurden von den Bewohnern der vielen unterentwickelten Provinzen, von landflüchtigen städtischen Neubürgern, aber auch vom konservativen städtischen Bürgertum als Zurückstufung und als Ausschluss vom gesellschaftlichen Geschehen erlebt. Dies führte zu einem weit verbreiteten Ressentiment gegen die säkulare Elite und ihre Ideologie, den Kemalismus, und ebnete den Weg für die spätere Politisierung des Islam.

Diese Situation sollte sich gegen Ende der 1990er Jahre ändern, boten doch der wirtschaftliche Aufschwung und die nahezu gleichzeitige Liberalisierung der türkischen Politik nun für viele zuvor benachteiligte Bürger Aufstiegsmöglichkeiten in Wirtschaft und Politik, aber auch in der Bürokratie und im Bildungssystem. In dieser Lage erlaubte es die Bewegung Gülens mit ihrer staatstragenden und bildungsfördernden, zugleich aber auch sittlich-moralisch konservativen Haltung vielen Muslimen, sich beruflich und gesellschaftlich neu zu orientieren, ihren Horizont zu erweitern und trotzdem ihrer Religion und deren Werten verbunden zu bleiben. Mehr noch: Die Anhänger Gülens konnten Bildung, Aufstieg und Erfolg nun als Dienst an Religion und Gesellschaft begreifen und so auch die Selbstbezeichnung der Bewegung als «Dienst» (Hizmet) wortwörtlich verinnerlichen.[4]

Auch im Ausland ergaben sich neue Chancen für die Bewegung. Wie bereits erwähnt, hatte diese schon Ende der 1970er Jahre damit begonnen, Repetitorien zu betreiben, in denen sich Gymnasiasten auf die zentrale Prüfung für die Vergabe von Studienplätzen vorbereiten konnten. Wirtschaftliche Erwägungen ebenso wie das Ziel, eine gut gebildete Elite hervorzubringen, führten dazu, dass die Bewegung außerdem private Grund-, Mittelschulen und Gymnasien eröffnete. Diese Schulen waren außerordentlich erfolgreich und ermöglichten auch Kindern finanziell weniger gut gestellter Eltern eine gute Ausbildung. Als nach dem Zusammenbruch des Ostblocks auf dem Balkan und in Zentralasien neue Staaten entstanden, in denen es, wie z. B. in Albanien und Bosnien (ehemals osmanische Gebiete) oder in Turkmenistan und Usbekistan, eine muslimische oder türkisch-islamische Bevölkerung gab, boten sich die Privatschulen der Gülenisten als Instrument einer auswärtigen Kulturpolitik der Türkei an. Deshalb konnte Gülen seine ersten Auslandsschulen mit Unterstützung staatlicher Stellen gründen. Geschickt und für viele Adressaten überzeugend setzte die Bewegung zur gleichen Zeit auch auf interreligiöse Kontakte und Dialoge.

Die Förderung dieser Auslandsschulen begann bereits unter

Abb. 6: Die fromme Landbevölkerung ist Zielgruppe der Gülen-Bewegung: Frauen vom Land beten am Grab des Abu Ayyub al-Ansari, des «Fahnenträgers des Propheten», in der Istanbuler Eyüp-Sultan-Moschee.

dem rechtskonservativen Präsidenten Turgut Özal, wurde aber in der Regierungszeit Recep Tayyip Erdoğans intensiviert. Dabei hatten sich Erdoğan und Gülen anfangs sehr reserviert gegenübergestanden und sich eher als Konkurrenten und politische Gegner denn als Verbündete betrachtet. Das änderte sich, als die AKP 2007 ihren damaligen Außenminister Abdullah Gül zum Staatspräsidenten wählen lassen wollte. Das Militär und die säkulare Elite schreckten davor zurück, dieses Amt einer Person mit islamistischer Vergangenheit zu überlassen. Auf ihren Druck hin annullierte das Verfassungsgericht Güls Wahl und 2008 wurde vom Generalstaatsanwalt ein Verfahren zum Verbot der AKP eröffnet.

Die Partei nahm das allerdings nicht hin. Schließlich hatte sie noch im Juni 2007 vorgezogene Neuwahlen mit knapp 50 Prozent der Stimmen gewonnen. Um sich gegen die hohe Justiz und das Militär zu wehren, verbündete man sich mit Gülen und den Seilschaften seiner Bewegung im Staatsapparat. Fortan fiel es Gülens Anhängern noch leichter, die Bürokratie zu infiltrieren und dort handlungsfähige Netzwerke zu bilden.

Das sollte sich fünf Jahre später zeigen, als Kader der Gülen-Bewegung in Polizei, Staatsanwaltschaft und in den Gerichten die Ermittlungen gegen Offiziere lostraten, die später zu den großen Schauprozessen Ergenekon und Balyoz («Schlaghammer») führten und das türkische Militär in seinen Grundfesten erschütterten. In der Zusammenarbeit mit der AKP wuchs die Gülen-Bewegung und stieg ihr Einfluss in Wirtschaft und Gesellschaft, aber auch im Staatsapparat. So gestärkt wollten die Mitglieder ihre eigenen politischen Vorstellungen durchsetzen und bereiteten sich allmählich auf einen Kampf mit der AKP um die Vorherrschaft im Staate vor. Bald schon stellten sich Gülen und seine Kader zum Beispiel gegen die Geheimverhandlungen der Regierung mit der PKK.

Die AKP-Regierung antwortete darauf mit dem Versuch, den Einfluss der Gülenisten einzuschränken. So stärkte Erdoğan 2011 den Nationalen Geheimdienst MİT gegenüber der Polizei, in der Anhänger Gülens zunehmend unkontrolliert agierten, indem er diesem die größte Abhöranlage der Türkei übertrug. Als die Regierung 2013 die Schließung sämtlicher Repetitorien ankündigte, einer der wichtigsten Einnahmequellen der Bewegung, entschloss sich diese zum Gegenschlag: Sie veröffentlichte Aufzeichnungen von abgehörten Telefonaten, die ein bisher ungeahntes Ausmaß an Korruption unter führenden Mitgliedern der AKP-Regierung offenkundig machten.

Millionen in Schuhkartons – ein verkappter Staatsstreich?

Gerade hatten Regierungschef Erdoğan und seine Partei AKP die landesweiten Gezi-Proteste des Sommers und Spätsommers von 2013 überstanden, da erschütterten Großrazzien der Polizei in der heimlichen Hauptstadt Istanbul und im Regierungssitz Ankara erneut das politische Machtgefüge der Türkei. Dutzende von Personen wurden unter Korruptionsverdacht festgenommen, darunter auch die Söhne der drei Minister Muammer Güler (Inneres), Zafer Çağlayan (Wirtschaft) sowie Erdoğan Bayraktar (Umwelt und Städtebau). Schnell wurde deutlich, dass Gülen-Kader in der Polizei schon über ein Jahr lang ohne Wissen der Regierung ermittelt hatten.

Obwohl der Ministerpräsident bereits am Folgetag mit der Versetzung beteiligter Polizisten reagierte und auch den Polizeichef Istanbuls seines Amts entheben ließ, verhängte ein Gericht am 21. Dezember 2013 Untersuchungshaft gegen 22 Verdächtige, darunter die Söhne zweier Minister. Der dritte beschuldigte Ministersohn wurde unter Auflagen freigesetzt.

Für Erdoğan und die betroffenen Minister war das Vorgehen der Polizei ein «dreckiges Komplott» gegen die Regierung und sogar gegen «unser Land». Trotzdem erklärten die Minister für Inneres, Wirtschaft, Umwelt und Städtebau bereits am 25. Dezember ihren Rücktritt. Bei der Umbildung seines Kabinetts, die

Erdoğan noch am selben Tag vornahm, wurden zehn der 26 Ministerposten neu besetzt. Auch EU-Minister Egemen Bağış, der ebenfalls unter Korruptionsverdacht geraten war, verlor sein Amt.

Bei den Ermittlungen ging es in der Hauptsache um großangelegte Geschäfte, mit deren Hilfe der Iran das Embargo umgangen haben soll, das die USA wegen des Teheraner Atomprogramms verhängt hatten. Dabei bezahlte die Türkei Erdöl aus dem Iran nicht in Dollar, sondern mit Gold. In den Jahren 2012 und 2013 sollen so mindestens 13 Milliarden Dollar in das Nachbarland geflossen sein, 15 Prozent der Beträge, so der Verdacht, als Schmiergelder an Politiker und Sicherheitskräfte in der Türkei, im Iran und in Katar. In den sozialen Medien tauchten Mitschnitte von Gesprächen der Beschuldigten auf, die offensichtlich von Angehörigen der Gülen-Bewegung in der Polizei aufgenommen worden waren. Besonderes Aufsehen erregte ein im Februar 2015 veröffentlichtes Telefonat, das Recep Tayyip Erdoğan und seinem jüngeren Sohn Necmettin Bilal Erdoğan zugeschrieben wurde. Darin weist allem Anschein nach der Vater den Sohn an, Barbeträge in Höhe von mehreren Millionen Dollar so schnell wie möglich außer Haus zu schaffen. Erdoğan bestritt, dieses Telefonat geführt zu haben und bezeichnete es als eine Fälschung. In der Wohnung des Direktors der staatlichen Halk-Bank sollen 4,5 Millionen Dollar versteckt in einem Schuhkarton gefunden worden sein.[5] Deshalb wurde in der Türkei der «Schuhkarton» zum Synonym für Bestechungsgelder an Politiker und hohe Funktionäre.

Die Anklagen gegen die Söhne der drei Minister wurden schließlich niedergeschlagen, und die türkische Regierung stellte den Skandal als einen verkappten Staatsstreich dar, organisiert von Fethullah Gülen und durchgeführt von seinen Seilschaften in der Polizei. Gülen habe im Auftrag der USA gehandelt, wo er seit 1999 lebt.

Ein Nachspiel fand der Korruptionsskandal in den USA. Dort

wurde ein gewisser Reza Zarrab als Drahtzieher der Umgehungs-geschäfte zwischen der Türkei und dem Iran 2016 verhaftetet und anschließend von der Staatsanwaltschaft als Kronzeuge gegen die Beteiligten in der Türkei präsentiert. Der Perser Zarrab hatte lange davor in der Türkei gelebt und die türkische Staatsbürger-schaft erhalten. Wiederholt versuchte Erdoğan die diesbezügli-chen Ermittlungen, die auch seinen Ruf in Mitleidenschaft zo-gen, zu stoppen und intervenierte dafür persönlich bei Präsident Barack Obama und dessen Nachfolger Donald Trump. Trump, der lange Bewunderung für Erdoğan empfand, ließ den zuständi-gen Staatsanwalt Preet Bharara von dem Fall abziehen, konnte je-doch nicht verhindern, dass dessen Nachfolger die Ermittlungen erneut aufnahm.

Spätestens seit dieser Korruptionsaffäre wirft Erdoğan der Gülen-Bewegung vor, einen «Staat im Staate» gebildet zu haben, und geht mit Festnahmen, Entlassungen und Massenversetzun-gen gegen die Seilschaften der Gülenisten in Polizei und Justiz vor. Bereits im Februar 2015, noch vor dem Putsch von 2016, wurde ein Haftbefehl gegen Fethullah Gülen erlassen. Nach dem Putsch sah sich Gülen mit dem Vorwurf der «Gründung und Führung einer bewaffneten Terrororganisation» konfrontiert.

In einem Interview mit der Wochenzeitung «Die Zeit» bestritt er vehement, etwas mit dem Putsch zu tun zu haben. So etwas sei mit den Prinzipien seiner Bewegung unvereinbar. Stattdessen warf er Erdoğan vor, den Putsch selbst inszeniert zu haben, und verwies darauf, dass dieser den Putsch ja mit eigenen Worten als «Gottesgeschenk» bezeichnet habe.[6]

Es wird wohl noch lange unklar bleiben, ob Erdoğan den Putsch, der ihm so sehr in die Hände spielte, selbst inszenierte oder ob er ihn unter Umständen auch trotz vorheriger Kenntnis anlaufen ließ, um ihn als Rechtfertigung für die Zerschlagung von Gülens Bewegung zu verwenden. Bei allen Unterschieden zwischen beiden Ereignissen fühlten sich in Deutschland man-che Beobachter der politischen Entwicklungen in der Türkei an den Röhm-Putsch vom Juni 1934 erinnert. Diesen hatte Adolf Hitler zum Vorwand genommen, die Führungskräfte der SA auszuschalten.

Sicher ist, dass die Auseinandersetzung zwischen den beiden Rivalen Gülen und Erdoğan der Türkei auf lange Zeit großen Schaden zugefügt hat. Zum einen haben die Enthüllungen des Korruptionsskandals das bereits zuvor recht niedrige Vertrauen der türkischen Bevölkerung in die Rechtschaffenheit der Politiker weiter beschädigt. Vorteilsnahme, Bestechung und Korruption werden seither fast wie eine Selbstverständlichkeit angesehen und von vielen Bürgern mit dem Kommentar quittiert: «So lange sie nur etwas tun, sollen sie auch ihre Taschen füllen!» Zum anderen hat die Art und Weise, wie die Verfolgung der Gülen-Bewegung durchgeführt worden ist, dem ohnehin nicht fest begründeten Prinzip der Rechtsstaatlichkeit in der Türkei einen weiteren, schweren Schlag versetzt. Es kam zu Sippenhaft gegen Ehegatten, willkürlichen Streichungen sämtlicher Sozialversicherungsansprüche, öffentlicher Entrechtung und Verfemung auf bloßen Verdacht hin und schließlich leider auch zum Einsatz der Folter. Von ihr hatte man angenommen, sie sei mit den Reformen zur EU-Anpassung endgültig überwunden.

Hatten die «erfolgreichen» Staatsstreiche der Militärs 1960, 1971 und 1980 Politik und Gesellschaft der Türkei auf ihre Art durch Repressionen gelähmt, so ist das paradoxerweise bei der Niederschlagung des Putsches von 2016 ebenfalls der Fall: Einen positiven Beitrag zu einer freiheitlichen und demokratischen Entwicklung des Landes hat sie trotz gegenteiliger Lippenbekenntnisse nicht geleistet.

2. Die Gezi-Proteste von 2013: Euphorie und Ernüchterung

Symbol für eine schützenswerte Umwelt

Der Auslöser schien fast nichtig im Vergleich mit den Auswirkungen, die das gesamte Land ergreifen sollten. Laut offiziellen Angaben, die mit hoher Wahrscheinlichkeit noch zu niedrig liegen, sollen sich über einen Zeitraum von drei Monaten hinweg 3,5 Millionen Bürger in ca. 5 000 Einzelaktionen an den Gezi-Protesten beteiligt haben. Vielleicht konnte sich gerade deshalb eine erstaunlich große Zahl von Menschen zu diesen Protesten zusammenfinden, weil es zu Beginn lediglich um eine Handvoll Bäume ging. Die Bäume des zentral am Taksim-Platz gelegenen Gezi-Parks waren ideologisch so neutral, dass sich Gruppen unterschiedlichster gesellschaftlicher und politischer Herkunft für sie einsetzen konnten. Gleichzeitig handelte es sich nicht um irgendwelche Bäume. Ihr zentraler Standort in der Mitte von Istanbul, dem gesellschaftlichen Zentrum der Türkei, machte sie zum Symbol für eine schützenswerte Umwelt und für eine moderne Stadt. Schnell repräsentierten sie einen urbanen Lebensstil, und Istanbuls moderne Städter erlebten das Fällen der Bäume im Gezi-Park als Angriff auf sich selbst. So empfand das hauptsächlich der eher säkular eingestellte Teil der Bevölkerung, der knapp die Hälfte der türkischen Gesellschaft stellt. Doch selbst diese ohnehin sehr große Gruppe erhielt bald weiteren Zulauf.

Schon früher hatten sich die Bewohner Istanbuls für die Erhaltung ihrer Stadt eingesetzt. So war bereits 1987 durch eine Plattform namens «Grüne Solidarität» (Yeşil Dayanışma) der Abriss historischer Gebäude in der Nähe des Galata-Turms im Istanbuler Stadtteil Beyoğlu und die Anlage eines Parkplatzes in einem Park im Nobelviertel Nişantaşı verhindert worden. Ihrer Kräfte und Möglichkeiten wurden sich zivilgesellschaftliche Gruppen jedoch erst ein Jahrzehnt später bewusst, als 1996 die zweite Konferenz der Vereinten Nationen zu Humanitärem Städtebau, besser bekannt als Habitat II, in Istanbul ausgerichtet wurde. Im Zentrum der Konferenz stand die nachhaltige Verbesserung von Wohn- und Lebensverhältnissen besonders von Frauen und benachteiligten sozialen Gruppen. Fortschritt in dieser Hinsicht erhoffte man sich auch dadurch, dass man nicht nur Regierungen und Kommunalverwaltungen zur Konferenz einlud, sondern die Beteiligung von Nichtregierungsorganisationen (NGO), Forschungseinrichtungen und privaten Firmen aus aller Welt ermöglichte. Dieser damals neue Ansatz der UN wurde in Istanbul begeistert aufgegriffen. Eine schwere Bewährungsprobe für dieses in der Türkei relativ neue Konzept gesellschaftlichen Engagements war das verheerende Erdbeben vom 17. August 1999, das die Region Izmir westlich von Istanbul und Istanbul selbst sowie die Regionen am Marmarameer traf und eine Stärke von 7.4 der Richterskala hatte. Die Katastrophe forderte offiziellen Angaben zufolge mehr als 18 000 Todesopfer und fast 50 000 Verletzte. Inoffizielle Schätzungen sprechen von 65 000 bis 100 000 Opfern. Mehr als 133 000 Gebäude stürzten ein, und 600 000 Menschen wurden obdachlos.

Aus 52 Ländern kamen damals Rettungsmannschaften und finanzielle Unterstützung. Der türkische Staat jedoch blamierte sich bis auf die Knochen. Trotz größter Not verbot das Militär islamisch-konservativen NGOs, tätig zu werden. Und der extrem rechte damalige Minister für Gesundheit wollte kein Blut von ausländischen Spendern akzeptieren. Das Erdbeben machte auch klar, dass der türkische Staat bereits zuvor auf der ganzen Linie versagt hatte. So machte die große Zahl der eingestürzten Wohnhäuser und schwer beschädigten öffentlichen Gebäude deutlich, dass grundlegende Bau- und Sicherheitsvorschriften nicht eingehalten worden waren. Ganz zu schweigen davon, dass die erdbebengefährdete Stadt Istanbul nicht einmal eine Diskussion über erdbebensicheres Bauen gekannt hatte. Umso mehr galt es jetzt, eine kritische Öffentlichkeit zu schaffen, transparent zu handeln und zu planen und der Zivilgesellschaft und ihren Organisationen Beteiligungsrechte einzuräumen. Zwar konstatierten Beobachter der Entwicklung, dass die im Entstehen befindliche Zivilgesellschaft weiterhin von elitistischen Strukturen geprägt und sogar dominiert wurde. Auch von einer generellen Akzeptanz eines partizipativen Demokratieverständnisses konnte noch nicht die Rede sein. Doch lässt sich festhalten, dass große Teile der Bevölkerung im ersten Jahrzehnt des neuen Jahrtausends die Erfahrung gemacht hatten, dass sie sich erfolgreich selbst organisieren konnten. Genau dies stellten Gruppen aus sämtlichen weltanschaulichen, politischen und ethnischen Lagern während der Gezi-Proteste eindrucksvoll unter Beweis.

Der Funke fliegt

Dass sich die Proteste und Demonstrationen vom Gezi-Park in Istanbul wie ein Lauffeuer im ganzen Land ausbreiteten, hat jedoch sicher auch damit zu tun, dass die Sicherheitskräfte brutal und rücksichtslos vorgingen. Ihr Auftreten bei der Räumung des Parks stand in einem scharfen Kontrast zu der friedlichen und volksfestartigen Atmosphäre unter den Demonstranten, die im Park ein Lager zum Schutz der Bäume aufgeschlagen hatten. Die Polizei schoss so unnötig wie unvermittelt mit Kanonen auf Spatzen, eine Vorgehensweise, die in weiten Kreisen das Gefühl verstärkte, von der AKP-Regierung und ihrer religiös-konservativen Anhängerschaft an den gesellschaftlichen Rand gedrängt zu werden. Und das mit gutem Grund, hatte doch Recep Tayyip Erdoğan, der damalige Ministerpräsident, schon in seiner Zeit als Bürgermeister von Istanbul versucht, die ganze Stadt in kleinen Schritten, aber unablässig, zu einem frömmeren Lebenswandel zu drängen. In städtischen Anlagen herrschte jetzt Alkoholverbot, Kneipen und Restaurants unterlagen extra strengen Kontrollen und die Steuern auf Genussmittel wurden ständig erhöhte.

Die staatlichen Restriktionen trafen vor allem Beyoğlu, Istanbuls weltbekanntes Vergnügungsviertel, das direkt an den Taksim-Platz und somit an den Gezi-Park anschließt. Es gab tatsächlich vieles zu beklagen. Wiederholt wurden umstrittene Bauvorhaben gegen alle Einwände von NGOs und Berufsverbänden durchgesetzt. Rechtskräftige Gerichtsurteile wurden schlicht ignoriert. Begründeten Vermutungen über Vorteilsnahme und Bereicherung seitens kommunaler Verwaltungen und Regierungsvertretern gingen die verantwortlichen Stellen nicht nach. Generell verbreitete sich das Gefühl, westlich orientierter Lebensstil sei genauso unerwünscht wie die aktive Teilnahme am gesellschaftlichen Leben.

Den Protesten schlossen sich aber auch solche Gruppen an, die sich durch eine lange Tradition der Diskriminierung, Benachteiligung und Ausgrenzung ohnehin als oppositionell und staatskritisch verstanden. Ohne Anspruch auf Vollständigkeit sind hier die aus ethnischen Gründen diskriminierten Kurden, die aus religiösen Gründen benachteiligten Aleviten und die wegen ihrer sozialistischen oder kommunistischen Ausrichtung traditionell staatlicher Verfolgung ausgesetzten Vertreter der türkischen Linken zu nennen. Hinzu kamen Gruppen, die sich erst in den letzten Jahren öffentlich zu Wort gemeldet hatten, Menschen mit nicht heterosexueller Orientierung, zudem Umweltschützer, aber auch die kleine Gruppe frommer, indes zugleich regierungskritischer Muslime.

Die gesellschaftliche Breite der Gezi-Proteste spiegelte sich in der großen Zahl an Mitgliedern der Initiative «Solidarität mit dem Taksim-Platz» wider. Politische Parteien, Hunderte von Organisationen aus Kunst und Kultur sowie der Frauenbewegung, Berufsverbände, Stadtteilvereine und Studentenvereinigungen setzten sich anfangs gemeinsam für den Erhalt des Parks ein und demonstrierten dann zuerst gegen die Gewalt der Polizei und dann gegen die Regierung.

Der Funke entzündete sich am 17. Mai 2013, als die Polizei das Zeltlager der Demonstranten mitten in der Nacht überfiel und

Abb. 7: Die Demonstranten im Gezi-Park wenden sich mit dem Konterfei Atatürks gegen die Regierung Erdoğan.

Bulldozer die Bäume des Parks entwurzelten. Einer der ersten, der sich an die Seite der Aktivisten stellte, war der Public Intellectual Sıtkı Süreyya Önder, der als Abgeordneter die damalige prokurdische *Friedens- und Demokratie-Partei* (BDP) im Parlament vertrat. Er nutzte am 28. Mai seine Immunität als Mitglied der Nationalversammlung dazu, sich Bulldozern in den Weg zu stellen. Noch wirkungsmächtiger wurde jedoch das Foto einer jungen, eleganten Frau, die den Polizisten und ihren Tränengas-Kanonen entgegentrat. Die «Lady in Red» wurde zu einem unvergesslichen Symbol der Gezi-Proteste.

Nur zwei Tage später, am, 30. Mai, versammelten sich Zehntausende im Park und am Taksim-Platz, nachdem sich der Aufruf «Occupy Gezi!» rasant über die sozialen Medien verbreitet hatte. Als noch am selben Tag Gruppen in Ankara aus Solidarität mit den Demonstranten Istanbuls auf die Straßen gingen, erlangten die Proteste nur drei Tage nach ihrem Beginn bereits nationale Bedeutung. Am Folgetag, dem 31. Mai, wurde die Zahl der Demonstranten im Istanbuler Stadtteil Beyoğlu bereits auf 100 000 geschätzt, und auch in Izmir fanden Solidaritätskundgebungen statt. Einen ihrer Höhepunkte erreichten die Proteste während einer Auslandsreise von Erdoğan, die vom 2. bis zum 6. Juni 2013 dauerte. Wurden bereits am 1. Juni offiziellen Angaben zufolge mindestens 235 Protestveranstaltungen in 67 Städten des Landes verzeichnet, so weiteten diese sich in Erdoğans Abwesenheit auf 77 der 81 Provinzen des Landes aus. Nachdem sich in der zweiten Juniwoche Zehntausende von Fans der drei großen Istanbuler Fußballvereine Beşiktaş, Galatasaray und Fenerbahçe den Protesten in seltener Eintracht angeschlossen hatten, erhielten diese neuen Auftrieb. Als es zu ersten Todesfällen kam, wurde das Ganze zum Selbstläufer und die Toten, an deren Begräbnis Abertausende teilnahmen, zu Ikonen des Widerstands.

Obwohl die Proteste – unter anderem auch durch ein die gesamte Stadt Istanbul betreffendes allgemeines Demonstrationsverbot – in ihrer zuvor immensen Größenordnung unterdrückt werden konnten, flackerten sie durch überraschende Aktionen immer wieder erneut auf. So gab der Künstler Erdem Gündüz als «(still-)dastehender Mann» (duran adam) den Anstoß für eine passive Form des Widerstands, als er stundenlang am Taksim-Platz einfach bewegungslos dastand und das nach Republikgründer Kemal Atatürk benannte Kulturzentrum unverwandt anblickte. Denn die Regierung hatte angekündigt, dieses abreißen zu wollen. Es folgten Tausende von Aktionen, die diese Form des Protestes abwandelten, indem Menschen beispielsweise still und stumm stundenlang in der Öffentlichkeit Bücher lasen.

Am 8. Juli begann schließlich der Ramadan, der Fastenmonat im Islam. Während des Ramadans hatten sich früher sehr oft die Spannungen zwischen den Säkularen und den Frommen merklich verschärft. Vereinzelt war es zu Angriffen auf Leute gekommen, die auf offener Straße aßen. Doch dieses Mal wurde der Ramadan zu einem Monat der Solidarität, die kulturelle und religiöse Grenzen überbrückte. Während die Politiker der AKP und ihnen nahestehenden Geschäftsleute das abendliche Fastenbrechen mit opulenten Speisen und Getränken in Luxushotels absolvierten, breiteten junge Muslime rund um den Taksim-Platz auf Gehsteigen und Straßen Tücher aus und luden andere Demonstranten zum eher spärlichen, aber gemeinsamen Fastenbrechen ein. Tausende nahmen – auch in anderen Städten der Türkei – an diesem «öffentlichen Mahl im Schneidersitz» teil. Sie protestierten damit nicht nur gegen die Polizei und die Regierung, sondern auch dagegen, dass die reiche fromme Elite das Ritual des Fastenbrechens in Form von Galadiners pervertierten.

Offiziellen Angaben zufolge endeten die Aktionen nach 112 Tagen am 30. August 2013. Mit Ausnahme der im gebirgigen Hinterland der türkischen Schwarzmeerküste gelegenen Provinz Bayburt sollen die Proteste alle 81 Provinzen des Landes erfasst haben. Dabei verzeichneten Großstädte wie Istanbul, Ankara und Izmir sowie Städte mit einer traditionell eher als links und säkular geltenden Bevölkerung wie das westanatolische Eskişehir und das von nichtmuslimischen Minderheiten geprägte Antakya die höchsten Teilnehmerzahlen und die meisten Aktionen.

Was bleibt von Gezi?

Die Auswirkungen der Gezi-Proteste auf die Entwicklung einer partizipatorischen Demokratie mit starkem zivilgesellschaftlichem Engagement stellen sich im Abstand von zehn Jahren widersprüchlich dar. Sicher ist, dass die Proteste die ohnehin vorhandenen autokratischen und diktatorischen Tendenzen des heutigen Präsidenten Recep Tayyip Erdoğan bedeutend verstärkt haben. Hatten zu Beginn führende Vertreter der AKP noch Verständnis für die Protestierenden gezeigt, setzte sich bald Erdoğan mit seiner unnachgiebigen Haltung durch. Abdullah Gül, der damalige Präsident, hatte sich für eine friedliche Antwort der Regierung an die Demonstranten eingesetzt und sagte damals richtigerweise, Demokratie sei mehr, als regelmäßig freie Wahlen abzuhalten. Auch der stellvertretende Ministerpräsident Bülent Arınç meldete sich mäßigend zu Wort. Er meinte, die Tränengasangriffe der Polizei auf die «berechtigten Proteste» hätten erst dazu geführt, dass diese sich schließlich im ganzen Land verbreiteten und an einigen Orten – so in Ankara – auch radikalisierten.[7] Beide Politiker, die früher zum engen Machtzirkel der AKP gehörten, sind heute kaltgestellt. Abdullah Gül befindet sich in offener Opposition zu Erdoğan, und Bülent Arınç lebt in innerer Migration.

Für Erdoğan waren die Proteste sowohl ein Menetekel als auch der endgültige Startschuss dafür, die Schutzwälle seiner Macht noch weiter hochzuziehen. Erstmals erlebte er direkt, wie verbreitet und wie entschieden die Ablehnung seiner Person in weiten Teilen der Gesellschaft war. Das hat ihn ohne Zweifel stark dazu bewogen, sich unangreifbar zu machen und sich darauf zu konzentrieren, ein Präsidialsystem einzuführen, in welchem er allein bestimmen und sich vollkommen sicher fühlen kann. In der Folgezeit häuften sich die Angriffe der Regierung auf alle zivilgesellschaftlichen Bastionen der kemalistischen und säkularen Kräfte. So wurden berufsständische Vereinigungen wie die Architekten- und Ingenieurskammern politisch unter Druck gesetzt, hatten diese doch früher oft für die Einhaltung rechtsstaatlicher Prinzipien bei der Ausschreibung, Planung, Vergabe und Umsetzung städtischer und landesweiter Großprojekte gesorgt. Ihnen wurden nach den Gezi-Protesten durch Gesetzesänderungen sukzessive Kompetenzen entzogen, da viele dieser Verbände die Gezi-Proteste von Anfang an mitgetragen hatten. Jahre später geriet auch die Istanbuler Anwaltskammer in Erdoğans Visier. Ihre Anwälte hatten den Demonstranten während der Proteste und danach rechtlichen Beistand geleistet.

Haben die Gezi-Proteste also im Grunde das Gegenteil dessen bewirkt, was sie beabsichtigt hatten? Das wäre einseitig gedacht. Denn es wurde ein gesellschaftliches Potenzial freigelegt und zugleich auch verstärkt, das zwar aufgrund der Machtfülle Erdoğans und seiner Partei sowie durch das vorherrschende Klima der Repression inaktiv schlummert, aber ähnlich abrufbar sein dürfte, wie dies während der Gezi-Proteste so eindrucksvoll der Fall war. Damals traten nämlich Gruppen in Erscheinung, von denen ein Großteil der Bürger des Landes bis zu diesem Zeitpunkt nie etwas gehört hatte, die aber durch ihr Engagement und ihre disziplinierten Aktionen deutlich machten, dass in Zukunft mit ihnen zu rechnen sein würde. Dazu zählen zum Beispiel die «Antikapitalistischen Muslime», die sich, ebenso wie ihr Vordenker, der Theologe İhsan Eliaçık, als «die linke Seite des Islam» sehen. Sie verstehen den Islam als eine Religion der Unterdrückten und kritisieren die Instrumentalisierung der Religion durch die Reichen und Mächtigen. Darüber hinaus haben die Gezi-Proteste mit dazu beigetragen, dass die Akzeptanz von marginalen Gruppen wie Schwulen, Lesben und Transvestiten ganz erheblich gestiegen ist und nun von deutlich weiteren Kreisen der Bevölkerung geteilt wird. Erstaunlich hohe Teilnehmerzahlen bei den oft verbotenen Demonstrationen dieser Gruppen bestätigen dies.

Auch gab es nach Gezi immer wieder Versuche, Formen partizipatorischer Demokratie zu erproben. Zu den in dieser Hinsicht wichtigsten gehörten die noch während der Proteste entstandenen «Park-Foren». An diesen Zusammenkünften nahmen Tausende, manchen Einschätzungen zufolge sogar Zehntausende in Stadtteilen Istanbuls, aber auch in Ankara, Antalya, Bursa, Eskişehir und Izmir teil und berieten über Möglichkeiten, die Proteste erneut aufleben zu lassen. Obwohl auch diese Form des Protests schließlich unterbunden wurde, haben doch regierungskritische Teilnehmer aus den verschiedensten Lagern während der Diskussionen unter Beweis gestellt, dass man sich über viele Differenzen hinweg friedlich auf ein gemeinsames Vorgehen verständigen konnte.

Hoffnungen auf ein positives Erbe der Gezi-Proteste haben sich aber insbesondere durch die Solidarität zwischen Gruppen ergeben, die traditionell bis hin zur Gewaltbereitschaft miteinander verfeindet waren. Es liegt auf der Hand, dass ein gemeinsames Feindbild in Ausnahmesituationen dazu führen kann, vorübergehend Differenzen zu vergessen oder zumindest hintanzustellen. Dennoch ist zu erwarten, dass vernünftige und zielgerichtete Absprachen und nicht zuletzt die einprägsame Erfahrung, Seite an Seite gegen einen übermächtigen Gegner gekämpft zu haben, auch über die Zeit der Proteste hinaus Spuren hinterlassen haben. Dadurch dürften auch Denkmuster aufgebrochen worden sein, die davor ein gegenseitiges Verständnis zwischen feindlichen Gruppen unmöglich gemacht haben.

Dies betrifft zum Beispiel die traditionell verfeindeten Anhänger der drei großen Istanbuler Fußballclubs Galatasaray, Beşiktaş und Fenerbahçe, die sich sonst eher Straßenschlachten liefern, als gemeinsam gegen die Polizei vorzugehen. Noch wichtiger war dies im Hinblick auf die Gegnerschaft zwischen Kurden, die kulturelle Rechte und Autonomie fordern, sowie türkischen Nationalisten, die diese Forderungen als Bedrohung der staatlichen Existenz der Türkei strikt ablehnen. Nicht nur, dass sich diese beiden Gruppen während der Proteste gegenseitig unterstützten, es kam auch zu Kontakten und Gesprächen, die vorher nicht vorstellbar gewesen wären.

Und sicher ist es auch keine Übertreibung zu behaupten, dass es ohne Gezi und die dort geschlossene Front gegen den gemeinsamen Gegner AKP nur schwerlich zu der engen Zusammenarbeit von Parteien unterschiedlichster ideologischer Orientierung gekommen wäre, wie sie sich nach der Einführung des Präsidialsystems herausgebildet hat. Denn es ist ein absolutes Novum, dass die säkularistische *Republikanische Volkspartei* (CHP) unter Kemal Kılıçdaroğlu mit der pro-islamischen *Glückseligkeitspartei* (SP) unter Temel Karamollaoğlu kooperiert.

Eine Teilnehmerin der Proteste, Hanne Türker, bringt die Einblicke, die sie seit Gezi gewonnen hat, prägnant zum Ausdruck: «Ich glaube, dass die Gezi-Proteste für alle, die sich in der Türkei für Rechte einsetzen, eine wichtige Erfahrung waren. Bei den Protesten sind wir zum ersten Mal zusammengekommen, ohne darauf zu achten, wer wir waren. Als wir Widerstand gegen das rechtswidrige Vorgehen der Machthabenden leisteten, sind sich die Menschen, die diese Gesellschaft bilden, zum ersten Mal begegnet und haben einander kennengelernt. Wir haben uns aneinander gewöhnt und beargwöhnen einander nicht mehr. Wir schrecken nur noch vor diesen Machthabern zurück.»

Wenn die bleierne Decke der Repression des Regimes Erdoğan in einer hoffentlich nicht allzu fernen Zukunft gelüftet werden sollte, steht zu hoffen, dass Spuren der während der Proteste erfahrenen Solidarität und Kompromissfähigkeit zur Entwicklung einer freieren, friedlicheren und offeneren Gesellschaft beitragen.

3. Die türkische Regierung und die Kurden

Hoffnung und Freude für einen großen Teil der Bevölkerung, Kopfschütteln, Ablehnung und Entsetzen für den anderen – selten mag ein Händeschütteln zweier Männer widersprüchlichere Reaktionen ausgelöst haben. Die Rede ist von dem türkischen Regierungschef Recep Tayyip Erdoğan und dem kurdischen Sänger Şivan Perwer. Die beiden trafen sich anlässlich der Einweihung einer Anlage der Gesellschaft für sozialen Wohnungsbau (TOKİ) in Diyarbakır, dem Zentrum der kurdischen Siedlungsgebiete im Südosten der Türkei.

Dort traf Erdoğan Mitte November 2013 neben Perwer auch den damaligen Präsidenten der Kurdischen Regionalregierung im Irak, Masud Barzani, was ebenfalls einen großen Schritt bedeutete. Denn türkische Regierungen hatten jahrelang jede Form kurdischer Staatlichkeit im Nachbarland als Ermunterung für die eigene kurdische Bevölkerung und damit als Bedrohung für die territoriale Integrität der Türkei betrachtet. Doch es blieb nicht bei der an sich schon sensationellen Begegnung. Erdoğan kündigte eine allgemeine Amnestie für kurdische Rebellen und Verfechter kurdischer Anliegen an und sprach von einer «neuen Ära, einem neuen Klima, einer neuen Frühlingsatmosphäre».[8]

Erdoğans Worte und der Auftritt Şivan Perwers bedeuteten den Kurden in der Türkei viel, war der Sänger doch in den 1970er Jahren mit seiner Musik zu ihrem Helden geworden. 1976 hatte er ins Exil gehen müssen – und durfte nun zum ersten Mal nach 37 langen Jahren wieder heimatlichen Boden betreten.[9]

Die Zusammenkunft erfolgte allerdings nicht aus heiterem Himmel. Ein Friedensprozess, der unter Erdoğan mit ersten Reformen bereits 2005 eingeleitet worden war, hatte im zuvor so starren Kurdenkonflikt bereits einiges bewegt. Als erster türkischer Regierungschef hatte Erdoğan 2005 offiziell anerkannt, dass es ein Kurdenproblem gebe, indem er es genauso benannte – und er hatte deutlich gemacht, dass das Streben der Kurden nach mehr Selbstbestimmung legitim sei.[10] Ein mutiger Schritt. Weitere folgten. 2009 konnte erstmals ein TV-Kanal auf Kurdisch senden, in den 1930er Jahren zwangstürkisierte kurdische Dorfnamen sollten wieder eingeführt werden, kurdische Sprachinstitute an Universitäten wurden eingerichtet. Es handelte sich somit um Reformen auf kultureller Ebene, doch hatten diese Signalwirkung und deeskalierten auf politischer Ebene. Denn im März 2013 ließen die bewaffneten Einheiten der verbotenen *Arbeiterpartei Kurdistans* (PKK) türkische Geiseln frei, um ebenfalls ein positives Zeichen zu setzen.[11] Und schließlich forderte noch im Februar 2015 der inhaftierte PKK-Führer Abdullah Öcalan die Angehörigen seiner Organisation dazu auf, den bewaffneten Kampf einzustellen.

Doch bereits fünf Monate nach dem Hoffnung weckenden Treffen, im Juli 2015, war der Traum vom Frieden zwischen dem türkischen Staat und dem militanten Zweig der kurdischen Nationalbewegung jäh zu Ende. Erdoğan brach die Verhandlungen ab. Zuvor hatte es erneut gewalttätige Aktionen mit Todesopfern gegeben, so einen Anschlag des «Islamischen Staates» (IS) im vorwiegend von Kurden bewohnten Suruç an der Grenze zu Syrien. Den IS sahen in jenen Jahren viele Kurden als von der türkischen Regierung gefördert an. Auf der anderen Seite hatte auch die PKK wieder Anschläge auf türkische Polizisten verübt.

In Wahrheit hatte der Abbruch des Friedensprozesses jedoch einen politisch-pragmatischen Hintergrund: Die prokurdische *Demokratische Partei der Völker* (HDP) hatte im Juni 2015 bei Parlamentswahlen 13 Prozent der Stimmen gewonnen. Damit hatte erstmals eine prokurdische Partei die in der Türkei für den Einzug ins Parlament geltende 10-Prozent-Hürde überwunden. Ausschlaggebend für Erdoğan war, dass der Einzug der Kurden ins Parlament seine Gerechtigkeits- und Entwicklungspartei (AKP) die absolute Mehrheit kostete.[12] Außerdem hatten Umfragen gezeigt, dass die AKP aufgrund ihrer Verhandlungsbereitschaft gegenüber den Kurden Stimmen an die extrem rechte *Partei der Nationalistischen Bewegung* (MHP) verlor. Trotz Erdoğans opportunistischen Kurswechsels konnte sich die HDP auch bei der Wiederholung der Wahlen im November 2015 mit 10,7 Prozent der Stimmen behaupten. Der AKP gelang es gleichwohl, erneut die absolute Mehrheit zu erringen. Erdoğans Kalkül war aufgegangen, sein politisches Manöver hatte gewirkt.

Leicht gemacht wurde Erdoğan der abrupte Richtungswechsel dadurch, dass große Teile der ethnisch-türkischen Bevölkerung den kurdischen Forderungen nach kulturellen Rechten, größerer lokaler Selbstverwaltung oder gar Autonomie ablehnend gegenüberstanden. Noch immer war und ist man in diesen Kreisen der Bevölkerung wohl überzeugt davon, dass jedes Eingehen auf kurdische Forderungen den Weg zur Abspaltung der kurdischen Gebiete ebnen würde.

Die Konflikte zwischen PKK und Militär

Für den kurdischen Teil der Bevölkerung besteht der Konflikt mit dem türkischen Staat seit dessen Gründung 1923. Die Republik Türkei verfolgte von Anbeginn einen strikt unitären Kurs, der kulturelle und politische Sonderrechte für Minderheiten ablehnt. Nur den christlichen und jüdischen Gemeinden werden – wenn auch ungenügend und zähneknirschend – ihre im Vertrag von Lausanne verbrieften Rechte gewährt.

In das Bewusstsein der breiten Öffentlichkeit rückte das Kurdenproblem aber vor allem seit 1984, als die PKK ihre Anschläge begann und das türkische Militär mit drakonischen Maßnahmen reagierte. Seither hat der mehr oder weniger intensiv weiterschwelende Konflikt fast 40000 Menschen das Leben gekostet, davon die Mehrzahl Kurden.[13]

Die bis in die Gegenwart hinein anhaltende Auseinandersetzung hat nicht nur Menschenleben gekostet, sie hat auch die Gesellschaft der Türkei nachhaltig verändert. Einer der Gründe hierfür war die Verstärkung der ohnehin anhaltenden Landflucht aufgrund der systematischen Zerstörung Tausender kurdischer Dörfer – rund 3500 sollen es gewesen sein – und der Vertreibung ihrer Bewohner.[14] Mit der Verwüstung dieser Dörfer beabsichtigte das türkische Militär, den Guerillas der PKK die Versorgung in den von der normalen Infrastruktur des Landes weitgehend abgeschnittenen und schwer zugänglichen Gebirgsregionen zu erschweren, aus denen heraus die PKK vorzugsweise operierte. Von der PKK zur Herausgabe von Proviant und zur Bereitstellung von Unterschlupf gezwungen und von den Sicherheitskräften eben gerade dafür bestraft, sahen nach Schätzungen der *Stiftung für Wirtschaftliche und Soziale Studien der Türkei* (TESEV) bis zu 1,2 Millionen Menschen als letzten Ausweg nur die Flucht in die Städte.[15] Gleichzeitig trieben die staatlichen Kräfte damit viele Jugendliche in die Arme der PKK – zum Teil infolge einer Radikalisierung durch die konkrete Bestätigung der ohnehin be-

Abb. 8: Am traditionellen Kopftuch (Poşu) erkennt man kurdische Gäste in einem Teegarten in Urfa im Südosten des Landes.

stehenden Feindbilder, zum Teil auch durch schiere Not. Schließlich blieb vielen Vertriebenen nur die Flucht in die Armutsviertel der Großstädte des Landes oder aber der Weg «in die Berge». Dieser Euphemismus bedeutet in der Türkei, dass man sich dem bewaffneten Kampf anschließt.

Ihre Vertreibung aus den meist gering entwickelten kurdischen Siedlungsgebieten im Osten und Südosten spülte Hunderttausende von jungen Kurden ohne Ausbildung, Beschäftigung und Aussicht auf eine bessere Zukunft in die Städte, in denen die türkische Mittelschicht in unmittelbarer Nachbarschaft die Privilegien und den Konsum eines Lebens in Wohlstand genoss. Alltäglich ließ sich dieser Gegensatz überall im Straßenverkehr beobachten, wenn zum Beispiel zerlumpte Kinder an einer Ampel Bürgern, die mit ihren PKWs zur Arbeit fuhren, gegen ein erhofftes Trinkgeld schnell die Windschutzscheibe säuberten. Dabei waren diejenigen unter den kurdischen Flüchtlingen, deren Dörfer zerstört worden waren, paradoxerweise gegenüber anderen, die ihre Herkunftsregionen aus eigenem Entschluss verlassen hatten, bevorzugt. Sie erhielten wenigstens eine staatliche Kompensationszahlung für ihre aufgegebenen Häuser und Felder. Doch auch dies war für die unfreiwilligen städtischen Neubürger nicht ausreichend.[16]

So ist es leicht vorstellbar, wie unter diesen Bedingungen die Auswirkungen des Konflikts die feindlichen Positionen im Alltagsleben noch verschärften und soziale Problemlagen sich zu ethnischen Konflikten entwickelten: Die oft arbeits- und perspektivlosen kurdischen Zuwanderer wurden von der türkischen Mittelschicht als faul, ungebildet, aggressiv und unhöflich stigmatisiert. Umgekehrt sahen die kurdischen Neubürger die Angehörigen der türkischen Mittelschicht als Vertreter und Unterstützer einer als feindlich wahrgenommenen Staatsmacht an – und darüber hinaus auch als Vertreter einer kapitalistischen Ausbeuterklasse. Das machte Teile der vorwiegend konservativ-religiös geprägten Vertriebenen schließlich auch empfänglich für die marxistische Propaganda der PKK.

Dies mag die Anziehungskraft einer Organisation wie der PKK erklären, die im Grunde selbst für diejenigen Kurden, die Autonomierechte oder gar eine staatliche Unabhängigkeit für ihr Volk fordern, zumindest in den letzten Jahrzehnten des vergangenen Jahrtausends kein besonders sympathisches Image besitzen konnte.

Zwar ist es der PKK seit ihrer Gründung 1978[17] gelungen, für die meisten Kurden in der Türkei und aus der Türkei stammenden Kurden im Ausland einen faktischen Alleinvertretungsanspruch durchzusetzen. Dieser sowie die «Erfolge» im Kampf gegen die türkischen Sicherheitskräfte und allein schon die Tatsache, dass der bewaffnete Kampf nun bereits seit 38 Jahren fortgeführt wird, haben dazu geführt, dass ein großer Teil der aus der Türkei stammenden Kurden die PKK – wenn auch oft gezwungenermaßen – als Wortführer und Interessenvertretung akzeptiert. Auf der anderen Seite aber machten schon allein die Methoden, mit denen die PKK mögliche Konkurrenten sogar unter den Kurden aus der Türkei bekämpfte, deutlich, dass sie vor rücksichtsloser und häufig tödlicher Gewalt gegenüber Vertretern des eigenen Volkes nicht zurückschreckt.

Neben dem bewaffneten Kampf gegen die türkischen Sicherheitskräfte führt die PKK seit Jahrzehnten Mordanschläge auch gegen ehemalige oder aktuelle Mitglieder durch. So soll der unumstritten als charismatischer Führer waltende Abdullah Öcalan bereits in den 1980er Jahren den Befehl zur Ermordung einer ganzen Reihe von Kadern der PKK gegeben haben.[18] Häufig wurden solche vorsätzlichen Tötungen, durch die «Verräter» und oft genug auch potenzielle Konkurrenten Öcalans beseitigt wurden, im Ausland durchgeführt, so auch in Deutschland.[19] Erschreckenderweise «bestraft» die PKK auch seit jeher auf Befehl Öcalans sexuelle Beziehungen zwischen Parteimitgliedern – sogar mit dem Tod.[20]

Ebenso gewalttätig ging man aber auch gegen kurdische Organisationen vor, die den Alleinvertretungsanspruch der PKK zu gefährden drohten. So wurde der Organisation zum Beispiel der Mord an einem Mitglied des «Verbandes der Vereine aus Kurdistan in Deutschland e. V.» (KOMKAR) zugeschrieben. Der deutsche Verfassungsschutz warf der PKK Ende der 1980er Jahre vor, neun Morde in Europa und davon drei in Deutschland begangen zu haben. Seinerzeit bezeichnete Öcalan rivalisierende linke Kurden-Organisationen als «Mörder», die «Komplotte» gegen den «Freiheitskampf unseres Volkes» planten.[21]

In der türkischen Öffentlichkeit wurden weniger die Gewalttaten gegen Mitglieder aus den eigenen Reihen oder aus konkurrierenden Organisationen mit Empörung aufgenommen als vielmehr die Anschläge der PKK gegen türkische Zivilisten. Wurden sowohl gefallene Soldaten als auch Guerillas von der jeweils betroffenen Seite regelmäßig in sehr emotionaler Weise als «Märtyrer» beklagt, so schlug der Unmut im Falle ziviler Opfer der Gewalttaten noch höhere Wellen. Das war vor allem dann der Fall, wenn Frauen und Kinder zu den Opfern gehörten.[22] Auf der anderen Seite wirkten die Morde an Lehrern und Ingenieuren besonders verwerflich. Den Aufzeichnungen der Türkischen Menschenrechtsstiftung zufolge tötete die PKK allein in dem Jahrzehnt von 1984 bis 1994 128 Lehrer, von denen die meisten Grundschullehrer waren.[23] Die Organisation rechtfertigte das Morden mit dem Argument, es gelte, die Assimilierung der Kurden zu verhindern.

Abdullah Öcalan: Charismatischer Führer und Feindbild

In seltener Eintracht sind sich Türken und Kurden darüber einig, wer für die Handlungen, aber auch die Verbrechen der PKK in letzter Instanz verantwortlich zu machen ist – auch wenn sich beide Seiten in der Wertung dieser Handlungen deutlich unterscheiden. Es ist Abdullah Öcalan, der Vorsitzende der PKK und seit ihrer Umbenennung 2002 auch der Nachfolgeorganisation KCK (Koma Civakên Kurdistan, «Union der Gemeinschaften Kurdistans»). Öcalan, am 4. April 1949 in einem Dorf in der Nähe der südostanatolischen Stadt Urfa geboren und von seinen Anhängern «Serok» (Führer) genannt, ist es gelungen, einen ausgeprägten Kult um seine Person entstehen zu lassen. Die Grundlage dieses Kults legte die Leitung des bewaffneten Kampfes in der Türkei, der im Sommer 1984 aus dem syrischen Exil heraus begann. An der unangefochtenen Stellung Öcalans als Führer der PKK änderte seine Verhaftung im Februar 1999 in der kenianischen Hauptstadt Nairobi nichts. Ebenso folgenlos blieben seine anschließende Verurteilung wegen Hochverrats im Juni des gleichen Jahres in Ankara und die lebenslange Haft nach Umwandlung des gegen ihn ausgesprochenen Todesurteils.

Neben dem Sachwaltertum alter Mitstreiter wie vor allem Cemil Bayık, der bereits bei der Gründung der PKK im November 1978 führend beteiligt war,[24] hatte sicherlich auch die Rolle einen Anteil, die Öcalan im Rahmen der türkischen Friedensinitiative von der Regierung eingeräumt wurde. Denn er erreichte, dass sich die kurdischen Kämpfer aus der Türkei in den Nordirak zurückzuziehen begannen, und, obwohl dieser Rückzug unterbrochen wurde, wenigstens eine Waffenruhe einhielten.[25]

Mit beigetragen haben zum Prestige Öcalans und der PKK mag die Rolle, welche Frauen in der Partei und in den militärischen Einheiten spielen. Im Zusammenhang mit den bewaffneten Auseinandersetzungen zwischen kurdischen Gruppen und dem IS in Syrien und Nordirak haben Berichte über die Erfolge kurdischer Kämpferinnen gegen die islamistischen Einheiten auch in Europa das Bild selbstbewusster und mutiger kurdischer Frauen verbreitet. Trotz seiner sehr verquasten und oft genug fast unverständlichen Stellungnahmen zur Rolle und Stellung der Frau[26] hat Öcalan dem Thema Frauenbefreiung seit mehr als dreißig Jahren einen großen Stellenwert eingeräumt. Auch deshalb streben derzeit prokurdische Parteien wie die HDP in der Türkei und auch die *Demokratische Einheitspartei* (PYD) in der sogenannten autonomen Region «Rojava» im Nordosten Syriens auf allen Ebenen eine Frauenquote von mindestens 40 Prozent an.[27]

Selahattin Demirtaş: Der kurdische Obama

Steht Abdullah Öcalan in den Augen vieler Bürger der Türkei für die Spaltung der türkischen Gesellschaft entlang ethnischer Linien, so profiliert sich der zurzeit wohl wichtigste kurdische Politiker der Türkei, Selahattin Demirtaş, durch den Kampf für die Rechte sämtlicher Minderheiten. Demirtaş, der sich seit jeher gegen jede Form der Gewalt ausgesprochen hat, auch von Seiten der PKK, setzt sich nicht nur für die Rechte aller Ethnien der Türkei ein, sondern auch für die Rechte von Frauen und Homosexuellen.

Diese Haltung ihres Chefs, aber auch Demirtaşs glaubhafte Anstrengungen zur Entschärfung des Kurdenkonflikts ermöglichten es der HDP im Juni 2015, die Sperrklausel von 10 Prozent bei den Wahlen für das Parlament zu überwinden. Es war das erste Mal in der Geschichte der Republik, dass dies einer prokurdischen Partei gelang. Mit 13,1 Prozent der Stimmen zog sie in das türkische Parlament ein. Seit November 2016 teilt Demirtaş allerdings mit Abdullah Öcalan das Schicksal, in Haft zu sitzen.

Mit seiner bis heute andauernden Inhaftierung bezahlt Demirtaş zum einen für seinen Achtungserfolg bei der Präsidentschaftswahl 2014, bei der er mit 9,77 Prozent der Stimmen den dritten Platz belegte.[28] Zum anderen verübelt es ihm der Staatspräsident, dass es der HDP am 7. Juni 2015 gelungen war, der AKP eine relative Wahlschlappe beizubringen. Es kann kein Zufall sein, dass Erdoğan kurz nach der Wahl Ermittlungen gegen Demirtaş forderte, welche die türkische Justiz bereits zehn Tage später aufnahm.

Obwohl der Europäische Gerichtshof für Menschenrechte wiederholt die Freilassung von Demirtaş forderte und die Türkei als Mitglied des Europarats an Entscheidungen des Gerichts gebunden ist, hat Ankara diese Urteile bis heute nicht umgesetzt.

Für die politische Zukunft des Landes ist seine Inhaftierung eine Katastrophe, stellt er doch für viele Türken, darunter auch nichtkurdische Linke, Liberale, Grüne und sogar einige Konservative, eine Kraft dar, die im Gegensatz zur herrschenden Politik nicht auf Feindschaft und Spaltung, sondern auf Versöhnung und Einigkeit drängt.

Demirtaş hat es bis zu seiner Inhaftierung vermocht, einem stetig wachsenden Teil der türkischen Wähler glaubhaft zu machen, dass ihm nicht an einem Separatismus der Kurden, sondern an der Annäherung von bisher weitgehend voneinander isoliert lebenden Gruppen liegt: von Türken und Kurden, Frommen und Säkularen, Muslimen und Nichtmuslimen. Mit seiner modernen und selbstbewussten Ehefrau, einer Lehrerin, mit seiner Vorliebe für das beliebte Musikinstrument Saz, das er sehr gut spielt, spricht Demirtaş auch Teile des unpolitischen bürgerlichen Lagers in den Städten an.

Nicht zuletzt aber stellt sich der Inhaftierte als die überzeugendste politische Alternative für alle Kurden dar, die sich von der Politik der PKK und ihren Gewaltaktionen ebenso wenig angesprochen fühlen wie vom Persönlichkeitskult und der skrupellosen Machtpolitik ihres Führers Öcalan. Damit ist Demirtaş auch eine Identifikationsfigur für die vielen städtischen Neubürger kurdischer Herkunft, denen der Aufstieg oder doch zumindest ein auskömmliches Fußfassen in den Metropolen gelungen ist. Diese versprachen sich nach ihrem materiellen Erfolg und dem Eintreten für städtisch-bürgerliche Werte von Demirtaşs politischen Zielen eine gesellschaftliche und politische Anerkennung. Das hatte sich ja bereits in vielen Fällen solidarischen Handelns während der Zeit der Gezi-Proteste gezeigt.

Deshalb kann man den kometenhaften Aufstieg von Demirtaş bis zu seiner Verhaftung 2016 auch als eine Auswirkung zweier wichtiger Faktoren ansehen. Zum einen ist das die Fähigkeit der türkischen Gesellschaft, städtische Neubürger, die infolge der Landflucht in die Metropolen kamen, in die Mittelschicht zu integrieren. Das gelang vor allem durch die Legalisierung der zunächst illegalen Siedlungen (Gecekondus), die die Zuzügler vom Lande in Eigenregie errichteten. Fast alle wurden nachträglich als Grundbesitz anerkannt und mit städtischer Infrastruktur wie Straßen, Kanalisation, Strom und Wasser versorgt, ungeachtet der regionalen und ethnischen Herkunft der Betroffenen. Nachdem die Landflüchtigen durch diese Maßnahmen zu Hausbesitzern geworden waren, konnten sie sich aufgrund ihrer Stellung leichter mit der türkischen Mehrheitsgesellschaft identifizieren. Je weiter sich die Lebenswelt der nun in den Städten etablierten Bürger kurdischer Herkunft von den Lebensumständen entfernte, die die Mitglieder der PKK prägten, desto mehr wurden viele von ihnen zu Unterstützern Demirtaşs. Zum anderen ist es diesem gelungen, Werte zu verkörpern, die als eine Art Gegenentwurf zur spalterischen, ausgrenzenden und verhetzenden Rhetorik gelten können, auf die Erdoğan immer wieder zurückgreift.[29]

Die Chancen, dass es der prokurdischen Partei HDP unter der Leitung von Selahattin Demirtaş gelingen könnte, die Türkei endlich aus dem Kurdenkonflikt mit seinen schrecklichen Folgen für beide Seiten herauszuführen, erscheinen groß. Dazu müsste allerdings der bleierne Mantel der Unterdrückung gelüftet werden, der seit der Niederschlagung der Gezi-Proteste und später noch verstärkt durch zwei Jahre Ausnahmezustand nach dem Putschversuch von 2016 über das Land gebreitet liegt. Doch noch ist kein Ende der Repressalien abzusehen, denn wie Human Rights Watch konstatiert: «Das Ende des Ausnahmezustands in der Türkei ändert nichts an der repressiven Regierungsführung von Präsident Recep Tayyip Erdoğan».[30]

4. Zahmer Mainstream, wilde Medien

Pressefreiheit?

Die Türkei liegt nur in wenigen Bereichen im internationalen Vergleich weit vorne. Einen traurigen Erfolg verzeichnet sie jedoch im Negativen: Was die Pressefreiheit betrifft, lag das Land 2022 laut Reporter ohne Grenzen im letzten Drittel der 180 gelisteten Staaten: auf Platz 149.[31]

Auch vor Erdoğan hatte es die Presse selten leicht in der Türkei. So herrschte unter Atatürk ein von seiner Einheitspartei geführter Kulturkampf, bei dem abweichende Meinungen nicht zugelassen wurden. Nach der Einführung des Mehrparteiensystems nach dem Zweiten Weltkrieg sorgten die Staatsstreiche des Militärs und lange Perioden des Ausnahmezustandes dafür, dass die Medien regierungstreu berichten mussten.

Gleichwohl ließ sich trotz aller Einschränkungen bis ins zweite Jahrzehnt des neuen Jahrtausends hinein von einer pluralistischen Presselandschaft in der Türkei sprechen, in der wenigstens die im Parlament vertretenen Parteien mit ihren Ansichten und –

Abb. 9: Fast 90 Prozent der Presse sind abhängig von der Regierung, Zeitungsleser in einem traditionellen Teehaus in Istanbul-Beyazit.

wenn sie in der Opposition waren – auch mit ihrer Kritik zu Wort kamen. Selbst wenn man bereits damals gut zwischen den Zeilen lesen können musste, wollte man besonders kritische Entwicklungen früh erkennen oder gar voraussehen, konnte man sich als Anhänger der teilweise sozialdemokratisch orientierten Kemalisten, der extremen Nationalisten, der konservativ-religiösen Mitte und des politischen Islams in der Öffentlichkeit repräsentiert fühlen. So stand die Tageszeitung *Cumhuriyet* (Republik) der kemalistischen CHP nahe, der *Tercüman* (Dolmetscher) der extrem nationalistischen MHP, die *Milli Gazete* (National-religiöse Zeitung) der islamistischen MSP und der *Sabah* (Morgen) lag später auf der Linie der rechtskonservativen, aber wirtschaftsliberalen AnaP. Die Tageszeitungen *Hürriyet* (Freiheit) und *Milliyet* (Nation) galten als überparteilich, wobei die *Milliyet* ein wenig mehr links orientiert war.

Bereits 2009 machten Erdoğan und die AKP deutlich, dass sie es ihrem wichtigsten politischen Gegner, dem kemalistisch-säkularen Lager, erschweren wollten, breite Massen mit ihren Überzeugungen und der Kritik an den Maßnahmen der Regierung zu erreichen. Das Unbehagen an freien und kritischen Meinungen nahm im Folgenden zu und führte schließlich nach den Gezi-Protesten und den Enthüllungen vom Winter 2013 dazu, dass man zunächst die sozialen Medien zum Ziel der Angriffe machte. 2016 lieferte der gescheiterte Putsch dann endlich Vorwand und Handhabe, den kemalistischen Medien fast vollständig den Garaus zu machen.

Kurze Blüte: Die sozialen Medien

Ende Mai 2013 wurde gleich zu Beginn der Gezi-Proteste deutlich, dass die wichtigste Informationsquelle des Großteils der Bevölkerung, die Fernsehsender, nicht in ausgewogener Weise über die Ereignisse berichteten. Weil selbst der türkische Ableger des internationalen Senders CNN, CNN Türk, am 2. Juni 2013 anstelle von Berichten über die Demonstrationen einen Dokumentarfilm über Pinguine ausstrahlte, wurde der Begriff «Pinguin» zum geflügelten Wort für das Verschweigen kritischer gesellschaftlicher Entwicklungen durch die Mainstream-Medien. Besonders pikant war, dass CNN International zur gleichen Zeit im Gegensatz zu seinem türkischen Ableger live und ausführlich über die Proteste in Istanbul berichtete.[32]

In dieser Situation boten sich die sozialen Medien als Alternative an. Ihre Nutzung war bereits damals im Land sehr verbreitet. Laut einer türkischen Informatik-Zeitschrift sollen im Juli 2013 40 Prozent der Bevölkerung Facebook genutzt haben. Damit lag die Türkei weltweit an sechster Stelle und in Europa auf Platz eins. Die absolute Zahl aktiver Nutzer betrug mehr als 31 Millionen. Hinzu kamen noch einmal 6 Millionen Twitter-Nutzer. So war es nicht weiter erstaunlich, dass sich die türkische Öffentlichkeit angesichts des Versagens der TV-Nachrichten über das Internet zu informieren begann, das zudem noch viel schneller war.[33]

Auch die Nutzungszahlen am ersten Tag der Gezi-Proteste, dem 31. Mai 2013, sprechen eine deutliche Sprache: Mehr als 2 Millionen Tweets wurden versendet, von denen 950 000 den hashtag #direngeziparkı (Gezi-Park, halte durch!), 170 000 #occupygezi und weitere 50 000 #geziparkı aufwiesen.[34]

Die Regierung reagierte bereits ein Jahr später auf die herausragende Rolle, welche die sozialen Medien nicht nur in der Berichterstattung über die Ereignisse während der Gezi-Proteste, sondern auch bei der Organisation der Proteste gespielt hatten. Zwar beeilte sich im Sommer 2013 der damals für die Medien zuständige Minister für Verkehr, Seefahrt und Kommunikation, Binali Yıldırım, zu versichern, dass keine Pläne bestünden, die Nutzung der Sozialen Medien einzuschränken, gleichwohl stimmte das türkische Parlament im Februar 2014 einem Gesetz zu, auf dessen Grundlage die Telekommunikationsbehörde TİB seither Internetseiten ohne Gerichtsbeschluss sperren kann. Darüber hinaus wurden die Provider des Landes verpflichtet, Nutzerdaten zwei Jahre lang zu speichern.[35]

Die gespeicherten Daten werden zur strafrechtlichen Verfolgung der Nutzer verwendet. Dabei geht es in der Regel um «Schmähung des Staatspräsidenten», «Beleidigung staatlicher Institutionen», «Aufstachelung zur Rebellion» und «Terrorpropaganda», wobei vor allem der letztere Vorwurf bereits im Gesetz sehr weit gefasst ist und von der Justiz noch weiter ausgelegt wird. So kann bei der Anschuldigung «Terrorpropaganda» besonders vielen Nutzern der Prozess gemacht werden.

Welche Ausmaße die Strafmaßnahmen bereits 2018 erreicht hatten, machen folgende Zahlen deutlich: Angaben des zuständigen türkischen Amts zufolge wurden in diesem Jahr 110 000 Konten überwacht, 7 100 User festgenommen und davon 2 754 schließlich inhaftiert. Im Zusammenhang mit «Präsidentenbeleidigung» erhielten zwischen 2014 und 2017 mehr als 12 000 Personen eine Anzeige, von denen 3 221 hinter Gitter wanderten.[36]

Über die Einschüchterung der Nutzer der sozialen Medien hinaus kam es in den vergangenen zehn Jahren auch zur Abschaltung von Webseiten, ein Mittel, mit dem die Regierung die türkische Öffentlichkeit von kritischen Meldungen, aber auch vom Zugang zu Webseiten abschirmte, deren Nutzung in Europa und Nordamerika eine Selbstverständlichkeit ist. Dies betraf sowohl Twitter als auch YouTube, aber auch die Internet-Enzyklopädie Wikipedia, die von Ende April 2017 bis Mitte Januar 2020 aus der Türkei nicht erreichbar war. Zur Wiederzulassung bedurfte es eines Urteils des türkischen Verfassungsgerichts auf Antrag der Wikipedia Foundation.[37] Gründe für die Sperrungen waren nicht nur brisante Enthüllungen der Machenschaften der Regierung, sondern auch in der Türkei verbotene kritische Würdigungen des Republik-Gründers Mustafa Kemal Atatürk.

Maßnahmen gegen die klassische Presse richteten sich primär gegen Zeitungen und TV-Sender, welche die Politik und Meinungen des gutbürgerlich bis sozialdemokratisch ausgerichteten Kemalismus vertraten. Hinzu kamen nach dem erfolglosen Putschversuch von 2016 auch solche, die den Gülenisten nahestanden oder der Sympathie für die Bewegung verdächtigt wurden.

Die Ausschaltung der unliebsamen Berichterstattung

Gegen einen seiner mächtigsten Gegenspieler im Bereich der Medien hatte Erdoğan bereits 2009 zu einem ersten großen Schlag ausgeholt, als er die Finanzbehörden dazu brachte, den Konzern des Medienmoguls Aydın Doğan mit einer Strafe in Höhe von umgerechnet ca. 2,5 Mrd. Euro wegen Steuervergehen zu belegen. Daraufhin sah sich Doğan gezwungen, die beiden wichtigen landesweit vertriebenen Tageszeitungen *Vatan* (Vaterland) und *Milliyet* an Unternehmen zu veräußern, die der Regierung nahestanden.[38]

In der Folge sorgten offizielle Beschwerden und inoffizielle Einflussnahme sowie Drohungen dafür, dass sich auch die verbliebenen Medien des kemalistischen Lagers ein ständig wachsendes Maß an Selbstzensur verordneten. Doch selbst dies reichte Erdoğan in seiner ständigen Sorge um Wahlerfolge zur Sicherung des Machterhalts nicht aus. Auf sein Geheiß wurde die Doğan Mediengruppe so sehr unter Druck gesetzt, dass sie mit ihren verbliebenen Zeitungen und Sendern am 21. März 2018 an den Istanbuler Milliardär Demirören verkauft wurde, der für seine freundliche Haltung zu Erdoğan und dessen Partei AKP bekannt ist.[39]

Damit sind zurzeit nur noch das kemalistisch orientierte Boulevardblatt *Sözcü* (Sprecher) sowie die kleineren Tageszeitungen *Cumhuriyet*, *Evrensel* (Global) und *BirGün* (EinTag) übriggeblieben, die jeweils kaum mehr als eine Auflage von 10 000 Stück haben. Angesichts der drückenden Überlegenheit der Fernsehsender, die Angaben der UNESCO zufolge von bis zu 90 Prozent der Bevölkerung konsumiert werden, macht dies wenig aus. Doch auch die wichtigen Nachrichtensender CNN-Türk und Kanal D wechselten gemeinsam mit den Tageszeitungen den Besitzer. Noch bedenklicher erscheint die Lage im Bereich der Nachrichtenagenturen, da mit dem Verkauf der Doğan Mediengruppe auch die zweitwichtigste Nachrichtenagentur des Landes, DHA, in regierungsnahe Hände geraten ist. Sie präsentieren gemeinsam mit der halbstaatlichen Agentur Anadolu nun den Großteil der Tagesnachrichten im Sinne der Regierung.[40]

Der Bruch mit den Medien der Gülen-Bewegung begann bereits 2013, und zwar nicht im Zusammenhang mit den Gezi-Protesten im Sommer jenes Jahres. Den Streit mit den Gülen-Medien lösten Berichte im Zusammenhang mit den Ermittlungsverfahren aus, die von Seilschaften der Anhänger Gülens in Polizei und Justiz eingeleitet wurden und sich gegen die der Regierung Erdoğan vorgeworfene Korruption richteten.[41] Besonders aktiv waren in diesem Zusammenhang die Organe der *Zaman* (Zeit)-Medien Gruppe (Herausgeber der gleichnamigen Tageszeitung) und die Medien der Koza Holding. Die Koza Holding hatte die Tageszeitung *Milli Gazete* und den TV-Sender Kanaltürk betrieben.[42]

Die Maßnahmen der türkischen Regierung gegen Medien, die Fethullah Gülen nahestanden, erreichten ihren Höhepunkt nach dem gescheiterten Putschversuch im Sommer 2016. Per Dekret wurden 45 Zeitungen, 16 Fernsehsender, drei Nachrichtenagenturen, 23 Radiosender, 15 Zeitschriften und 29 Verlagshäuser verboten. Unter anderem standen die Nachrichtenagentur *Cihan* (Welt) und die Tageszeitung *Taraf* (Positionierung) auf der Liste. Die Tageszeitung *Zaman* war bereits unter Zwangsverwaltung gestellt worden, nach 47 ihrer ehemaligen Mitarbeiter wurde per Haftbefehl gefahndet.[43]

Insgesamt wurden in den Jahren von 2016 bis 2018 per Notstandsdekret 170 Medien und Verlagshäuser, darunter 7 Nachrichtenagenturen, 14 überregionale und 38 regionale Zeitungen, 31 Fernseh- und 32 Radiosender, 20 Zeitschriften sowie 28 Verlagshäuser und Vertriebsunternehmen verboten.[44] Nicht überraschend ist, dass der nach dem Putschversuch ausgerufene und über Jahre hinweg verlängerte Notstand auch dazu genutzt wurde, eine ganze Reihe pro-kurdischer Medien kaltzustellen.[45]

Der bekannte türkische Journalist Yavuz Baydar, unter anderem Gründer der unabhängigen Medienplattform P 24, beschreibt die heutige Lage der türkischen Presse mit drastischen Worten: «Was zurückbleibt, ist eine verwüstete türkische Medienlandschaft und ein Journalismus, der ums Überleben kämpft. Heute wird das ganze Land systematisch falsch informiert oder ganz im Dunkeln gelassen. Eine pluralistische öffentliche Debatte findet praktisch nicht mehr statt.»[46]

Die Regierung Erdoğan behindert die Tätigkeit einer freien und kritischen Presse indessen nicht «nur» durch den erzwungenen Verkauf der Medien an regierungstreue Unternehmer und durch Verbote und Schließungen. Auch die Vergabepraxis von Presseausweisen an einheimische Journalisten sowie die Akkreditierung ausländischer Pressevertreter wird als probates Mittel genutzt, Journalisten zur Selbstzensur zu zwingen, oder, falls dies nicht gelingt, sie an der Ausübung ihres Berufs zu hindern. So berichtet die Organisation Reporter ohne Grenzen, dass die türkischen Behörden zwischen 2018 und 2021 1300 Anträge auf Erteilung von Presseausweisen abgelehnt und außerdem seit 2016 insgesamt 2000 bereits erteilte Presseausweise annulliert hätten.[47]

Wird ausländischen Journalisten die Akkreditierung verweigert, müssen sie in der Regel das Land verlassen, da ihre Aufenthaltserlaubnis von ihrer offiziell genehmigten Tätigkeit als Journalist abhängt. 2019 betraf dies vorübergehend auch den ZDF-Studioleiter Jörg Brase und den langjährigen freien Türkei-Korrespondenten Thomas Seibert.[48]

Am 30. Juni 2022 erreichte die Zensur ausländischer Medien in der Türkei einen neuen traurigen Höhepunkt, als die Medienaufsichtsbehörde RTÜK das Internetangebot der *Deutschen Welle* (DW) aufgrund einer Formalie sperrte. Dasselbe Schicksal erlitt auch der US-Sender *Voice of America*.[49] Unter diesen aktuellen Vorzeichen sieht es für die Zukunft der Pressefreiheit und das Schicksal kritischer Journalisten in der Türkei schlecht aus. Zwar saßen nach dem negativen Rekord im Jahre 2016 mit 86 im Gefängnis sitzenden Journalisten laut Deutschem Statistischen Bundesamt 2021 «nur» noch 18 Pressevertreter in Haft, doch liegt das Land damit immer noch auf Platz 6 der Liste der Staaten mit der höchsten Zahl inhaftierter Journalisten, nach Spitzenreiter China, Myanmar, Ägypten, Vietnam und Belarus.[50]

5. Die Frauen: Stark in der Elite, schwach an der Basis

Weibliche Lebenswelten

Besuchen Reisende aus Europa oder Nordamerika die Türkei als Urlauber, so staunen sie nach ihrer Ankunft in Istanbul, Antalya oder Izmir oft über die große Zahl lässig und modisch gekleideter Frauen jeden Alters und ertappen sich dabei, wie sie nach Kopftüchern und schwarzen Tschadors Ausschau halten. Bald stellen sie dann fest, dass auch diese zu sehen sind, wenn auch nicht in der hohen Zahl, die man erwartet hat. Wer aufmerksam weiter um sich blickt, wird früher oder später auch bemerken, dass häufig zwei oder drei Frauen, Freundinnen oder Verwandte, einträchtig und in ein fröhliches Gespräch vertieft, gemeinsam unterwegs sind, obwohl die eine modern gekleidet ist und sich die andere islamistisch oder traditionell verhüllt hat.

Dieser Anblick ist ein Hinweis auf die für manche vielleicht unerwartete Toleranz der Bevölkerung im Hinblick auf eine eher weltliche oder eher religiös geprägte Ausrichtung der Menschen, die letztlich zumeist eine persönliche Entscheidung ist. Die Szenerie zeigt aber auch, dass es für Frauen in der Türkei sehr unterschiedliche Lebenswelten gibt, zu denen man nicht nur aufgrund persönlicher Entscheidung gehört. Denn auch individuelle Entscheidungen sind vom familiären und gesellschaftlichen Umfeld geprägt.

Darüber hinaus bestimmen Faktoren wie die Herkunft aus einer ländlich-provinziellen oder städtisch-kosmopolitischen Umgebung, der soziale Status, die Einkommensverhältnisse und der Bildungsstand die Bandbreite der individuellen Möglichkeiten. All das hat nicht nur darauf einen Einfluss, wie sich eine Frau kleidet, sondern auch auf die Art und Weise der Familienplanung, des sozialen Engagements, der beruflichen Selbstverwirklichung und des Lebensstils.

Wer die aktuellen Entwicklungen im Land in den Medien verfolgt, der wird auch ohne einen persönlichen Besuch in der Türkei viele Bilder vor dem geistigen Auge haben, in denen Frauen zu sehen sind, die sich stark und mutig präsentieren. Ob das Unternehmerinnen sind, die auf gleicher Augenhöhe mit männlichen Geschäftspartnern verhandeln, Anwältinnen, Richterinnen und Professorinnen oder vorwiegend junge Frauen, die sich während der Gezi-Proteste oder auch alljährlich zum Internationalen Frauentag am 8. März und während der verbotenen Gay-Pride-Demonstrationen beherzt den Polizisten entgegenstellen. Hier sieht man Frauen, für die es selbstverständlich ist, auf ihre Rechte zu pochen.[51]

Schaut man sich die Geschichte der Frauenrechte in der Türkei an, dann wird dieser Eindruck ein wenig korrigiert. Denn über einen langen Zeitraum hinweg erkämpften sich die Frauen ihre Rechte nicht wirklich selbst, sie wurden ihnen vielmehr von dem Republikgründer Kemal Atatürk in den Schoß gelegt. Dieser setzte das fort, was in der Endphase des Osmanischen Reiches in ersten Schritten zögerlich begonnen hatte: Bereits damals wurde das weibliche Mindestalter für die Eheschließung auf 17 Jahre festgelegt sowie den Frauen das Recht auf einen Ehevertrag zugestanden, mit dem Polygamie ausgeschlossen und Monogamie vereinbart werden konnte. Seit diesem Zeitpunkt können sich Frauen auf eigenen Wunsch scheiden lassen.[52] Über diese ersten

Zugeständnisse, die vorwiegend das Privatleben betrafen, gingen die Reformen in der frühen Republik weit hinaus, gewährten sie den Frauen doch recht bald auch eine mitbestimmende Rolle in der Öffentlichkeit – und dies weitaus früher als in vielen europäischen Ländern. Schon 1930, sieben Jahre nach der Gründung der Republik, konnten Frauen an den Kommunalwahlen teilnehmen. 1934 folgte das aktive und passive Wahlrecht bei den nationalen Wahlen. 1935 nahmen Frauen erstmals aktiv und passiv an der Wahl zur Großen Türkischen Nationalversammlung (TBMM) teil.[53] Allerdings wurden in jenem Jahr lediglich 18 Frauen in das türkische Parlament gewählt, und der Anteil weiblicher Abgeordneter sank später noch weiter; erst Anfang des zweiten Jahrtausends nahm er nennenswert zu. In Frankreich jedoch erhielten Frauen das aktive und passive Wahlrecht erst 1944, in Italien konnten Frauen erstmals 1945 gewählt werden, in Griechenland mussten sie bis 1952 warten, und in der Schweiz, dem Hort der direkten Demokratie, gar bis 1971.[54]

Obwohl die Emanzipation der Frau in der Türkei somit in einem sehr wichtigen Bereich früher stattfand als in etlichen europäischen Ländern, sollte es doch bis 2002 dauern, bis sie weitere Rechte erhielten, die inzwischen in Europa zur Selbstverständlichkeit geworden waren. Interessanterweise steht dies im Zusammenhang mit der Schweiz. Die Kemalisten hatten sich bei der Einführung des neuen türkischen Zivilrechts das Schweizerische Zivilgesetzbuch zum Vorbild genommen, und das beinhaltete eine Reihe patriarchalischer Bestimmungen. So galt der Ehemann als Oberhaupt der Familie, bestimmte den Wohnsitz und konnte der Ehefrau die Zustimmung zur Ausübung eines Berufs verweigern. Erst 2002 wurde mit einem Reformpaket zur Gleichstellung von Frauen in Ehe und Familie dahingehend Abhilfe geschaffen.[55]

Betrachtet man den Anteil von Frauen in ausgewählten Berufen, dann scheint mit den gewährten Rechten, zumindest auf den ersten Blick, auch eine positive gesellschaftliche Stellung des weiblichen Geschlechts einherzugehen. Immerhin stellen in der Türkei Frauen 40 Prozent der Universitätsprofessoren, in Deutschland, der Schweiz und Österreich liegt dieser Anteil um die Hälfte niedriger. Und mit mehr als einem Viertel der Anwälte, fast einem Drittel der Ärzte und immerhin mehr als einem Sechstel der Richter liegt der weibliche Anteil in diesen Berufen höher als in manchen europäischen Ländern.[56]

Ein genauerer Blick auf weitere aussagekräftige Daten macht indessen deutlich, dass der hohe Frauenanteil in akademischen Berufen ein Elitephänomen ist. Die Situation in den Mittel- und noch mehr in den Unterschichten wird an wesentlich negativeren Daten deutlich: 2012 waren noch 7 Prozent aller Frauen Analphabetinnen, während dieser Anteil bei Männern lediglich bei 1,4 Prozent lag, und auch die Erwerbsquote von Frauen allgemein liegt mit unter 32 Prozent niedriger als in der EU. 2020 bekamen Frauen durchschnittlich eine ca. 16,5 Prozent niedrigere Rente als Männer und sind somit im Alter schlechter versorgt als diese.[57]

Gewalt gegen Frauen

Verfolgt man die aktuelle Debatte in der Türkei, kann der Eindruck entstehen, als handele es sich bei der berufliche Gleichstellung der Frauen um eine eher nebensächliche Angelegenheit. Die gegenwärtige Diskussion ist von ganz anderen Themen geprägt: vor allem von der Gewalt gegen Frauen und der Frage, was gesellschaftlicher- und staatlicherseits dagegen getan wird. In dieser Hinsicht sieht die Lage düster aus, und zwar nicht nur wegen der vergleichsweise hohen Zahl von Gewalttaten, die gegen Frauen verübt werden. Es zeichnet sich sogar eine Verschärfung der Gefährdung ab. Dafür verantwortlich ist der türkische Staatspräsident, der per Dekret (!) die Entscheidung des Parlaments zum Beitritt des Landes zur Konvention «des Europarats zur Verhütung und Bekämpfung von Gewalt gegen Frauen und häuslicher

Gewalt», die in Istanbul beschlossen wurde und deshalb den Namen «Istanbuler Konvention» trägt, zurücknahm.

Laut Amnesty International verloren 2021 in der Türkei 280 Frauen infolge von geschlechtsspezifischer Gewalt ihr Leben. Bei weiteren 217 Fällen mit tödlicher Folge wird ein entsprechender Grund vermutet, der jedoch nicht eindeutig bewiesen werden konnte.[58] Das Problem ist – auch weil sich die Regierung weigert, konkrete Maßnahmen dagegen zu ergreifen – weiterhin brandaktuell, es hat sich im Folgejahr sogar verschärft: Für 2022 meldete die türkische Frauenrechtsorganisation «Plattform für den Stopp von Femiziden» (Kadın Cinayetlerini Durduracağız Platformu) 334 Morde an Frauen.

Entgegen der in Deutschland weit verbreiteten Annahme, dass Morde an Frauen und Mädchen vornehmlich von ihrer eigenen Familie zum Schutz der «Familienehre» begangen werden, sind die Täter in der Türkei zu 46 Prozent nicht die Väter oder die Brüder, sondern die Ehepartner, die auf eine vollzogene oder angekündigte Trennung gewalttätig reagieren oder die Gewalt in der Ehe auf die Spitze treiben. Obwohl auch in diesen Fällen traditionelle Ehrvorstellungen eine Rolle spielen können, handelt es sich Berichten zufolge in der Mehrheit um Taten, die aus Eifersucht und dem Gefühl persönlicher Kränkung und Zurückweisung begangen werden. Allen diesen Tötungsdelikten ist jedoch gemein, dass Männer sich berechtigt fühlen, Frauen für ihre Handlungen bestrafen zu dürfen, und das bis hin zum Mord.

Zwar werden, so die Kritik von Frauenrechtlerinnen, häufig einstweilige Verfügungen erlassen, die es gewalttätigen Ehemännern und eifersüchtigen Geliebten untersagen, sich den Betroffenen zu nähern, doch fehlt es am Willen und Engagement der zuständigen Polizeibeamten, diese gerichtlichen Beschlüsse wirkungsvoll umzusetzen. Dies trifft auch im Falle häuslicher Gewalt zu.[59] Ein Problem seien überdies aber zu lasche Strafen für die Täter, denen zudem noch häufig mildernde Beweggründe zugestanden werden. Dazu komme es unter anderem auch deshalb, weil Richter meist im Alleingang urteilten, da sie nicht dazu verpflichtet seien, Gutachter und Experten während des Prozesses heranzuziehen.

Im Herbst 2021 machte ein Urteil des türkischen Verfassungsgerichts für kurze Zeit große Hoffnungen. Das Gericht hatte nämlich entschieden, dass die Nachlässigkeit der Behörden (Polizei, Gerichte und Staatsanwaltschaft) dazu beigetragen habe, dass eine Frau von ihrem früheren Ehemann ermordet wurde. Nach diesem Urteil erwartete man nunmehr in allen Fällen von Femizid automatisch eine entsprechende Untersuchung, durch die überprüft werden sollte, ob die Beamten ihre Pflicht erfüllt hätten. Das forderte zumindest die Human Rights Watch.[60] Noch liegen keine Berichte und Einschätzungen darüber vor, ob sich diese Hoffnungen erfüllt haben.

Sicher ist dagegen, dass solche und ähnliche Bemühungen zum Schutz der Frauen vor Gewalt am stärksten durch das Dekret hintertrieben werden, mit dem der Staatspräsident zum 1. Juli 2021 den Austritt der Türkei aus der Istanbul-Konvention anordnete. Dagegen half bisher auch nicht, dass die «Plattform zum Stopp von Femiziden» ebenso wie andere Organisationen in der Türkei Einspruch beim türkischen Kassationshof (Danıştay) einlegten. Seinen öffentlichen Stellungnahmen zufolge hat Erdoğan den Austritt aus der Istanbuler Konvention beschlossen, weil sie gegen «traditionelle Werte» verstoße und versuche, «Homosexualität zu normalisieren».[61] Vorangegangen war entsprechende Kritik aus dem konservativ-religiösen Lager, Erdoğans hauptsächlicher Wählerschicht. Der von Erdoğan beschlossene Austritt, so befürchten Frauenrechtlerinnen, werde eine Signalwirkung mit fatalen Folgen haben.[62]

Eine Reihe von Organisationen, die sich für die Rechte der Frauen und gegen Gewalt gegen Frauen einsetzen, hatten bereits nach den ersten Ankündigungen des geplanten Dekrets vor allem in Istanbul protestiert. Nach dem Ausscheiden der Türkei aus der Konvention konnte der ungehemmte Einsatz von Tränengas durch die Polizei nicht verhindern, dass in Istanbul, Izmir, Ankara und weiteren Städten Demonstrationen gegen Erdoğans Vorgehen stattfanden.[63]

Auch wenn es den Frauenrechtlerinnen in der Türkei mit ihren mutigen Protesten bisher nicht gelungen ist, den Staatspräsidenten dazu zu bewegen, sein verhängnisvolles Dekret zurückzunehmen, haben sie doch eines deutlich gemacht: Vor mittlerweile fast einhundert Jahren mögen den Frauen in der Türkei zeitgemäße Rechte gnädig gewährt worden sein. Heute indes sind sie selbstbewusst und couragiert genug, um keine Überväter mehr zu brauchen, sie sind bereit, sich ihre Rechte zu erkämpfen. So weist die türkische Journalistin und Frauenrechtlerin Burcu Karakaş darauf hin, dass es vor allem Frauenverbände waren und sind, die nach dem Putschversuch von 2016 trotz aller Repressionen auf die Straße gingen. Karakaş bezeichnet die Frauenbewegung der Türkei als die «bestorganisierte politische Bewegung des Landes».[64] Die Medienpräsenz der Proteste scheint zu belegen, dass sie mit ihrer Einschätzung Recht hat.

6. Kunst und Kultur: Entfesselt in Ketten?

Harmloser Scherz? Der Fall Gülşen

Im Spätsommer 2022 löste der harmlose Scherz einer bekannten Sängerin gleich zwei Wellen der Empörung aus. Wie oft in der tief gespaltenen Gesellschaft der Türkei folgte auf die Empörung der einen Seite ein nicht minder großer Protest der anderen. Was war geschehen? Gülşen, so der Künstlername der Sängerin, hatte sich bereits im April 2022 auf der Bühne über einen Musiker ihrer Band lustig gemacht, der mit dem Spitznamen İmam (Prediger) gerufen wird. In Anspielung darauf spottete Gülşen: «Er hat ein Predigergymnasium besucht, deshalb ist er so pervers drauf».[65] Zu ihrem Unglück hielt einer ihrer Zuschauer die Szene auf Video fest und verbreitete sie über die sozialen Medien. In der Zwischenzeit hatten sich konservative Kreise über die «Unsittlichkeit» der Sängerin ereifert. Denn diese hüllt sich bei ihren Konzerten nicht in Sack und Asche. Tatsächlich punktet Gülşen nicht nur mit ihren Liedern, sondern auch mit ihrem perfekten Körper. Für die Frömmler kam der harmlose Scherz fast wie gerufen. Sie starteten eine Kampagne mit dem Slogan «Gülşen muss hinter Gitter», worauf die Polizei die Sängerin festnahm. Der Staatsanwalt erhob Anklage nach § 216 des türkischen Strafgesetzbuchs, der für «Aufstachelung zum Hass und für die Kränkung der religiösen Werte der Bevölkerung» bis zu drei Jahre Haft vorsieht.[66]

Zwar sagt der Strafverteidiger der Künstlerin, die Bemerkung sei nur als Neckerei zwischen ihr und einem der Musiker der Band gemeint gewesen und habe sich nicht gegen eine bestimmte gesellschaftliche Gruppe gerichtet,[67] doch mit dem Wort «pervers» (sapık) hat Gülşen wohl unbeabsichtigt in ein Wespennest gestochen. Denn ähnlich wie in Deutschland, wo Priester und Ordensleute der Katholischen Kirche vieler Fälle des Kindesmissbrauchs bezichtigt werden, häuften sich in den letzten Monaten und Jahren in der Türkei Berichte über sexuelle Belästigung von Kindern. Im Zentrum stehen Angehörige islamischer Orden, Lehrer von Korankursen sowie Beschäftigte von Heimen, die von religiösen Stiftungen betrieben werden. Regierungsvertreter versuchten dies bisher stets als Einzelfälle einiger «Perverser» darzustellen – oft verhängte die Medienaufsichtsbehörde eine Nachrichtensperre.[68] Staatspräsident Recep Tayyip Erdoğan, der selbst eine Predigerschule absolvierte und diesen Schultyp stets verteidigte und förderte, drohte Gülşen sofort öffentlich mit strafrechtlichen Konsequenzen.[69]

Doch der Fall Gülşen ist leider nur ein aktuelles Beispiel dafür, wie schnell in der Türkei Schriftsteller, Musiker und Filmemacher, aber auch Vertreter der bildenden Künste mit Polizei und Staatsanwalt oder auch mit Maßnahmen gegen ihre Kunstwerke Bekanntschaft machen können. So hatte der Bildhauer Mehmet Aksoy 2006 im Auftrag des Bürgermeisters der nordostanatolischen Stadt Kars ein 33 Meter großes Werk geschaffen: zwei stilisierte Personen, die einander zugewandt sind und wirken, als seien sie noch bis vor kurzem eins gewesen, in der Mitte wie mit einem Messer durchschnitten. «Denkmal der Menschlichkeit» hatte Aksoy sein Werk genannt, das die enge, jahrhundertelange Verbindung von Türken und Armeniern symbolisierte. Der Bildhauer wollte damit die Aussöhnung der beiden Völker unterstützen. Als Erdoğan, damals Ministerpräsident, im Januar 2011 die Stadt besuchte, erregte das Werk sein Missfallen. Mit den Worten «Schafft das Monster fort» gab er es zur Demontage frei. Bereits am 26. April des gleichen Jahres wurde die Statue abgerissen. Bis 2014 sollte es dauern, bis das türkische Verfassungsgericht mit acht gegen sechs Stimmen entschied, dass mit dem Abriss der Statue gegen das Recht auf Meinungsäußerung und künstlerische Freiheit des Bildhauers verstoßen worden und ihm eine Entschädigung zu zahlen sei.[70]

Repression und Selbstzensur

In Istanbul, der faszinierenden Metropole am Bosporus, boomen nicht nur Hotellerie, Gastronomie und der Immobiliensektor. Das kulturelle Zentrum des Landes lockt auch mit einer lebendigen Künstlerszene. So folgen im Sommer internationale Festivals in den Bereichen Jazz, Oper und Kinofilm dicht aufeinander. Kein Wunder, dass die Zeitschrift *Time,* die begeistert von einer «Renaissance» der Stadt schrieb, 2022 nach einem Leservotum Istanbul in ihre Liste der «Prächtigsten Orte der Welt» aufnahm. Mit dazu beigetragen hat auch der neue, moderne und großzügig angelegte Hafen für Kreuzfahrtschiffe im Stadtteil Galata am Ufer des Bosporus.[71] Nur wenig entfernt davon steht das neuerbaute Atatürk Kulturzentrum (Atatürk Kültür Merkezi), das eine grandiose Bühne für Konzerte, Ballette und Opern bietet. Das kürzlich renovierte ehemalige Munitionsdepot *Fişekhane* unweit der Küste des Marmarameeres lockt die Besucher als weitläufige Ausstellungsmöglichkeit für die Werke bildender Künstler an.

Doch unter der glänzenden Oberfläche führen die Einschränkungen durch die Politik mehr und mehr zur Selbstzensur. So strömte 2016 zwar eine halbe Million Besucher der 14. Internationalen Istanbuler Biennale durch 30 Ausstellungsorte, die die Stadt in ein Freiluftmuseum für moderne Kunst verwandelten. Gleichzeitig jedoch übernahm eine Internetplattform mit dem Namen *Siyah Bant* (Schwarzes Band) die mühselige Aufgabe, mit vielen geschwärzten Textpassagen die Fälle von Zensur zu dokumentieren.

Manche Themen sind auch für die Kunst von vornherein tabu: So sollte man sich etwa mit der Kurdenfrage nicht beschäftigen, will man nicht riskieren, nach den sehr dehnbaren Paragraphen des Antiterror-Gesetzes drakonisch bestraft zu werden. Kritik an Recep Tayyip Erdoğan ist auch in künstlerischer Form nicht möglich, sondern führt regelmäßig zu einem Verfahren wegen Beleidigung des Staatspräsidenten.

Weniger offensichtlich, aber genauso wirkungsvoll als Mittel der Repression ist die Streichung von Gagen und die Absage von Vorstellungen der städtischen und staatlichen Bühnen. Einige unabhängige Bühnen halten dagegen und kritisieren auch staatliche Repression. Manche Beobachter der Szene meinen gar, dass Zensur und staatliche Gängelung die Künstler kreativer machten. Zwar gab es in der Türkei stets auch für Künstler rote Linien, doch anders als in früheren Perioden gibt es heute viel mehr von ihnen, noch dazu überschneiden sie sich und machen die Orientierung schwer. Es heißt, Künstler verwenden einen Großteil ihrer Energie darauf abzuwägen, ob eine bestimmte Darstellung oder Aussage zu Problemen mit der Staatsgewalt führt oder nicht.[72]

Ein Beispiel für die ganze Wucht der Verfolgung, der Schriftsteller zurzeit in der Türkei ausgesetzt sein können, ist die 55-jährige Autorin Aslı Erdoğan. Die studierte Teilchenphysikerin und Menschenrechtsaktivistin ist für ihr Werk vielfach ausgezeichnet worden. So erhielt sie den renommiertesten türkischen Literaturpreis, den Sait-Faik-Preis, und an internationalen Auszeichnungen sind zu nennen: der Erich-Maria-Remarque-Friedenspreis, der Václav-Havel-Preis und der Prix Simone de Beauvoir pour la liberté des femmes. Aslı Erdoğan hat es gewagt, als Kolumnistin für das pro-kurdische Blatt *Özgür Gündem* zu schreiben und sich im Impressum der Zeitung als Redakteurin nennen zu lassen. Nach dem Putschversuch von 2016 nutzte die türkische Regierung die Atmosphäre dazu, auch die am Putsch vollkommen unbeteiligte Autorin zu verhaften. Der Untersuchungsrichter steckte sie mit der Beschuldigung «Mitgliedschaft in einer bewaffneten Terrororganisation» in Untersuchungshaft. Ihr Schicksal wirft ein Schlaglicht darauf, wie wenig es dazu braucht, über die wie Gummi dehnbaren Paragraphen des Anti-Terror-Gesetzes in die Fänge der politischen Justiz zu geraten. Tatsächlich müssen nahezu alle Kritiker der Regierung damit rechnen, früher oder später mit dem Globalvorwurf «Unterstützung des Terrorismus» konfrontiert zu werden.[73]

Aslı Erdoğan hatte das Glück, dass sie das Land nach vier Monaten Untersuchungshaft im September 2017 verlassen konnte. Sie lebt seither mit einem Stipendium für Schriftsteller im Exil in Deutschland.[74] An eine Rückkehr in die Türkei ist so schnell nicht zu denken. Zwar hat das 23. Schwurgericht Istanbul sie 2020 vom Vorwurf der Mitgliedschaft in einer Terrororganisation freigesprochen und befunden, dass eine zweite Anklage wegen «Verbreitung der Propaganda einer Terrororganisation» verjährt sei, doch die Staatsanwaltschaft ging in Berufung und Ende Juni 2021 kam das Berufungsgericht zu dem Urteil, die Frage der Verjährung müsse noch einmal überprüft werden. Somit droht Erdoğan weiterhin eine Verurteilung, die zu einer langjährigen Haftstrafe führen könnte. Die Menschenrechtsanwältin Eren Keskin und der Journalist İnan Kızılkaya müssen bereits wegen ihrer Tätig-

keit für «Özgür Gündem» Haftstrafen von über sechs Jahren ab-
büßen.[75]

Unvergessen für alle diejenigen, die im Sommer 2013 die Gezi-
Proteste miterlebt haben, ist der Song der bekannten türkischen
Rockgruppe Duman geblieben. Die Band veröffentlichte nur drei
Tage nach dem Beginn der Demonstrationen das Lied «Eyvallah»
auf YouTube, woraufhin sich der Song in Windeseile zur «Hymne
der Proteste» entwickelte.[76] Obwohl der Song die Teilnehmer
durch seinen Text explizit darin bestärkte, sich mutig der Polizei-
gewalt entgegenzustellen und die eigene Freiheit nicht aufzuge-
ben, und damit sicherlich auch zur Ausweitung und zum Fort-
dauern der Proteste mit beitrug, wurde die Rockgruppe weder
angeklagt noch verurteilt. Offensichtlich scheint es der Regierung Erdoğan ausreichend, dann und wann ein Exempel zu sta-
tuieren, um ein allgemeines Klima der Angst zu schaffen.

Türkische Serien erobern die Welt

Als Folge der Repressalien gegen engagierte Künstler, die sich in
ihren Werken brisanten gesellschaftlichen und politischen Themen annehmen, ist es nicht verwunderlich, dass sich die in der
Türkei reichlich vorhandene Kreativität oft eher im Trivialen aus-
tobt. Das hat dem Land weltweite erstaunliche Erfolge eingebracht, die unterschwellig auch das Bild im Ausland mitbestim-
men: Die Rede ist von türkischen TV-Serien.

Eine ganze Reihe beliebter Serien macht die Alltagsnöte nor-
maler Bürger zum Thema, erzählt Detektivgeschichten, welche
die Arbeitsbedingungen türkischer Polizisten beschreiben und
sanft kritisieren, oder schildert schelmisch die gegensätzlichen
Lebenswelten traditioneller und moderner, aufstiegsorientierter
Familien in den Großstädten. Doch zu internationaler Verbreitung brachten es hauptsächlich Historienschinken wie *Das osmanische Imperium – Harem: Der Weg zur Macht* (Originaltitel
Muhteşem Yüzyıl – «Das prachtvolle Jahrhunder»). Erfolge feierte

auch die Serie *Verbotene Liebe,* die in der Welt der Reichen und Vornehmen in ihren Villen am Bosporus angesiedelt ist und die Bildschirme von 650 Millionen Haushalten in mehr als 140 Ländern der Welt eroberte.[77]

Während Historienschinken und Liebesintrigen recht schematisch daherkommen, halten manche Serien «der türkischen Gesellschaft schonungslos den Spiegel» vor.[78] Ihre Finanziers sitzen nicht in den politisch glattgebürsteten Redaktionen der türkischen Fernsehsender, sondern bei einschlägigen internationalen Streaming-Portalen, die mittlerweile auch extra für den türkischen Markt produzieren. Ein Beispiel ist die Serie *Acht Menschen in Istanbul.* Mithilfe der Geschichte der Teilzeitputzfrau Meryem gelingt es, die Schicksale von Menschen der verschiedensten gesellschaftlichen Schichten und Segmente auszubreiten. Von der heimlich lesbischen Tochter des liebenswerten Stadtteil-Imams über das Opfer einer Vergewaltigung bis hin zu einer kurdischen Familie der städtischen Mittelschicht und noch weit darüber hinaus reicht das Spektrum der in detaillierten Charakterstudien vorgestellten Personen. Hauptthema ist das Nebeneinander der unterschiedlichsten Lebenswelten, das zumindest zum Teil nur deshalb einigermaßen friedlich abläuft, weil die Protagonisten einander so entfremdet sind, dass es gar nicht erst zu Auseinandersetzungen kommen kann.

Wer noch tiefer in die Seelen türkischer Bürger in und außerhalb Istanbuls vordringen mag, der ist mit der Lektüre der Bücher des türkischen Nobelpreisträgers für Literatur, Orhan Pamuk, gut beraten. So nimmt sich zum Beispiel sein Roman *Diese Fremdheit in mir* in einer empathischen Meisterleistung der Darstellung des Schicksals und der Liebesgeschichte eines Straßenverkäufers an. Pamuk gelingt es in diesem Roman, die aus seiner Sicht oft negativen Entwicklungen seines geliebten Istanbuls überzeugend aus der Perspektive der kleinen Leute darzustellen. Damit macht er vieles erklär- und nachvollziehbar, was man sonst gerne in Bausch und Bogen verurteilt. Für einen Autor, der aus einer traditionellen gutbürgerlichen Istanbuler Familie stammt, zeigt Pamuk ein stark ausgeprägtes Einfühlungsvermögen, das sicherlich auch der Grund dafür ist, dass er als einer der besten Beobachter der türkischen Literaturszene gelten dürfte. Auch Pamuk ist Anfeindungen ausgesetzt. So wurde er zuletzt im Herbst 2021 wegen einer Stelle in seinem neuesten Roman *Nächte der Pest (Veba Geceleri)* angeklagt, den Republikgründer Atatürk verhöhnt zu haben.[79]

Noch zu entdecken: Türkische Opern

In Deutschland sind lediglich 4 Prozent aller gespielten Opern Uraufführungen, von denen die meisten anschließend kaum mehr als ein halbes Dutzend Vorstellungen erleben. Umgekehrt formuliert: 96 Prozent der in Deutschland gespielten Opern sind bekannte Repertoirestücke.[80]

Der geringe Anteil neu komponierter Opern wird auch in anderen Ländern kaum höher sein – mit Ausnahme der Türkei. Denn dort wurden in den letzten Jahren in schneller Folge neue Opern in türkischer Sprache komponiert und auf die Bühne gebracht. Den Anfang machte 2018 die von dem rumänischen Komponisten Bujor Hoinic geschaffene Oper in zwei Akten *Troya,* 2020 folgte ebenfalls in Ankara die von Can Atilla komponierte Oper *Göbekli Tepe,*[81] und im Herbst 2021 wurde *Koca Sinan Operası* von Hasan Uçarsu zur Eröffnung des neu renovierten Atatürk-Kulturzentrums Istanbul uraufgeführt.[82]

Bereits die Wahl der Themen, zwei der wichtigsten historischen Sehenswürdigkeiten der Türkei sowie der bedeutendste Architekt des Osmanischen Reiches, machen deutlich, dass es sich bei den staatlich geförderten Opernkompositionen und -aufführungen um einen Bestandteil der neuen, selbstbewussten türkischen Kulturpolitik handelt. Mag sein, dass die drei Opern deshalb dem Schicksal der vielen Neukompositionen entgehen werden, die nach wenigen Aufführungen ein Dasein in Notenarchiven fristen müssen. Die Oper *Troya* wurde jedenfalls bereits 2019 im berühmten Bolschoi-Theater aufgeführt.[83]

7. Umweltschutz und Wachstum

Im Herbst 2021 überraschte Präsident Erdoğan seine Kritiker nicht schlecht, als er nach jahrelanger Ablehnung mit einem Mal das Pariser Klimaabkommen unterzeichnete. Das passte kaum in das Bild, das er bisher von sich in punkto Umweltschutz gezeichnet hatte. Denn ihm und seinen Regierungen wurde stets zu Recht vorgeworfen, umweltpolitisch fragwürdige Projekte brachial und gegen jeden gesellschaftlichen Widerstand durchzusetzen. Nicht zuletzt hatten ja auch die Gezi-Proteste ihren Ursprung in dem Wunsch der Anwohner, einige der wenigen Bäume in der Betonwüste Istanbuls vor einem Bauprojekt der Regierung zu schützen.

So drängt sich der Verdacht auf, dass die türkische Regierung und das von ihr dominierte Parlament am 6. Oktober 2021 weniger an den Schutz der Umwelt als an die finanziellen Zuwendungen aus dem Ausland dachten, die mit der Unterzeichnung fließen würden. Immerhin erhielt die Türkei nach dem Beitritt zum Weltklimaabkommen fast postwendend einen Kredit in Höhe von stolzen 3,1 Milliarden Euro.[84] Zusätzlich erwarb sich Erdoğan damit das Recht, beim Gipfel der Vereinten Nationen in Glasgow mit am Tisch zu sitzen, eine Rolle auf der internationalen Bühne, die beim Wähler zu Hause Eindruck macht und Stimmen bringt.

Doch selbst wenn es der Türkei gelingen sollte, dem Abkommen gemäß ihre Emissionen bis 2053 auf null zu senken – bisher ist die Bilanz von über 20 Jahren AKP-Regierung im Hinblick auf den Umweltschutz nicht positiv. Zwar wurde eine Fülle von Gesetzen, Regelungen und Vorschriften zum Schutz der Umwelt erlassen, doch vieles davon auch sogleich wieder der

Verwirklichung von Groß- und Prestigeprojekten geopfert. Warnungen von Wissenschaftlern, Demonstrationen von Betroffenen und bei Gerichten eingereichte Klagen hatten so gut wie nie Erfolg. Im Kleinen wird viel für gefährdete Tierarten – allen voran für die medienwirksamen Karettschildkröten – getan, allerdings geschieht das primär aufgrund des Umweltbewusstseins und Engagements der Bürger. Die Umweltpolitik der Regierung dagegen prägen Vorhaben wie der Bau des ersten Atomkraftwerks in Südanatolien bei Mersin, der durch den Einsatz von Ziyanid umweltgefährdende Abbau von Gold im Ida-Gebirge in Nordwest-Anatolien und das höchst umstrittene Projekt der künstlichen Anlage eines «zweiten Bosporus», der sogenannte «Kanal Istanbul».

Kernkraft trotz erneuerbarer Energiequellen?

Im Prinzip ist die Türkei ein Land, in dem sich der Ausbau erneuerbarer und somit umweltfreundlicher Energie in vielerlei Hinsicht lohnt. Anatolien ist dafür geradezu prädestiniert. Aufgrund seiner natürlichen Lage, seines Klimas, der langen Küstenstrecken und der gebirgigen Struktur des Landes könnte die Türkei krisensicher in eine Vielzahl verschiedener Methoden zur nachhaltigen Energiegewinnung investieren. So könnte die Zahl der großen Kraftwerke gesenkt werden, ein wichtiger Faktor in einem Land, das immer wieder von Erdbeben heimgesucht wird. Mit einer Länge von insgesamt 7200 Kilometern[85] bieten sich die Küsten für die Anlage von Windparks an, da dort meist stetiger und starker Wind weht, der, von Meer kommend, nicht von Hindernissen vermindert wird. Die hohe Zahl an Sonnenstunden – über das gesamte Jahr hinweg durchschnittlich zwischen 6,7 und 8,4 pro Tag – ermöglicht im Verein mit einem sehr hohen Anteil an ungenutzten Flächen in staatlichem Besitz eine profitable Nutzung von Photovoltaikanlagen im großen Stil.[86] Zudem ist die gebirgige Struktur des Landes, ein Nachteil für die Landwirtschaft und den Straßenbau, im Hinblick auf erneuerbare Energiequellen ein Vorteil, da sich viele Wasserläufe zur Anlage von Staudämmen und Wasserkraftwerken anbieten.[87] Nicht zuletzt besitzt die Türkei aufgrund ihrer Lage in einer der seismologisch aktivsten Regionen der Welt auch mehr als tausend heiße Quellen, von denen bereits etliche zur Gewinnung von Fernwärme, zum Heizen von Gewächshäusern, aber auch zur Gewinnung von Strom verwendet werden.

Bereits 2021 war das Land in der Lage, 46 Prozent des genutzten Stroms aus erneuerbaren Energien zu beziehen, ein gewaltiger Anstieg, da dieser Anteil noch 2018 bei lediglich 32,5 Prozent gelegen hatte. Eine Liberalisierung des Strommarkts Mitte der 2000er Jahre in Verbindung mit einer staatlichen Abnahmegarantie für nachhaltig erzeugten Strom für eine bestimmte Anzahl von Jahren hat hier offensichtlich Wunder gewirkt. So bescheinigt die Friedrich-Naumann-Stiftung der Türkei im Hinblick auf die Nutzung von Sonne, Wind und Geothermie auch weiterhin ein großes Wachstumspotential. Das Land könnte, über die direkte Eigennutzung von erneuerbarer Energie hinaus, durch den Export von Anlagen für Solar- und Windkraft ebenso wie für Geothermie führend in der Region werden. Seit 2017 ist es zudem gelungen, den CO_2-Ausstoß zu vermindern.

Diesen Erfolgen und Chancen zum Trotz setzt die Regierung im 11. Nationalen Entwicklungsplan weiterhin auf Kernenergie und plant überdies, drei eigene Gasfelder zu erschließen. Der erste Reaktor des Atomkraftwerks Akkuyu soll bereits 2023 in Betrieb genommen werden. Der Meiler liegt lediglich 203 Kilometer vom beliebten Urlaubsort Alanya entfernt und noch viel näher an den Stränden der Provinz Mersin, die in naher Zukunft für den Tourismus erschlossen werden sollen. Zusätzlich sind zwei weitere Atomkraftwerke in Planung.[88]

Türkische Umweltschützer kritisieren zum einen die Standortwahl für das Atomkraftwerk Akkuyu in einer Bucht, die für ihren Fischreichtum und als Brutplatz von Wasserschildkröten bekannt ist. Gewichtiger noch sind die Bedenken gegen die Anlage eines potenziell gefährlichen Kernkraftwerks in einem so erdbebengefährdeten Gebiet wie der Mittelmeerküste des Landes.[89] Zum anderen monieren Atomgegner auch eine mangelnde Wirtschaftlichkeit des Atomstroms, da das von Russland gebaute AKW in Akkuyu ca. 20 Milliarden Euro, und der Strom, den es produzieren soll, aufgrund der Gewinnzusagen an die Erbauer 11 Cent pro KWh kosten wird – also vier Mal mehr, als er den Bürger 2021 kostete.[90]

Angesichts der unbestreitbaren Erfolge beim Ausbau umweltfreundlicher erneuerbarer Energien drängt sich der Gedanke auf, dass es der türkischen Regierung bei dem Bau von Atomkraftwerken nicht nur um die gesicherte Versorgung von Bevölkerung und Wirtschaft mit Strom geht. Das hat Erdoğan auch durch seine Aussage im Herbst 2019 während eines Wirtschaftsgipfels bestätigt, als er darauf hinwies, dass es inakzeptabel sei, dass die Türkei im Gegensatz zu anderen Ländern nicht über Atomraketen verfüge.[91]

Der Goldabbau und seine Folgen

Einen Teilerfolg konnte die türkische Umweltschutzbewegung im Nordwesten Anatoliens erzielen, im Ida-Gebirge (Kaz Dağları), das sich über die Provinzen Balıkesir und Çanakkale erstreckt und mit seinen ausgedehnten Wäldern zu den «grünen Lungen» der Türkei zählt.

Die umweltpolitische Bedeutung dieses Gebiets wird durch die Existenz des Kazdağı-Nationalparks im Norden der Bucht von Edremit unterstrichen. Der Nationalpark ist zu 93 Prozent mit Wald bedeckt, der wiederum zu 90 Prozent aus wertvollem Hochwald mit einer Vielzahl von Wildtieren besteht. So finden sich Bären, Wildschweine, Wildkatzen, Schakale, Rehe, Bergziegen, Bergantilopen und Fischotter.[92] Zu den wichtigsten Baumarten des Nationalparks gehört die nach dem nahegelegenen Troja

benannte «Troja-Tanne», die hier ihr hauptsächliches Verbrei-
tungsgebiet hat.[93]

Doch weder die ökologische Bedeutung noch die Existenz des
Nationalparks hinderte die türkische Regierung daran, der ka-
nadischen Bergbaufirma Alamos Gold die zum Abbau von Gold
erforderlichen Genehmigungen zu erteilen. 2017 begann das
Schürfen. Der damit verbundene Kahlschlag bis dato weitgehend
unberührter Wälder fand zunächst unbeachtet von der Öffentlichkeit statt. Erst nachdem das Unternehmen ca. 200 000 Bäume
hatte fällen lassen und damit die Menge der offiziell gemeldeten
Rodungen um das Vierfache überschritten hatte, wurde die Öffentlichkeit auf diesen Raubbau an der Natur aufmerksam. Aktivisten begannen dagegen zu protestieren und fanden die Unterstützung des Bürgermeisters von Çanakkale, Ülgür Gökhan.[94]
Selbst der international bekannte Klaviervirtuose und Kompo-
nist Fazıl Say engagierte sich und gab im von Rodungen bedrohten Teil des Waldes ein Konzert. Gemeinsam gelang es, die Pläne
von Alamos Gold zu vereiteln. Nachdem bis dahin 350 000 Bäume
gefällt worden waren, wurde dem Unternehmen aus Kanada
Mitte Oktober 2019 endlich die Genehmigung entzogen. Umweltschützer beklagen allerdings, dass türkische Unternehmen
wie die Koza Holding und die Cengiz Holding weiterhin mit dem
Ziel, Gold zu schürfen, in der Region tätig sind. Und das ist nicht
nur aufgrund des Kahlschlags der Wälder problematisch. Denn
zur Gewinnung des Goldes ist der Einsatz von Zyanid erforderlich. Nur 14 Kilometer unterhalb des vorgesehenen Abbaugebiets
liegt ein Staudamm, dessen Wasser die nahegelegene Stadt Çanakkale versorgt. Die in diesem Gebiet recht häufigen heftigen
Regenfälle könnten dazu führen, dass dieser Staudamm mit ziya-
nidhaltigem Schlamm verseucht würde – ein Schadstoff, der
auch ohne Katastrophen dieser Art die Umgebung des Gold-Ab-
baugebiets bedroht.[95]

Bleibt abzuwarten, ob die Regierung auch den Protesten gegen
inländische Unternehmen Gehör schenken wird. Zurzeit sind

weiterhin Abbaugebiete mit einer Fläche von 13 500 Hektar genehmigt, die das wichtigste Waldgebiet in Nordwestanatolien bedrohen.

Ein neuer Bosporus: Kanal Istanbul

Kaum ein anderes Großprojekt steht so sehr für den Gestaltungswillen und zugleich für die Gewohnheit des türkischen Präsidenten, das öffentliche Wohl mit dem eigenen Vorteil zu verbinden – und dabei womöglich auch noch den politischen Spielraum für sein Land auszuweiten. Eine klassische Win-Win-Situation? Kritikern zufolge auf keinen Fall für die Umwelt!

Gleich über zwei Meeresengen verfügt die Türkei: die Dardanellen, die die Ägäis und das Marmarameer verbinden, und den Bosporus, der sich über eine Länge von 30 Kilometern und mit einer Breite von 700 bis 2 500 Metern zwischen dem Marmarameer und dem Schwarzen Meer erstreckt.

Die Anlage von künstlichen Verbindungen zwischen verschiedenen Meeren kann fraglos große wirtschaftliche Vorteile haben und vor allen Dingen Transportwege verkürzen. Die wohl bekanntesten Beispiele sind der Suezkanal, der über das Rote Meer den Indischen Ozean mit dem Mittelmeer verbindet, und der Panamakanal, der Schiffen die lange und auch gefährliche Fahrt um das Kap Horn vom Atlantik in den Pazifischen Ozean erspart. Kanäle dieser Art haben also ihre Berechtigung, doch warum einen Kanal in unmittelbarer Nähe einer mit zwischen 36 und 124 Metern Tiefe gut schiffbaren natürlichen Meeresenge bauen?

Gleichwohl kündigte Recep Tayyip Erdoğan bereits im Frühjahr 2011, damals noch Ministerpräsident, an, einen bis zu 50 Kilometer langen, 150 Meter breiten und 25 Meter tiefen Schifffahrtskanal anlegen zu lassen. Er soll parallel zum Bosporus verlaufen und die Süßwasserlagune Küçükçekmece Gölü mit der Schwarzmeerküste bei Karaburun verbinden.

Eine stetig steigende Zahl von Schiffspassagen durch den Bos

Abb. 10: Der Bosporus: strategischer Knotenpunkt und Ort osmanischer Prachtentfaltung

porus allein kann der Grund dafür nicht sein, auch wenn Erdoğan nicht müde wird, dies als ein Argument für seine Entschlossenheit aufzuführen, das Megaprojekt verwirklichen zu wollen. Denn die Zahl der Schiffe, die den Bosporus durchfuhren, hatte

2006 mit damals 56 606 Schiffen einen Höhepunkt erreicht und sinkt seither beständig. 2020 fiel sie, noch vor dem Beginn des Kriegs in der Ukraine, auf 38 404.[96]

Ein anderer möglicher Grund wäre die von Erdoğan bereits mehrfach angesprochene Möglichkeit, die Bestimmungen des Vertrags von Montreux mit Hilfe des «Kanals Istanbul» umgehen zu können, da sich die Türkei auf den Standpunkt stellen könnte, diese für den neuen Kanal nicht gelten zu lassen. Es ist allerdings nicht leicht, sich zu vergegenwärtigen, warum dies ein Vorteil für die Türkei sein sollte, denn durch den Vertrag von Montreux erhielt die Türkei 1936 die Hoheitsgewalt über den Bosporus zurück und hat deshalb auch das Recht, ihn im Kriegsfalle für Schiffe der kriegführenden Staaten zu sperren. Anfang April 2021 zeigten sich denn auch 104 pensionierte türkische Admirale besorgt, dass mit dem Bau des Kanals Istanbul der Vertrag von Montreux in Frage gestellt werden könnte. Die türkische Regierung reagierte sofort und ließ umgehend zehn der Admirale mit dem Vorwurf festnehmen, sie planten einen Staatsstreich. Dieses maßlose Vorgehen kann als Anzeichen dafür gewertet werden, dass die sicherheitspolitischen Auswirkungen des Kanalbaus von höchst brisanter Natur sind.[97]

Doch ist das wohl der springende Punkt: Erdoğan, stets darum bemüht, seinen außenpolitischen Spielraum zu erweitern, scheint seine Position im Falle kriegerischer Konflikte zwischen der NATO und Russland stärken zu wollen. Denn wenn er im Falle einer militärischen Auseinandersetzung den «Kanal Istanbul» für eine der beiden Parteien öffnen könnte, würde ihm das eine hervorragende Verhandlungsposition für das Erreichen von Zugeständnissen jeder Art eröffnen.

Die türkische Opposition ist sich unterdessen sicher, dass es sich bei dem Projekt Kanal Istanbul um ein Unternehmen handelt, von dem die Anhänger der AKP wirtschaftlich profitieren sollen. Das sagt etwa der Abgeordnete der oppositionellen *Republikanischen Volkspartei* CHP für Istanbul Özgür Karabat. Man gehe davon aus, dass Wohnungsbauten für ca. zwei Millionen Menschen in der Umgebung des Kanals geschaffen werden sollen und außerdem ein großes Industriegebiet entstehen werde. Das wiederum würde der Bodenspekulation Tür und Tor öffnen. Gewinner werden jene sein, die am frühesten über konkrete Bebauungspläne informiert sind, das heißt der politische Dunstkreis der Regierung und der sie tragenden Partei.[98]

Mittlerweile sind sich viele Wissenschaftler und Politiker einig, dass die Folgen des Kanalbaus für die Umwelt der ohnehin belasteten Mega-Metropole Istanbul verheerend wären. Eine der größten Sorgen ist, dass der Bau des Kanals die Wälder im Norden der Stadt und damit ihre Süßwasserreservoirs vernichten könnte. Doğanay Tolunay, ein Umweltexperte der Universität Istanbul, geht davon aus, dass dem Bau doppelt so viele Bäume zum Opfer fallen werden wie die Regierung offiziell angibt: insgesamt 450 Hektar Wald. Darüber hinaus meinen Fachleute, der Kanal werde zudem das Erdbebenrisiko für Istanbul und die Umgebung erhöhen. Außerdem gefährde das Projekt die reiche Flora und Fauna der Wälder im Norden und Nordwesten Istanbuls.[99] Doch trotz all dieser befürchteten Auswirkungen des Projekts auf die Umwelt im Großraum Istanbul ist die Mobilisierung gegen den geplanten Kanal bisher nicht über die Kreise engagierter Fachleute und Politiker hinausgekommen. Allerdings mag sich das mit dem noch ausstehenden Beginn der Bauarbeiten durchaus ändern.

8. Syrer in der Türkei: Gäste oder Besatzungsmacht?

Ab dem Frühjahr 2011 vollbrachten Bevölkerung und Staat in der Türkei vier Jahre lang ein Wunder. Mit offenen Armen nahm das Land eine immer größere Zahl von Flüchtlingen aus Syrien auf. Anders als in Europa versuchte die Regierung nicht, die Zahl der Einreisen zu begrenzen. Auch im Volk gab es kein Murren, man hieß die Gäste großzügig willkommen. Die Regierung sah das mit Stolz als Beweis für die tiefe Menschlichkeit der türkischen Kultur, die weder Xenophobie noch Rassismus kenne. Zu Recht waren europäische Politiker voll des Lobes.

Von diesem positiven Bild ist heute wenig übrig. In repräsentativen Umfragen[100] votieren 82 Prozent der Befragten für eine Rückführung der Flüchtlinge nach Syrien. Für 71 Prozent der Befragten bedrohen sie die Sicherheit des Landes, und nur 1 Prozent weniger hat davor Angst, dass die Präsenz der Flüchtlinge die türkische Identität zerstören könnte. Nur wenig mehr als 10 Prozent sind optimistisch und sehen das Land langfristig in der Lage, in Frieden mit den Flüchtlingen zu leben.[101] Mehr als zwei Drittel möchten die Grenzen für Flüchtlinge vollkommen dicht machen.[102] Die Atmosphäre ist angespannt, und vereinzelt kommt es bereits zu Übergriffen. Was sind die Ursachen für diesen Stimmungswechsel?

Steigende Zahlen, Entfremdung und Konkurrenz

Ein Grund besteht sicherlich darin, dass die Anzahl der Flüchtlinge stetig anstieg und sich in der Bevölkerung das Gefühl breit machte, das Ende der Fahnenstange sei noch lange nicht erreicht. Die ersten Syrer trafen im April 2011 in der Türkei ein. Ende des Jahres war ihre Anzahl auf Hunderttausend angewachsen,[103] zweieinhalb Jahre später beherbergten die türkischen Städte bereits 1,5 Millionen, und im Herbst 2022 leben rund 3 267 000 Syrer im Land. Doch schon längst sind sie nicht mehr die einzigen, die in Anatolien Zuflucht gefunden haben. Insgesamt wird die Zahl der Flüchtlinge aus anderen Ländern auf 1,7 Millionen geschätzt: Iraner, Afghanen, Pakistani und Zuwanderer aus Afrika.

Bereits seit zweieinhalb Jahren sind die Grenzen zum Iran, zum Irak und zu Syrien hermetisch abgeriegelt. Verteidigungsminister Hulusi Akar verweist auf hohe Mauern aus Beton, einen vier Meter breiten und tiefen Graben mit Stacheldraht, Wachtürmen und Straßen für Patrouillen.[104] Trotz alledem steigen die Zahlen weiter. Das Durchschnittsalter der syrischen Bevölkerung in der Türkei liegt bei nur wenig über 22 Jahren, Schätzungen zufolge wurden bis Ende Mai 2022 770 000 syrische Kinder geboren.[105] Die Flüchtlinge sind auch nicht gleichmäßig über das Land verteilt. Sie ballen sich in den grenznahen Regionen und in den großen Städten, wo ihre Anwesenheit verstärkt ins Auge sticht. In der Zwei-Millionen-Stadt Antep[106] nahe der Grenze zu Syrien leben 460 000 Flüchtlinge. Im benachbarten Kilis, direkt an der Grenze, sind fast die Hälfte der Einwohner Zuwanderer aus Syrien: 145 000 Einheimischen stehen dort 108 000 Flüchtlinge gegenüber. In der Provinz Urfa liegt dieses Verhältnis bei einer Million zu 428 000, und in der Provinz Hatay im äußersten Süden der Türkei leben neben 1,67 Millionen Staatsbürgern nach amtlichen Angaben 433 000 Flüchtlinge. Der Bürgermeister der Provinzmetropole Antakya Lütfü Savaş, ein Vertreter der säkular-nationalen *Republikanischen Volkspartei* (CHP), vertraut den Angaben der Regierung jedoch nicht. Seiner Meinung nach beherbergt seine Stadt nicht 500 000, sondern 800 000 Syrer. «Eine von zwei Personen in Hatay kommt aus Syrien», sagt der Bürgermeister. Schon seien Import und Export, aber auch der Handel mit Gold in den Händen der Syrer. «Wenn wir nicht gegensteuern, wird Hatay in 12 Jahren von einem Syrer verwaltet», bemerkt er und: «Wir werden zu einer Minderheit und sind drauf und dran, Hatay zu verlieren.»[107] In Istanbul zentriert sich das syrische Leben in den Stadtteilen Aksaray, Bağçılar, Esenyurt und Zeytinburnu, in Esenyurt beträgt der Anteil der Syrer ein Viertel der Bevölkerung.[108] Die Mieten steigen, die Konkurrenz nimmt zu, und mancher Einheimische fühlt sich fremd im eigenen Land.

Auch die Konkurrenz auf dem Arbeitsmarkt spielt im Zusammenhang mit der Ablehnung der Flüchtlinge eine Rolle. Nur knapp 140 000 der rund 2,2 Millionen Syrer im arbeitsfähigen Alter haben eine offizielle Arbeitserlaubnis.[109] Der Rest arbeitet schwarz, und weil in der Türkei ein Drittel aller Arbeitnehmer inoffiziell beschäftigt ist, konkurrieren die Flüchtlinge direkt mit Einheimischen. In den Textilfabriken von Antep machen die Syrer bereits die Hälfte der Arbeitskräfte aus.[110] Den Sozialkassen gehen wertvolle Beiträge verloren, die Konkurrenz verschärft sich, und die Löhne sinken. Dies alles geschieht vor dem Hintergrund der mittlerweile chronischen Wirtschaftskrise.

«So Gott will, werden wir in kürzester Zeit in Damaskus einziehen …. und in der Umayyaden-Moschee das Ritualgebet verrichten.»[111] Diese Worte des damaligen türkischen Ministerpräsidenten und heutigen Staatspräsidenten Recep Tayyip Erdoğan vom 5. September 2012 spiegeln wie kein anderer Ausspruch die damalige türkische Überzeugung wider. Man glaubte, die Tage des syrischen Machthabers Baschar al-Assad seien gezählt und der Bürgerkrieg in Syrien fände demnächst mit dem Sieg der sunnitisch-muslimischen Opposition sein Ende. In diesem hoffnungsvollen Klima konnten die syrischen Kriegsflüchtlinge als «Gäste» wahrgenommen werden, würden sie doch nur vorübergehend im Lande bleiben, und sie aufzunehmen gebot sowohl das gemeinsame Schicksal in der Zeit des Osmanischen Reichs als auch die islamische Brüderlichkeit. In jenen Tagen lud der damalige Außenminister Ahmet Davutoğlu Syrer sogar ein, für eine Weile Schutz in der Türkei zu suchen.[112] Ankara ging damals davon aus, dass hohe Flüchtlingszahlen die USA und Europa dazu bewegen würden, sich stärker für den Sturz al-Assads zu engagieren und die türkische Forderung nach Einrichtung von Flugverbotszonen in Nordsyrien zu unterstützen. Die Aufnahme von Flüchtlingen im großen Stil sollte außerdem das Ansehen des Landes in der Region stärken und sicherstellen, dass die Türkei bei der Neugestaltung Syriens nach dem Krieg maßgeblichen Einfluss haben würde.

Um die Aufnahme der Syrer rechtlich zu regeln, wurde im April 2013 eine neue Institution geschaffen, die *Generaldirektion für Migrationsmanagement* (DGMM), sowie ein neues Ausländer- und Flüchtlingsgesetz erlassen.[113] Per Regierungserlass erhielten die Flüchtlinge im Oktober 2014 erstmals einen offiziellen Status, amtlich waren sie nun «Vorläufig Geduldete». Die Registrierung verschaffte ihnen Zugang zu medizinischer Versorgung sowie Sozialhilfe, und ihre Kinder hatten Anspruch auf den Besuch staatlicher Schulen.

Allerdings nahm der Krieg einen ganz anderen Verlauf als von der Türkei, aber auch von den westeuropäischen Staaten erwartet. Das wurde spätestens im Oktober 2015 klar, als der russische Präsident Wladimir Putin bestätigte, dass sein Land auf der Seite al-Assads direkt in den Krieg eingreife.[114] Jetzt dämmerte es Ankara, dass der syrische Diktator an der Macht und der Großteil der Flüchtlinge auf Dauer in ihrem Land bleiben könnte.[115] In jenen Tagen reifte in Ankara der Plan, die Grenzen nach Griechenland und Bulgarien zu öffnen und Europa mit einer großen Flüchtlingswelle zu konfrontieren. Am 9. September veröffentlichte İbrahim Karagül, Chefredakteur der Zeitung *Yeni Şafak*, der inoffiziellen Parteipostille der AKP, einen Artikel mit der Überschrift «Macht die Tore auf, Millionen sollen nach Europa strömen!»[116] Darin hieß es: «Ein großer Marsch soll nach Europa einsetzen, aus Anatolien, von den Küsten des Mittelmeers, ... aus Afghanistan und Syrien, aus Mesopotamien und Nordafrika ... in die Hauptstädte Europas ...» Erdoğan, damals Ministerpräsident, nahm diesen Faden auf. Im November 2015, zwei Wochen vor der vorläufigen Einigung der Europäische Union mit der Türkei über die Zusammenarbeit in der Bewältigung der Flüchtlingskrise, fragte er drohend: «Was geschieht wohl, wenn 2,2 Millionen Flüchtlinge nach Europa strömen?»[117]

Bereits damals begann die Stimmung in der türkischen Bevölkerung zu kippen. In Umfragen bezeichneten 2015 70 Prozent der Befragten die Syrer als eine ökonomische Last für die Türkei, und nur 17 Prozent waren der Meinung, die Syrer seien den Türken kulturell verwandt.[118]

Zwischen Frommen und Säkularen, Regierung und Opposition

Spätestens seit ihrem hohen Sieg bei den Parlamentswahlen von 2011 schaltete die Erdoğan-Regierung von Demokratisierung im Rahmen von EU-Reformen auf Machterhalt und Stärkung der religiös-konservativen Kräfte um. Fühlten sich bis zur Jahrtausendwende die Frommen eingeschränkt und bevormundet, klagten jetzt die säkularen Schichten, die Regierung versuche, ihnen vorzuschreiben, wie sie zu leben hätten, und wolle der gesamten Gesellschaft eine konservative Moral aufzwingen. Schon als die Regierung zu Beginn der Flüchtlingsaufnahme auf islamische Brüderlichkeit und das gemeinsame Leben von muslimischen Türken und Arabern im Osmanischen Reich Bezug nahm, zeigten sich die weltlichen Kreise der Türkei irritiert. Mit Argusaugen registrierten sie jede Nachricht über Einbürgerungen von Syrern. Die Verleihung der türkischen Staatsbürgerschaft diene dazu, der AKP neue Wählerschichten zu erschließen, so die damals oft geäußerte Befürchtung. Angesichts der geringen Zahl von rund 210 000 Einbürgerungen[119] im Verlauf von mittlerweile 11 Jahren besteht für solche Ängste allerdings kein Grund.

Doch selbst liberale Intellektuelle vermuten, die von der AKP anfangs aktiv betriebene und erst spät begrenzte Einwanderung von meist sunnitisch-muslimischen Migranten habe den Zweck, das kulturelle Klima der Türkei im Sinne der Regierung zu verändern. «Wer kann sich sicher sein, dass die AKP, die es in ihrer zwanzigjährigen Regierungszeit nicht vermocht hat, ihre [politische] Vorherrschaft auch auf das soziale und kulturelle Leben auszudehnen, ihre Politik der offenen Grenzen nicht genau dafür nutzt?» Diesen Zweifel äußert der Politologe İhsan Dağı und fährt fort: «Wir sehen doch, dass infolge dieser Politik seit 2011 Zuwanderer aus muslimischen Staaten kommen, meist fromme Sunniten. …. Die Migration aus Syrien, Afghanistan und muslimischen Ländern Afrikas kann durchaus ein Mittel sein, das soziale und kulturelle Gewebe der Türkei gründlich zu verändern.»[120]

Die Flüchtlinge aus Syrien sind nicht die einzigen Zuwanderer aus muslimischen Ländern, die ablehnende Reaktionen hervorrufen. Um ihren finanziellen Spielraum auszuweiten, bietet die türkische Regierung nun schon seit einigen Jahren im Gegenzug für die relativ niedrige Investition von 400 000 Dollar, etwa in Immobilien, die Verleihung der türkischen Staatsbürgerschaft an.[121] Gebrauch machen von dieser Möglichkeit in erster Linie Staatsbürger des Iran und des Irak.[122]

Weltlich orientierte Angehörige der Mittel- und Oberschicht erleben deshalb nicht nur eine Schwächung ihrer ökonomischen Basis durch die nun schon vier Jahre lang anhaltende wirtschaftliche Krise. Aufgrund der Migrationspolitik der Regierung sehen diese Kreise auch ihren Lebensentwurf und ihr Selbstverständnis als tragende Säule der türkischen Nation gefährdet, und das gleich in zweifacher Hinsicht. So wird einerseits die starke Präsenz der Flüchtlinge als Bedrohung säkularer und westlicher Lebensweise «von unten» wahrgenommen, andererseits aber der ostentative Konsum der neuen Staatsbürger, die meist aus den Eliten der muslimischen Nachbarländer stammen, als «von oben» kommende Gefährdung des früher privilegierten Status' der Alteingesessenen betrachtet. In der Ablehnung der Flüchtlinge drücken sich deshalb auch Statusängste und der Widerstand gegen die Religions-, Kultur- und Bildungspolitik der jetzigen Regierung aus.

Angesichts der breiten gesellschaftlichen Ablehnung der Flüchtlingspolitik war es nur eine Frage der Zeit, bis die türkischen Oppositionsparteien die Angelegenheit für sich entdeckten. Doch obwohl sich die Stimmung in der Bevölkerung schon 2015 gegen die Anwesenheit der Flüchtlinge wandte, wurde das Thema erst nur zögerlich aufgegriffen. In jenen Jahren war nämlich in den großen konservativen Wählerschichten die Popularität der Regierungspartei und ihres Vorsitzenden noch ungebrochen, und die Propaganda der AKP bestimmte den Blick auf die Entwicklungen in Syrien und auf die Flüchtlingsfrage.[123] Erst als die Auswirkungen der Wirtschaftskrise sowie Korruption und Nepotismus selbst in der konservativen Provinz das Vertrauen in die Regierung untergruben, konnte die Opposition hoffen, aus der Ablehnung der Flüchtlinge politisches Kapital zu schlagen. Heute ist das Trommeln für die Rückführung der Flüchtlinge nach Syrien eines der zentralen Instrumente der türkischen Opposition zur Gewinnung neuer Wähler.

Für *eine* Partei ist die Flüchtlingsfrage gar der einzige Programmpunkt. Die *Siegespartei* (ZP) wirbt mit dem Slogan: «Alle Flüchtlinge und Illegale werden das Land verlassen!»[124] Ihr Vorsitzender, Professor Ümit Özdağ, begann seine politische Karriere in der extrem-rechten *Partei der Nationalistischen Bewegung* (MHP), die heute aufs Engste mit der AKP verbunden ist. 2017 war Özdağ unter den Gründern der *Guten Partei* (İyiP), einer Abspaltung der MHP. Bereits als Abgeordneter der İyiP vertrat Özdağ in der Flüchtlingsfrage radikale Positionen. Aufnahme und Integration der syrischen Flüchtlinge in die Türkei seien auf «Machenschaften des Imperialismus» zurückzuführen, sagte er im Juni 2019.[125] Der Professor setzte schon damals die Zahl der Syrer in der Türkei mit 3,8 Million an und behauptete, 2040 werde nicht mehr nur jeder Zwanzigste, sondern bereits jeder Dreizehnte in der Türkei ein syrischer Flüchtling sein. Eine derart große und stetig anwachsende Gruppe sei nicht zu integrieren, behauptete Özdağ, weshalb die Türkei Gefahr laufe, zu einem zweiten Pakistan zu werden. Die türkische Bevölkerung sei in der Ablehnung der Syrer geeint und von der Politik kaum noch im Zaum zu halten.

Im August 2021 gründete der radikale Professor dann seine *Siegespartei* und zeichnet seitdem noch düsterere Szenarien. Ein von ihm initiierter Kurzfilm mit dem Titel «Die im Stillen vor sich gehende Besatzung [der Türkei]» (Sessiz istila) malt ein Horrorbild vom Istanbul des Jahres 2043.[126] Politik, Wirtschaft und Medien befänden sich dann unter der Hegemonie der Syrer. Die Türken wären auf den Status von Hilfsarbeitern zurückgedrängt und fühlten sich als Minderheit im eigenen Land. Mit diesem Zerrbild rechtfertigt Özdağ die Rückführung der Flüchtlinge, wenn nötig, gegen ihren Willen.

So radikal Özdağ daherkommt, so marginal ist der Anteil der Wähler seiner Partei heute noch. Seine Forderung nach der prinzipiellen Rückkehr aller Flüchtlinge wird jedoch von den beiden großen Oppositionsparteien geteilt. Zwar sind sich die Chefs der Opposition der rechtlichen und politischen Hindernisse dieses Unterfangens bewusst, und anders als Özdağ sprechen sie nicht von einer zwangsweisen Ausweisung der Migranten. Das hindert sie jedoch nicht daran, mit einem gegen die Flüchtlinge gerichteten Populismus auf Stimmenfang zu gehen.

Die İyiP, die frühere politische Heimat Özdağs, hat sich mittlerweile zur zweitstärksten Kraft der türkischen Opposition gemausert und arbeitet daran, sich mit einer moderateren Version des türkischen Nationalismus als neues Zentrum der rechten Mitte zu etablieren. Ihre Vorsitzende Meral Akşener verspricht den Wählern, dass, wenn ihre Partei die Regierung stelle, es ihre erste Handlung sein werde, sich mit dem syrischen Präsidenten Baschar al-Assad auf die Rückführung von fünf (!) Millionen Flüchtlingen zu einigen.[127] Kemal Kılıçdaroğlu, Chef der national-säkularen *Republikanischen Volkspartei* (CHP) und Oppositionsführer im türkischen Parlament, tönt, er werde die Flüchtlinge aus Syrien innerhalb von zwei Jahren nach dem Machtantritt der Opposition mit «Pauken und Trompeten» nach Syrien senden. Auch er behauptet, das Überleben der Türkei hänge an dieser Frage und sagt: «Mein liebes Volk, das ist Deine letzte Chance. Entweder Du überträgst uns die Regierung, oder Deine Kinder werden in diesem Lande keinen ruhigen Tag mehr haben.»[128]

Die inszenierte «Massenflucht» vom Frühjahr 2020

Die Regierung kann die Stimmung in der Bevölkerung nicht ignorieren. Hinzu kommt, dass sich die AKP intern längst eingestanden hat, dass sich die Aufnahme der syrischen Flüchtlinge für den großen Entwurf ihrer Syrienpolitik – den Sturz von Baschar al-Assad – nicht auszahlen wird. Doch das bedeutet nicht, dass die Regierung es aufgegeben hätte, aus den Flüchtlingen politisches Kapital zu schlagen.

Deutlich zeigte sich dies im Februar und März 2020. Am 27. Februar 2020 gegen 17:00 Uhr flogen russische Piloten mit Flugzeugen des syrischen Regimes Angriffe gegen türkische Stellungen in der nordwestlichen syrischen Provinz Idlib. Idlib grenzt direkt an die türkische Provinz Hatay und gilt als das letzte von der sunnitisch-muslimischen Opposition noch gehaltene Gebiet. Bereits damals drängten sich in Idlib Kriegsflüchtlinge aus anderen Regionen Syriens, und Ankara war schon vor dem Angriff tief besorgt wegen einer neuen Flüchtlingswelle. Bei dem Angriff starben 36 türkische Soldaten. Noch in derselben Nacht erklärte der türkische Regierungssprecher, sein Land könne die syrischen Flüchtlinge im Lande nicht länger beherbergen und werde die Landgrenzen nach Griechenland und Bulgarien öffnen.

Die rasante Abfolge der darauffolgenden Ereignisse macht deutlich, dass Ankara in jenen Tagen einen vorher ausgearbeiteten Plan minutiös umsetzte. Schon am nächsten Tag, dem 28. Februar, starteten Busse direkt vor der Zentrale der Istanbuler Fremdenpolizei, aber auch in drei anderen Stadtteilen Istanbuls mit hohem Flüchtlingsanteil, um irreguläre Migranten an die griechische Grenze zu bringen.[129] Wer die Busse bestellt hatte und für die Kosten aufkam, wurde nicht bekannt. Vor der Zentrale der Fremdenpolizei standen jedenfalls Fernsehteams bereit, um ihren türkischen Zuschauern die Abreise der Flüchtling live zu übertragen.

An den folgenden Tagen gab der Innenminister jeweils Zahlen

bekannt, die das Ausmaß der irregulären Grenzübertritte von der Türkei nach Griechenland exakt angeben sollten. Als das griechische Militär sich bemühte, den Ansturm abzuwehren, versuchten türkische Sicherheitskräfte, Migranten über die Grenze zu schleusen. Letzte Zweifel darüber, dass es sich bei der «Massenflucht» um eine Aktion des türkischen Staates handelte, räumte am 29. Februar Präsident Erdoğan persönlich aus: «Wir hatten die Öffnung der Grenzen Monate vorher angekündigt … man hat uns nicht geglaubt», sagte er und gab seinerseits aktuelle Zahlen von Grenzübertritten durch.[130] Tatsächlich war alles gut vorbereitet. Der Gouverneur der Grenzprovinz Edirne hatte bereits am 27. Februar das direkte Grenzgebiet für jedermann außer für Flüchtlinge und türkische Staatsdiener gesperrt, und auch angrenzende Bereiche durften nur Mitarbeiter akkreditierter Hilfsorganisationen betreten. An den ersten Tagen soll Flüchtlingen, die an der Grenze von griechischen Sicherheitskräften abgewiesenen worden waren, die Rückkehr nach Istanbul verwehrt worden sein.[131] Am 6. März, einen Tag, nachdem die Türkei und Russland die Einigung über einen Waffenstillstand in Idlib erzielt hatten, endete die Aktion, wie sie begonnen hatte: mit Blick auf die Ereignisse in Syrien.

Tatsächlich diente das Spektakel wohl primär dazu, die türkische Öffentlichkeit von dem Tod der 36 Soldaten abzulenken, die nur einen Tag vorher durch Russlands Angriff in Syrien gefallen waren. Es galt zu verhindern, dass sich der Zorn über die türkische Syrienpolitik öffentlich Bahn brach. Der Ausgang der Aktion zeigte aber auch, dass Erdoğans Drohung in Leere läuft, wenn Griechenland und die EU sich nicht erpressen lassen, sondern die Grenzen schließen. Ans Licht gebracht wurde jedoch auch, dass die syrischen Flüchtlinge die Türkei wohl nicht wieder verlassen werden. Denn nicht Syrer, die schon seit Jahren im Land lebten, stellten das Gros derjenigen, die nach Griechenland weiterreisen wollten, sondern in erster Linie Afghanen, Iraner und Pakistani, die erst vor relativ kurzer Zeit in die Türkei gekommen waren.

Der Wunsch nach Rückführung

Obwohl sich im Februar 2020 die geringe Bereitschaft der syrischen Flüchtlinge gezeigt hat, sich auf die unsichere Reise nach Europa einzulassen, glaubt die Regierung nach wie vor, diese zur Rückkehr nach Syrien bewegen zu können. Deshalb macht sie seit dem Februar 2022 den Flüchtlingen das Leben schwer. Auslöser für diese Politik waren im August 2012 schwere Ausschreitungen in einem Stadtteil Ankaras, bei denen Geschäfte und Wohnungen syrischer Flüchtlinge verwüstet wurden. Im September 2021 beugte sich die Verwaltung der aufgebrachten Stimmung und riss die ohne Genehmigung im Stadtteil errichteten Baracken ab. Im Februar 2022 sperrte das Innenministerium dann per Dekret landesweit den Zuzug von Flüchtlingen in all die Stadtviertel, in denen ihr Anteil 25 Prozent oder mehr ausmachte. Zum 1. Juli 2022 betrug die Zahl dieser Viertel bereits 1169.[132] Längst schon hat die Türkei die Grenzen nach Syrien geschlossen und auch Touristenvisa werden an Syrer nicht mehr vergeben. Solche, die trotz alledem noch ins Land kommen, erhalten nicht mehr automatisch den bisher vergebenen Status, der vorübergehenden Schutz vor Abschiebung und Zugang zu medizinischen Diensten gewährt. Jetzt werden Neuankömmlinge in Flüchtlingsunterkünfte eingewiesen und ihre Fluchtgründe individuell geprüft.

In der syrischen Provinz Idlib ließ die Regierung 50 000 kleine aus Porenbeton-Blöcken hergestellte Behelfshäuser errichten, die am 3. Mai 2022 von Erdoğan feierlich übergeben wurden.[133] Gleichzeitig kündigte er an beziehungsweise forderte er eine Million «syrischer Brüder» dazu auf, auf freiwilliger Basis in die Gebiete Nordsyriens zu übersiedeln, die von der Türkei gehalten werden. Deshalb werde sein Land in Azaz, Dscharablus, Al-Bab, Tal Abyad und Ras Al-Ayn weitere 100 000 Behelfshäuser aufstellen. Der Bau der Unterkünfte sei jedoch nicht alles, sagte bei der Zeremonie Erdoğans Innenminister Süleyman Soylu. Man habe in den betreffenden Gebieten außerdem bereits 50 Schulgebäude, 26 Moscheen, 10 Gesundheitszentren, 11 Sozialzentren, 7 Grünanlagen, 18 Spielplätze sowie 21 Bäckereien errichten und 36 Brunnen bohren lassen.[134]

Ob das reicht, die Flüchtlinge zur Übersiedlung zu bewegen, ist fraglich. Auch konservative Kommentatoren erinnern die Bilder der aus dem Boden gestampften trostlosen Siedlungen eher an Lager als an Orte, an denen sich wirtschaftliches und soziales Leben entfalten könnte.[135] In Umfragen unter den Flüchtlingen schließen fast 80 Prozent eine Rückkehr nach Syrien aus.[136] Viele haben vor der Flucht in die Türkei Haus und Hof veräußert, und auch wer noch Grundbesitz sein Eigen nennt, kann darüber oft nicht verfügen. Das syrische Regime hat Enteignungen vorgenommen, und ein Großteil des privaten Grundbesitzes wurde niemals amtlich registriert. Unter den Flüchtlingen wächst deshalb die Sorge, ohne jede Perspektive nach Syrien abgeschoben werden zu können.

Seit Anfang 2023 erklärt die türkische Regierung, sie sei bereit, mit Baschar al-Assad in direkte Verhandlungen zu treten. Sie möchte die Rückführung der Flüchtlinge und ein Ende der kurdischen Selbstverwaltung in Nordsyrien. Zwar sind für einen Ausgleich mit dem syrischen Diktator noch viele Hürden zu überwinden. So fürchtet Ankara die Rache der Dschihadisten in Idlib, die die Türkei bisher militärisch geschützt und unterstützt hat und die sich jetzt verraten fühlen. Außerdem warnen die USA vor einem solchen Schritt, und der Iran versucht, die Annäherung Ankaras an Damaskus zu unterlaufen. Doch unter den syrischen Flüchtlingen im Land wächst die Unruhe. Sie haben Angst, dass erneut auf ihrem Rücken Politik gemacht wird.

Dritter Teil:
Auf Augenhöhe mit den großen Mächten

1. Die Bedeutung der NATO

An einem sonnigen Nachmittag im Mai 2022 gelang es Recep Tayyip Erdoğan erneut, die Weltöffentlichkeit zu überraschen. Angesichts des russischen Überfalls auf die Ukraine, Verletzungen des schwedischen Luftraums durch russische Kampfjets und Moskaus aktiver Umsetzung seiner neuen, expansiven Sicherheitsdoktrin hatten Schweden und Finnland ihre Aufnahme in die NATO beantragt. Das Bündnis schien geeint, und nur eineinhalb Monate später sollte auf dem nächsten NATO-Gipfel in Madrid der Beitritt vorläufig besiegelt werden. Doch in Ankara trat Erdoğan nach dem Freitagsgebet vor die Kameras der wartenden Journalisten. Im Hintergrund das Gotteshaus, teilte er mit, die Türkei werde der Aufnahme der beiden skandinavischen Länder nicht zustimmen, weil Stockholm und Helsinki Angehörige der kurdisch-syrischen Miliz YPG und außerdem Mitglieder des geheimen Netzwerks um den türkischen Prediger Fethullah Gülen beherbergten. Beide Gruppen sind in der Türkei (und in Aserbaidschan), aber eben auch nur dort, als Terrororganisationen eingestuft. Außerdem, so Erdoğan, hielten Schweden und Finnland der Türkei gegenüber an Exportbeschränkungen für bestimmte Waffensysteme fest. Ohne Auslieferung von «Terroristen» und ohne Waffenexporte keine Mitgliedschaft von Helsinki und Stockholm in der NATO.

Zwar waren die Politiker der übrigen NATO-Staaten verärgert darüber, dass Erdoğan die Situation zur Durchsetzung von Zielen nutzen wollte, die angesichts des Krieges nur als Sicherheitsinteressen zweiter Ordnung bezeichnen werden können, doch hoffte man, er würde sich mit einigen Zugeständnissen zufrieden geben. So könnten etwa die USA der Türkei modernisierte F-16 Kampfflugzeuge liefern oder die Sanktionen aufheben, die Washington erlassen hatte, weil Ankara das russische Raketenabwehrsystem S-400 angeschafft und aktiviert hatte. Für Hoffnung gab es guten Grund. Schließlich ist die Türkei auch in der NATO bekannt dafür, eine harte Rhetorik zu pflegen, doch hinterher auch nachzugeben. So hatte sich Ankara 2009 anfänglich gegen die Rückkehr Frankreichs in den militärischen Arm der NATO gesperrt. Im selben Jahr blockierte Erdoğan die Ernennung des früheren dänischen Ministerpräsidenten Anders Fogh Rasmussen zum NATO-Generalsekretär. 2016 stemmte sich die Türkei gegen die Institutionalisierung der Zusammenarbeit der NATO mit Israel, und 2019 machte sie ihre Zustimmung zur Überarbeitung des Verteidigungsplanes für die Baltischen Staaten lange davon abhängig, dass alle NATO-Staaten ihren extrem weit gefassten Terrorbegriff übernehmen.

Es stellte sich jedoch sehr schnell heraus, dass Ankara der Meinung war, aufgrund der Dringlichkeit des Anliegens von Stockholm und Helsinki diesmal besonders gute Trümpfe in der Hand zu haben. Mehr noch, offensichtlich wollte Erdoğan die Situation nutzen, um außenpolitisch auf eine Art und Weise zu agieren, wie er es sich in normalen Zeiten wegen der Gefahr von westlichen Reaktionen zweimal überlegen würde. So kündigte er noch während der Verhandlungen mit Schweden und Finnland eine weitere Intervention seiner Truppen im Norden Syriens gegen die kurdische *Demokratische Einheitspartei* (PYD) an, wohl wissend, dass die Kurden in Syrien den USA als Bodentruppen dienen. Gleichzeitig eskalierte die türkische Regierung den Streit mit Griechenland und stellte erstmals offen die Souveränität griechischer Inseln in der Ägäis in Frage.[1] Nur einen Monat vorher war die von ihr finanziell abhängige Regierung der Türkischen

Republik Nordzypern (TRNZ) gezwungen worden, sich in nahezu allen Bereichen der Innen- und Außenpolitik Ankaras zu unterwerfen.[2] Kritische Beobachter sehen den entsprechenden Vertrag[3] als ersten Schritt zu einer möglichen Annexion der nördlichen Inselhälfte durch die Türkei.[4]

Was sind die Gründe für das spannungsreiche Verhältnis der Türkei zur NATO? Und woher nimmt Ankara das Selbstvertrauen und die Kraft, dem Bündnis gegenüber so konfrontativ und selbstbewusst aufzutreten?

Die goldenen Jahre

1952 war die Welt für die NATO noch in Ordnung. In jenem Jahr traten die Türkei und Griechenland dem Bündnis bei, drei Jahre vor der Bundesrepublik. Die beiden Staaten bildeten die Südflanke der NATO: Während die Türkei die Sowjetunion vom Mittelmeer und dem Nahen Osten abriegelte, begrenzte Griechenland den Handlungsspielraum des Warschauer Pakts nach Süden. Das war ein Riesenschritt vorwärts für das Bündnis, damals noch wichtiger als es heute die Mitgliedschaft Finnlands und die beantragte Mitgliedschaft Schwedens zur vollständigen Eindämmung Russlands im Norden sind.

Wie Stockholm und Helsinki im Jahre 2022 baten Athen und Ankara in jenen Jahren um die Aufnahme ins Bündnis. Besonders die Türkei drängte damals gewaltig und war bereit, einen hohen Preis für die Mitgliedschaft zu zahlen. Nur um Washington zur Zustimmung zu bewegen, hatte das Land zwei Jahre vorher Soldaten in einen Krieg geschickt, in dem es nichts zu gewinnen und nichts zu verlieren gab. Eine ganze Brigade von 5090 Mann, darunter fast 260 Offiziere, kämpfte an der Seite der USA im Korea-Krieg. Mehr als jeder Fünfte davon gilt als vermisst, wurde verwundet oder gar getötet. Der damalige türkische Botschafter in den USA, Suat Hayri Ürgüplü, hatte Washington die Soldaten regelrecht angepriesen. Nur 136 Dollar betrage bei ihnen der finanzielle Aufwand pro Mann, Peanuts im Vergleich zu den 5500 US-Dollar für amerikanische Soldaten.[5] Mit 23 Cent pro Tag seien die türkischen Soldaten wirklich günstig, meinte in jenen Tagen auch John Foster Dulles,[6] der Außenminister Washingtons. Von solcher Überheblichkeit ist heute in den USA nichts mehr zu spüren.

Zwei Gefahren wollte die Türkei durch den Beitritt zur NATO bereits damals begegnen. Die eine aktuelle Gefahr ging von Moskau aus, obwohl die junge Sowjetunion nach dem Ersten Weltkrieg der erste und lange der einzige Freund der neuen Türkei gewesen war. Bereits 1921, zwei Jahre vor Gründung der türkischen Republik, hatte die UdSSR das türkische Behelfsparlament unter Führung von Mustafa Kemal (Atatürk) anerkannt, das in Ankara zusammengetreten war und sich von dort gegen die mit Großbritannien kollaborierende Regierung des Sultans in Istanbul wandte. Diese *Große Türkische Nationalversammlung* (TBMM) organisierte den Krieg gegen die armenischen und griechischen Truppen, die Teile Anatoliens unter ihre Kontrolle gebracht hatten. Im Freundschafts- und Bruderschaftsvertrag vom März 1921 sicherten sich Ankara und Moskau gegenseitig Solidarität im Kampf gegen den Imperialismus zu. Moskau unterstützte den Nationalen Befreiungskrieg der Türken auch materiell, lieferte Munition und gewährte Kredite in Gold. Später half die UdSSR bei der Industrialisierung. Mehr noch, im Nordosten Anatoliens gaben die Bolschewiki drei Provinzen zurück, die 1878 unter russische Kontrolle geraten waren.

All das änderte sich nach dem Zweiten Weltkrieg. 1945 machte der sowjetische Außenminister Wjatscheslaw Michailowitsch Molotow die Verlängerung des Vertrags von 1921 von einer ganzen Reihe von Bedingungen abhängig. So sollte die Türkei das Gebiet zwischen den Küstenstädten Giresun und Trabzon am Schwarzen Meer der Georgischen Sozialistischen Sowjetrepublik und die Gegend von Kars, Erzurum und den Van-See der Sozialistischen Armenischen Republik abtreten. Es handele sich dabei um historische Siedlungsgebiete der mit den Georgiern ethnisch verwandten Lasen sowie der Armenier, so die Begründung Moskaus.[7] Genauso gravierend war eine andere Forderung, nämlich die Revision des Vertrags von Montreux von 1936, der Ankara die Kontrolle über die Meerengen Bosporus und Dardanellen zugesprochen hatte. Die beiden Meerengen verbinden das Schwarze Meer mit dem Marmara-Meer und dieses mit dem Mittelmeer. Die Türkei sollte der Errichtung sowjetischer Stützpunkte in den Meerengen zustimmen, was dazu geführt hätte, dass die Sowjetunion die Entscheidung darüber gehabt hätte, ob und welche Kriegsschiffe ins Schwarze Meer gelangen, das dadurch zu einem russischen Meer geworden wäre.

Die zweite Gefahr, gegen die sich Ankara mit dem Beitritt zur NATO schützen wollte, stellte und stellt der Westen dar. Das scheint absurd, aber aus türkischer Sicht waren es die christlichen europäischen Mächte, die mit der Unterstützung der Nationalbewegungen meist christlicher Völker den Untergang des Osmanischen Reichs vorangetrieben hatten. Türkische Intellektuelle wie Falih Rıfkı Atay und Rıza Nur, aber auch Staatsmänner wie Mustafa Kemal (Atatürk) und Kazım Karabekir waren der Überzeugung, dass auch der neue türkische Staat als Fremdkörper in Europa betrachtet und seine Existenz immer in Frage gestellt werden würde. «Wir mussten entweder Europäer werden, oder die imperialistischen Mächte Europas würden uns [gemeint ist der Staat] zerschlagen und uns [hier im Sinne von Nation] auf den Stand asiatischer Horden zurückwerfen», sollte später der Abgeordnete Falih Rıfkı Atay sagen.[8] «Verwestlichung gegen den Westen» lautete deshalb das Motto. Das galt nicht nur für die verwestlichenden und säkularisierenden Reformen im Innern, sondern auch für die außenpolitische Hinwendung nach Europa, die Mitgliedschaft im Europarat und in der NATO. Was die NATO betrifft, hat sich dieses Gefühl in der Türkei bis heute nicht geändert. So entgegnete der einflussreiche und als pro-westlich geltende Kommentator Fatih Altaylı im Mai 2022 Stimmen, die für den Austritt der Türkei aus der NATO werben, mit folgenden Worten: «Wären wir heute nicht in der NATO, würde uns der Westen wohl genauso betrachten, wie er den Irak vor seiner Besetzung durch die USA betrachtet hat. Er sähe uns wie Libyen vor der Intervention, oder wie Syrien, bevor dort der Bürgerkrieg provoziert worden ist. …. [Die NATO] ist der einzige Schild, der uns nicht nur vor dem Osten [dem Iran] und dem Norden [Russland], sondern auch vor dem Westen schützt.»[9]

Die türkische Haltung zum Westen und damit auch zur NATO ist deshalb zutiefst ambivalent. Man braucht den Westen und die NATO zum Schutz gegen den übermächtigen Nachbarn im Norden, der in der Zeit des Kalten Krieges gleichzeitig verdächtigt wurde, linke und «separatistische» Bewegungen zu unterstützen und so die Einheit der Nation zu gefährden. Doch der Westen ist ebenfalls kein verlässlicher Partner, sondern imperialistische Bedrohung, gegen die man sich – wie ein Chamäleon – nur dadurch schützen kann, dass man sich ihm kulturell und politisch angleicht.

Die USA: Vom Sicherheitspartner zur Bedrohung

Die USA sind die bestimmende Kraft in der NATO, und in der Türkei sieht man im Bündnis primär ein Instrument der USA. Den ersten großen Stresstest für die Beziehungen von USA und NATO zur Türkei gab es 1964 im Zusammenhang mit Zypern. Dort hatten die Zyperngriechen die staatliche Ordnung niedergerissen, woraufhin Ankara mit einer militärischen Intervention zum Schutz der türkischen Bevölkerung drohte. In seinem berühmten Brief vom 5. Juni 1964 warnte US-Präsident Lyndon B. Johnson die Türkei vor einem solchen Schritt und stellte die Sicherheitsgarantie der NATO für die Türkei in Frage, sollte die Sowjetunion einen militärischen Konflikt auf Zypern für einen Angriff auf die Türkei nutzen. Johnson verwehrte der Türkei außerdem, US-Rüstungsgerät für eine Invasion auf der Insel zu nutzen.[10] Da in jenen Jahren noch fast die gesamte Ausrüstung des türkischen Militärs aus den USA stammte, sah Ankara auch deshalb 1964 von einem Feldzug ab. Doch das Vorgehen der USA löste in der Türkei die erste große Welle von Anti-Amerikanismus aus. Seit damals beschuldigt die stark nationalistisch eingestellte türkische Linke die USA des Imperialismus. 1966 protestierten in Ankara 30 000 Menschen gegen US-Außenminister Dean Rusk. 1968 kam es anlässlich des Besuchs der 6. Flotte der USA in Istanbul zu schweren Zusammenstößen, in deren Verlauf mehre amerikanischen Soldaten ins Meer gestoßen wurden, und 1969 ging die Limousine des US-Botschafters in Flammen auf. Die Dinge besserten sich nicht, als die Türkei 1974 tatsächlich ein Drittel Zyperns besetzte und die USA ein Waffenembargo verhängten, das erst drei Jahre später wieder aufgehoben werden sollte.

Mit der Auflösung der Sowjetunion und dem Ende des Kalten Krieges fielen für Ankara außenpolitisch die direkte Bedrohung aus dem Norden und innenpolitisch die jahrzehntelang gepflegte Phobie vor kommunistischen Bestrebungen weg. Gleichzeitig öffneten sich der Türkei neue außenpolitische Spielräume: Hoffnung auf Kooperation mit den zentralasiatischen Turkstaaten, Einflussnahme auf dem Balkan und mehr Bewegungsfreiheit im jetzt nicht mehr strikt blockgebundenen Nahen Osten. Mit dem Wegfall der Bedrohung durch die Sowjetunion traten die unterschiedlichen und manchmal gegensätzlichen Interessen von Washington und Ankara in der Region deutlich hervor: 1) in Afghanistan, wo die Türkei zwar ein großes Kontingent an Soldaten stellte, sich aber nicht an Kampfhandlungen gegen die Taliban beteiligte; 2) in Bezug auf den Iran, als Ankara Teheran das Recht auf die zivile Nutzung der Kernenergie zugestand; 3) im Irak, wo die Türkei den USA die Eröffnung einer zweiten Front gegen Saddam Hussein vom türkischen Südosten aus verweigerte; 4) in Libyen, wo Ankara sich anfangs strikt gegen den Sturz Muammar al-Gaddafis wandte; 5) in Israel, wo die türkische Regierung sich zum Schutzherren der Hamas aufschwang; 6) und zuletzt und immer noch in Syrien. Dort ging Ankara nur halbherzig gegen den «Islamischen Staat» vor und kaprizierte und kapriziert sich immer noch auf die Bekämpfung der syrischen Kurden, obwohl Washington diese als Bodentruppe gegen die Dschihadisten nutzt.

Die Differenzen sind dabei grundsätzlicher Art. Aus Sicht von Ankara destabilisiert die Politik der USA im Nahen Osten die Nachbarstaaten der Türkei, schwächt oder stürzt deren Regierungen und versetzt damit die Kurden dieser Länder in die Lage, ihre Siedlungsgebiete selbst zu verwalten. Das galt zuerst für den Irak, wo der Sturz Saddam Husseins zur Etablierung einer kurdischen Regionalregierung führte. Ähnliches fürchtet die Türkei in Syrien. Weil Washington die Kurden Syriens militärisch unterstützt, gelten die USA der türkischen Bevölkerung nun schon seit vielen Jahren als primäre Bedrohung. Denn je mehr die Kurden zu einem Akteur auf internationaler Ebene werden, desto schwerer wird es für die Türkei, ihr eigenes Kurdenproblem so wie bisher, durch Einschüchterung und den Einsatz des Militärs, zu lösen.

In den letzten zehn Jahren haben drei Ereignisse besonders dazu beigetragen, die Skepsis der Türkei dem Westen gegenüber noch weiter zu vertiefen. Zwar gilt dies vor allem für die Regierung, doch weil diese Haltung die Nachrichten in Presse und TV bestimmt, formt sie auch weitgehend die Einstellungen der Bevölkerung.

Das erste der hier zu nennende Ereignisse waren die Gezi-Proteste von 2013. Die Unterstützung, die die Demonstrationen der städtischen Jugend und ihre Forderungen in jenen Wochen in Westeuropa und den USA erfuhren, machte der Regierung in Ankara erschreckend klar, wie wenig Ansehen und Rückhalt sie international genießt. Seit dieser Zeit verteufelt der damalige Ministerpräsident und heutige Staatspräsident Erdoğan jeden Protest im Lande als Putschversuch im Auftrag fremder Mächte und nennt stets westliche Staaten als Urheber.

Im selben Jahr putschte in Kairo das Militär und fegte die Regierung von Mohammed Mursi hinweg, die von der ägyptischen Muslimbruderschaft getragen worden war. In der Türkei hatten die regierende AKP, die staatliche Entwicklungshilfeorganisation TIKA und konservative NGOs die ägyptischen Muslimbrüder nach Kräften unterstützt. Für Erdoğan war es ein Schock, dass Europa und die USA den Putsch einfach hinnahmen. In Ankara entstand der Eindruck, der Westen erkenne die politische Herrschaft auch gemäßigter muslimischer Parteien nicht wirklich an und man selbst genieße in den Augen Europas und der USA ebenfalls nur eingeschränkte Legitimität.

Am 15. Juli 2016 schließlich versuchten Teile des türkischen Militärs einen Staatsstreich, der von der Regierung mit Unterstützung ihrer Anhänger niedergeschlagen wurde. Zwar verurteilte die Politik in Europa und den USA umgehend die Putschisten, doch kritisierte sie gleichzeitig die Regierung, die ohne Not den Ausnahmezustand erließ, die Grundrechte und -freiheiten außer Kraft setzte und ohne jegliche juristische Kontrolle Massenverhaftungen und großangelegte Säuberungen in der Bürokratie vornahm. Als Reaktion darauf wurde in Ankara behauptet, der Westen in Gestalt der USA stecke hinter dem versuchten Staatsstreich, zumindest sei dieser nicht ohne Kenntnis von Teilen der US-Administration erfolgt. Dass die USA den Prediger Fethullah Gülen nicht auslieferten, den Ankara als Drahtzieher des Putsches festmachte und europäische Länder wie Deutschland, die Niederlande und Schweden Gülen-nahen Diplomaten, Bürokraten und Offizieren Asyl gewährte, war zusätzliches Wasser auf die Mühlen Recep Tayyip Erdoğans.

Vor dem Hintergrund all dessen verwundert es nicht, dass die USA bei Umfragen nun schon seit Jahren als eine ernsthafte und oft gar als die größte Bedrohung für die Sicherheit des Landes genannt werden. 2013 lag der Anteil derer, die die USA als die größte Gefahrenquelle für die Türkei ansahen, bei «nur» 44 Prozent, 2017 war diese Rate auf 72 Prozent geklettert[11] und im Jahre 2018 war der Wert einer Umfrage nach auf 82 Prozent gestiegen.[12] Auch als Folge des russischen Überfalls auf die Ukraine sank der Anteil im März 2022 laut einer Erhebung im Auftrage des German Marshall Funds of the United States (GMF) auf 58 Prozent.[13] Doch führten die USA noch immer die Liste der Gefahren an.

Verglichen mit dem Ansehen der USA ist das der NATO in der Türkei nicht ganz so schlecht. Gemessen aber an der Wertschätzung anderer Mitgliedsstaaten ist die Zustimmung zum Bündnis seit 2004 extrem zurückgegangen. Sprachen in jenem Jahr noch 67 Prozent positiv über die NATO – womit die Türkei damals ziemlich im Mittelfeld aller Mitgliedsstaaten lag –, sank diese Rate bis 2010 auf nur noch 41 Prozent.[14] In den darauf folgenden Jahren, von 2011 bis 2019, wollten sich nur jeweils zwischen 15 und 25 Prozent positiv zur NATO positionieren, damit bildete die Türkei das Schlusslicht unter allen NATO-Staaten.[15] Angesichts der Krisen in der türkischen Außenpolitik und der damit einhergehenden relativen Isolation des Landes in der Region stieg die Zustimmung zum westlichen Verteidigungsbündnis in den letzten beiden Jahren wieder an. Die bereits genannte GMF-Untersuchung fand für 2021 einen Anteil von 33 Prozent mit Vertrauen in die NATO. Unter dem Eindruck von Russlands Überfall auf die Ukraine wuchs diese Zahl 2022 auf 39,4 Prozent.[16] Dass sich in einer anderen Umfrage noch im Januar 2022 eine knappe relative Mehrheit für die außenpolitische Zusammenarbeit der Türkei mit China und Russland anstatt mit Europa und den USA ausgesprochen hat, zeigt, wie volatil in der Türkei die Stimmung dem Westen gegenüber ist.

Kriegsmaschine Türkei:
Regionalmacht mit globaler Bedeutung

Seit dem Ende des Kalten Kriegs verfolgt die türkische Regierung die Strategie, in allen Politikbereichen, besonders aber in der Sicherheitspolitik, «vollkommen unabhängig» zu werden. Zuerst

in Worte gefasst haben dieses Ziel Anfang der 2000er Jahre links-
nationalistische Gruppen, deren linke Politik sich in der Hinwendung zu China und Russland erschöpfte und erschöpft.[17] Mit seinem damals vielbeachteten Buch *Strategische Tiefe (Stratejik
Derinlik)* versuchte der ehemalige Außenminister und Ministerpräsident Ahmet Davutoğlu 2001, religiös-konservative Kreise
davon zu überzeugen, dass die Türkei vom Westen unabhängig
werden müsse. Begonnen hatten solche Überlegungen bereits
mehrere Jahrzehnte zuvor als Folge des Waffenembargos der USA
nach der türkischen Invasion auf Zypern. Zum Ende des dreijäh-
rigen Exportstopps US-amerikanischer Rüstungsgüter war damals die Hälfte des militärischen Fluggeräts der Türkei aufgrund
fehlender Ersatzteile nicht mehr einsatzfähig.[18] «Es ist an der Zeit,
Amerika ‹Good Bye› zu sagen», schrieb deshalb am 1. Juli 1975
der türkische Admiral Sezal Korkunt und warb dafür, die Abhängigkeit von den USA zu verringern und sich nach anderen
Rüstungslieferanten umzusehen. In die Bresche sprangen damals
Italien und die Bundesrepublik Deutschland. Als NATO-Part-
ner unterstützte Bonn die Rüstung der Türkei mit 100 Millionen
US-Dollar.

In jenen Jahren wurden auch die staatlichen Rüstungsfirmen
gegründet, die heute – zusammen mit jüngeren privaten Firmen – das Rückgrat der türkischen Waffenproduktion bilden:
ASELSAN (Militärelektronik), HAVELSAN (Luftwaffen-Elektro-
nik), TAI (Luftfahrtindustrie) und ROKETSAN (Raketenbau).

Heute kauft Ankara Waffen in aller Welt ein: in Südkorea, der
Ukraine, Frankreich, Großbritannien und sogar in Russland, wie
das Raketenabwehrsystem S-400 zeigt. Die USA sind mittlerweile nicht mehr der größte Rüstungslieferant, für die Jahre von
2017 bis 2021 lagen sie mit einem Anteil von nur noch 22 Prozent
an den türkischen Rüstungsimporten auf Platz zwei, hinter Italien (30 Prozent) und knapp vor Spanien (21 Prozent).[19] Noch
wichtiger jedoch ist, dass die Türkei zunehmend weniger auf
Waffenimporte angewiesen ist. Zwischen 1995 und 1999 war das

Land noch weltweit der drittgrößte Waffenimporteur gewesen, heute erreicht es in dieser Liste nur noch Rang 17.[20] Der Grund dafür ist, dass Ankara mittlerweile den Löwenanteil seiner Rüstungsgüter in eigener Produktion herstellt. Mehr noch, das Land hat sich zu einem wichtigen Waffenexporteur entwickelt, und in den letzten Jahren gehörte die Türkei zu den weltweit am schnellsten wachsenden Rüstungsproduzenten.[21] Die Hauptabnehmer sind Turkmenistan, Oman und Katar, aber auch viele Staaten in Afrika zählen zu treuen Kunden. Zwar machen relativ einfache Produkte wie gepanzerte Fahrzeuge noch immer die Hälfte der türkischen Rüstungsexporte aus, doch verkauft Ankara auch Kriegsschiffe, Hubschrauber und Munition. Den Rising Star der Rüstungsproduktion bilden allerdings bewaffnete Drohnen. Die Türkei gehört zu den nur 21 Ländern auf der Welt, die bewaffnete Drohnen produzieren, und ist einer der wenigen Staaten, die – weil sie die Waffe ohne Rücksicht auf ethische Bedenken einsetzt – große Erfahrung damit gesammelt hat.

Den bewaffneten Drohnen verdankt es das Land, dass sein Militär als äußerst schlagkräftig wahrgenommen wird und es heute auch einen Platz unter den Entwicklern und Produzenten hochmodernen Kriegsgeräts einnimmt. Die ersten durchschlagenden Erfolge erzielten die Aufklärungs- und Kampfdrohnen im Einsatz gegen die bewaffneten Einheiten der PKK in der Türkei und im Irak sowie bei den türkischen Invasionen in Syrien. In Libyen setzte Ankara erstmals ganze Schwärme von Kampfdrohnen ein. Mit ihrer Hilfe gelang die Zerstörung russischer Luftabwehrsysteme und konnte der Angriff der von Frankreich und Russland unterstützten Rebellen auf die Hauptstadt gestoppt und so ein Waffenstillstand erzwungen werden. Nur wenig später machten die Drohnen im Krieg zwischen Aserbaidschan und Armenien von sich reden. Zuletzt feierte das Militär der Ukraine die Wirksamkeit der bewaffneten unbemannten Flugobjekte aus türkischer Produktion.

Einheimische Experten schreiben, die Drohnen seien nur der

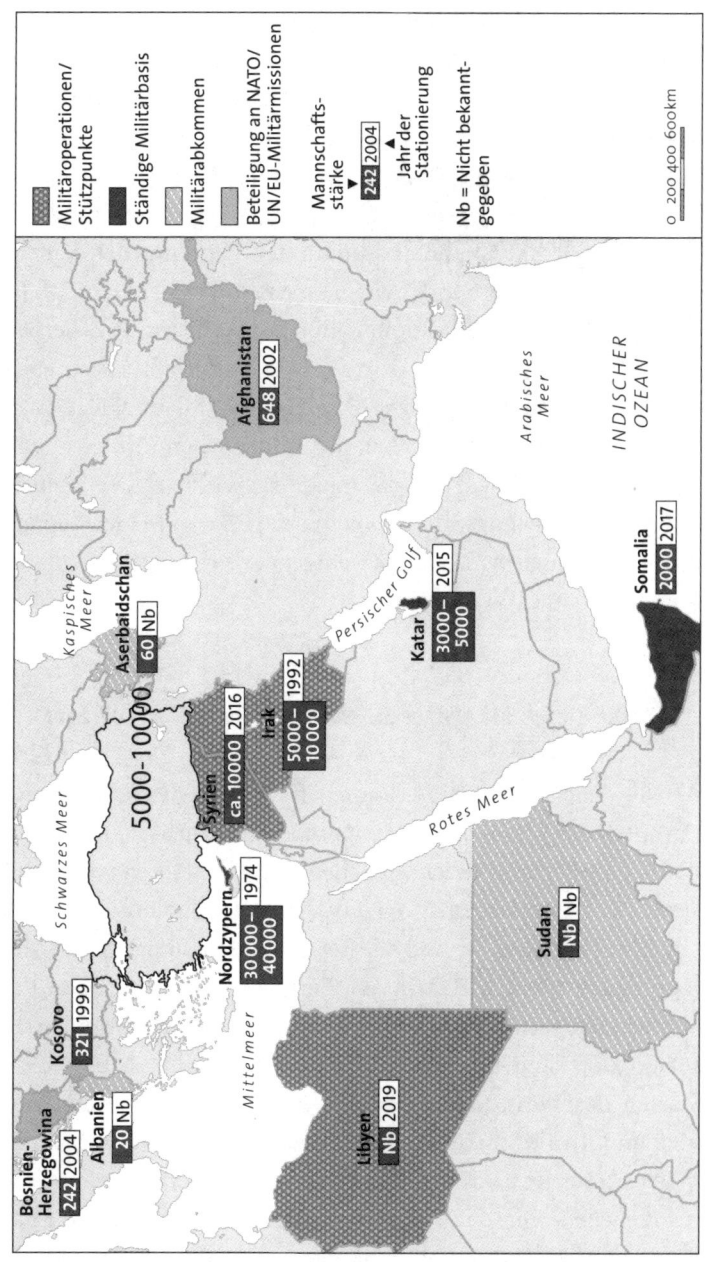

Die militärische Präsenz der Türkei im Nahen Osten

erste Schritt in der Automatisierung und Vernetzung der türkischen Kriegsführung. Bewaffnete unbemannte Wasserfahrzeuge (Plattformen) seien bereits erfolgreich getestet worden, und bewaffnete unbemannte Landfahrzeuge befänden sich in der Entwicklung.[22] Das größte Potential in der Nutzung der neuen Waffensysteme liege in ihrer Vernetzung, in erhöhtem Informationsaustausch und in ihrer koordinierten Steuerung der Waffensysteme. In der Türkei spricht man bereits von einer neuen Schule der Kriegsführung, der «Kombination von Aufklärung, Zielerfassung und Zerstörung à la Turca». Das mag leicht übertrieben sein. Sicher ist jedoch, dass die Skepsis der Politik und der Bevölkerung dem Westen gegenüber, die militärischen Erfolge in den genannten Konflikten und die rapide Entwicklung der Waffentechnik und Rüstungsproduktion in der Türkei zur Überzeugung geführt haben, dass man heute weniger auf das Bündnis angewiesen sei als früher.

2. Die Türkei als ewiger EU-Kandidat: Aus der (Alb)Traum

Als die Staats- und Regierungschefs der Mitgliedsstaaten der Europäischen Union am 24. Juni 2022 im Europäischen Rat ihre Beschlüsse bekannt gaben, sprachen Kommentatoren von einem «potentiell historischem Moment».[23] In seiner Sitzung verlieh das Gremium der Ukraine und der Republik Moldau den Status von Kandidaten für den Beitritt zur Europäischen Union. Der Rat verpflichtete sich auch, Georgien zum Kandidaten zu erklären, sobald das Land bestimmte Bedingungen erfüllt habe.[24] Den Staaten des Westbalkans (Serbien, Montenegro, Nordmazedonien und dem Kosovo) wurde außerdem bestätigt, dass ihr Platz in der EU sei, und Bosnien und Herzegowina der Kandidatenstatus verliehen. Von der Türkei war indes keine Rede mehr. Erstmals seit 2005, als die Verhandlungen zur Aufnahme der Türkei in die EU begannen, bekundete der Rat – und sei es auch nur dadurch, dass er das Land schlicht übergeht –, dass niemand mehr mit einer künftigen Mitgliedschaft Ankaras rechnet.

Und das ist nicht verwunderlich. Selbst wenn die EU bereit wäre, die mittlerweile fest etablierte antiwestliche und zunehmend offen islamistische Rhetorik der türkischen Regierung geflissentlich zu überhören, die Rückschritte in Sachen Demokratie, Rechtsstaatlichkeit, Transparenz sowie Schutz der Menschen-, Bürger- und Minderheitenrechte haben der Fortführung des Beitrittsprozesses die politischen und vertraglichen Grundlagen entzogen.

Jahrelang standen Deutschland und andere EU-Staaten mit großen türkeistämmigen Minderheiten einer Mitgliedschaft Ankaras aus Furcht vor weiterer Zuwanderung besonders kritisch gegenüber. Mancher hoffte gar auf ein Ende des Beitrittsprozesses. Doch jetzt, da es praktisch so weit ist, ist von Erleichterung wenig zu spüren. Denn das faktische Ende des Beitrittsprozesses verschafft Europa keine Atempause. Im Gegenteil: Aus einem türkisch-europäischen Verhältnis, in dem Europa als der stärkere Partner angetreten war, die Türkei wirtschaftlich zu modernisieren und politisch zu transformieren, ist eine gegenseitige Abhängigkeit geworden, in der es oft den Anschein hat, Ankara könne in zentralen Bereichen mehr Druck auf die EU ausüben als umgekehrt.

In aller Dramatik zeigte sich dies 2015, als die Flüchtlingskrise für Europa nur dadurch handhabbar wurde, dass Ankara mit Brüssel kooperierte. Der Europäische Rat und die türkische Regierung gaben damals gegenseitig Erklärungen ab, in denen die Türkei zusagte, ihre Land- und Seegrenzen mit der EU strikt zu kontrollieren und das Rücknahmeabkommen mit der EU vorzeitig zu implementieren.[25] Der Türkei wurde finanzielle Hilfe für die Integration von Flüchtlingen, die geregelte Aufnahme von syrischen Flüchtlingen in Europa und ein Entgegenkommen bei den Verhandlungen über die Visumfreiheit für türkische Staatsbürger versprochen.

Doch der Krieg Russlands gegen die Ukraine zeigt auch die sicherheitspolitische Bedeutung des Landes. Im Juni 2016 entschuldigte sich der türkische Staatspräsident Recep Tayyip Erdoğan bei Russlands Präsident Wladimir Putin dafür, dass die türkische Luftwaffe im November 2015 an der Grenze zu Syrien einen russischen Kampfjet abgeschossen hatte. Der Schritt läutete eine rasante Annäherung Ankaras an Moskau ein. Die beiden Länder begannen damit, ihre Syrienpolitik zu koordinieren und vertieften ihre Zusammenarbeit in den Bereichen Erdöl, Erdgas und Atomkraft. Es folgte eine Kooperation der Geheimdienste und selbst in so strategischen Fragen wie der Rüstungspolitik ging man aufeinander zu. Das Leuchtturm-Projekt türkisch-russischer Kooperation war der Erwerb des russischen Raketenabwehr-Systems S-400 durch Ankara. Seit damals steht für die NATO-Staaten die Frage der Zuverlässigkeit ihres Partners Türkei im Raum.[26] Zwar stellt der russische Krieg gegen die Ukraine das türkisch-russische Verhältnis auf den Prüfstand. Bisher ist es Ankara allerdings gelungen, sich sowohl für die NATO als auch für Russland als unverzichtbarer Partner zu positionieren.

Warum hat es die Europäische Union nicht geschafft, die Türkei an sich zu binden? Warum versagte der Beitrittsprozess, das stärkste Instrument der EU zur politischen Transformation eines Beitrittskandidaten, ausgerechnet bei einem für die Union so zentralen Nachbarn? Drei Faktoren spielten dabei eine zentrale Rolle: das Ende des Kalten Krieges, das Scheitern der Reformen zur Demokratisierung in der Türkei und die immer wieder zutage tretende Unfähigkeit der EU-Mitgliedsstaaten, zu einer einheitlichen Politik zu gelangen.

Das Ende des Kalten Kriegs

Während des Kalten Krieges waren die europäisch-türkischen Beziehungen vom Nutzen der Türkei für die Sicherheit des Westens bestimmt, hält das Land doch die Südostflanke der NATO. Die Mitgliedschaft in der EU sollte für Ankara eine wirtschaftliche Stärkung und eine politische Stabilisierung bringen. Außerdem galt es, Spannungen zwischen den beiden NATO-Partnern Türkei und Griechenland zu vermindern, die aus dem griechischen Streben nach Ausweitung seiner Seegrenzen in der Ägäis und dem Zypernkonflikt resultierten.

In den Augen ihrer westlichen Verbündeten verlieh ihre Gegnerschaft zur UdSSR – nach dem zweiten Weltkrieg hatte Moskau einige Territorialforderungen gestellt (vgl. S. 150 f.)) – der Türkei einen «europäischen Charakter». Niemand bemühte damals kulturelle, historische, religiöse oder geographische Kriterien, um die Zugehörigkeit des Landes zu Europa in Zweifel zu ziehen. So profitierte Ankara ab 1947 wie andere westeuropäische Länder (unter anderem die Bundesrepublik Deutschland und Griechenland) vom Marshall-Plan der USA. Bei der Gründung der OEEC, der Vorläuferin der OECD, war die Türkei 1948 genauso mit an Bord wie 1949 unmittelbar nach der Gründung des Europarates, der damals als ausschließlich westlicher Zusammenschluss galt. All dies, auch ihre Mitgliedschaft in der NATO, entsprach der damals unzweideutigen politischen, wirtschaftlichen und kulturellen Ausrichtung der Türkei auf den Westen im Allgemeinen und auf Europa im Besonderen.

Doch als sich der Warschauer Pakt und die Sowjetunion auflösten, verlor die Türkei vorübergehend ihre sicherheitspolitische Bedeutung für Europa. Der Zerfall des Ostblocks ermöglichte den Zusammenschluss der beiden deutschen Staaten und später die Osterweiterung der Europäischen Union. Für die Länder des Westens bedeutete diese nicht nur das Ende der äußeren Bedrohung, sondern auch einen Bedeutungsverlust der kommunistischen Bewegungen im Inneren. Ein liberaleres Klima setzte ein und damit die sogenannte «Demokratisierung der Außenpolitik». Die Außenpolitik drehte sich nicht länger primär um militärische Sicherheit, sondern wurde Teil der innenpolitischen Debatten und zum Thema von Wahlkämpfen. Im Hinblick auf die Türkei führte dies in zentralen Mitgliedsstaaten der EU zu einer erhöhten Durchschlagskraft kulturalistischer Vorstellungen. Plötzlich galt die Tatsache, dass die Türken Muslime sind, als Hinweis auf eine «nichteuropäische Kultur» der Türkei, die ihrer Mitgliedschaft entgegenstehen würde. Exemplarisch für diese Stimmung in Deutschland standen die Argumente des Historikers Hans-Ulrich Wehler, der im September 2002 eine mehrwöchige Diskussion zur EU-Mitgliedschaft der Türkei in der «Zeit» eröffnete und schrieb: «Nach geographischer Lage, historischer Vergangenheit, Religion, Kultur, Mentalität ist die Türkei kein Teil Europas.»[27] Der Zusammenbruch der Sowjetunion und die weltweite Schwächung kommunistischer Bewegungen veränderten auch in der Türkei das innenpolitische Klima. Der Wegfall der Bedrohung aus dem Norden erleichterte es den politischen Parteien, die politische Vormachtstellung des Militärs zu kritisieren, das mit dem Verweis auf die Sicherheit des Landes bis dahin bei allen Themen das letzte Wort gesprochen hatte. Besonders den konservativen Kräften bot die Schwächung des Militärs mehr politischen Bewegungsspielraum.[28] Mit der Unabhängigkeit der zentralasiatischen Turkstaaten tat sich für Ankara außerdem eine bislang verschlosse Region für außenpolitische Manöver auf. In jenen Jahren träumte man von der Entstehung einer «türkischen Welt» von der Ägäis bis zur Grenze Chinas. So kam es, dass in den 1990er und 2000er Jahren, als die Türkei der Mitgliedschaft in der Europäischen Union erstmals nahe zu kommen schien, in Europa die primäre Motivation für die Mitgliedschaft Ankaras – die Funktion des Landes für die Sicherheit Europas – geschwächt war. In der Türkei selbst wurde erstmals eine zu Europa alternative kulturelle und politische Vision greifbar.

Das Ende der türkischen Reformbemühungen

Als die wirtschaftsliberale, aber kulturkonservative Regierung unter Turgut Özal 1987 die Vollmitgliedschaft der Türkei in der Europäischen Gemeinschaft beantragte, hatte sich das Land gerade vom dritten Staatsstreich des Militärs erholt, das 1980 die Macht ergriffen und sie (formal) erst 1983 wieder abgegeben hatte. Wirtschaftspolitisch tobte ein Kampf zwischen dem Erhalt unrentabler Staatsbetriebe und der Liberalisierung durch Privatisierung und Öffnung zum internationalen Markt. Die türkische Regierung hatte das Beispiel des Nachbarn Griechenland vor Augen, der in großem Stile finanziell von der Mitgliedschaft in der Europäischen Gemeinschaft profitierte. Es waren deshalb primär wirtschaftliche Gründe, die zum Antrag auf Vollmitgliedschaft führten.

Die 1990er Jahre waren von häufigen Regierungswechseln, der Erosion der politischen Mitte, der Eskalation des Kurdenkonflikts und wirtschaftlicher Stagnation gekennzeichnet. Sprachliche und religiöse Minderheiten wie die Kurden und die Aleviten fühlten sich ausgegrenzt und ihre Jugend rebellierte. Den politischen Parteien traute die Bevölkerung weder die Modernisierung noch die wirtschaftliche Entwicklung des Landes zu. Vor diesem Hintergrund errang die noch heute regierende *Gerechtigkeits- und Entwicklungspartei* (AKP) weniger als ein Jahr nach ihrer Gründung bei den Wahlen von 2002 die absolute Mehrheit im türkischen Parlament.

Das Militär war allbestimmend, und die Generäle zeigten der Regierung fast jeden Monat die Grenzen ihrer Handlungsfreiheit auf. Mit dem Militär durch die kemalistische Ideologie vereint, beschränkte die hohe Justiz (Verfassungsgericht, Staatsrat und Kassationsgerichtshof) die Gesetzgebungskompetenz des Parlaments, und zwar besonders in den Bereichen, Bildung, Kultur und Kommunales. Vor diesem Hintergrund liefen die Forderungen der EU nach Demokratisierung auf die Zurückdrängung des

Abb. 11: Demonstration in Istanbul gegen die AKP am 29. April 2007, die im Rahmen ihrer Pro-EU-Politik versucht, den politischen Einfluss des Militärs zurückzudrängen

politischen Einflusses des Militärs sowie auf die Stärkung des Parlaments gegenüber der hohen Justiz hinaus. Primär aus diesem Grund orientierten sich die AKP und ihre konservative Wählerschaft nach Europa, boten doch die von der EU geforderten Reformen die Gelegenheit, die Armee und die kemalistische Elite innenpolitisch zurückzudrängen. Die Frommen wurden zu Demokraten, weil sie auf politische Rechte und demokratische Verfahren angewiesen waren. Doch sobald die AKP die Macht der kemalistischen Elite und mit ihr des Militärs gebrochen hatte, war es mit dem Reformeifer vorbei. Auch deshalb stockte der Mitgliedschaftsprozess.

Spielball in der Politik von EU-Mitgliedstaaten

Anders als vorgesehen, spielte bei der Diskussion der türkischen Mitgliedschaft in der EU die Erfüllung der politischen Kriterien von Kopenhagen nicht die zentrale Rolle. Die Diskussion wurde stattdessen bestimmt von Dingen wie etwa der Größe der Türkei, ihrer geographischen Lage, dem ungelösten Zypern-Problem, der dem Land aufgrund seiner überwiegend muslimischen Bevölkerung zugeschriebenen kulturellen Fremdheit sowie der dauerhaften Präsenz einer relativ großen türkischen Migrationsbevölkerung in zentralen europäischen Industrieländern. Doch noch etwas kam hinzu: Die individuellen, ja egoistischen Interessen einzelner EU-Mitgliedstaaten hemmten den Beitrittsprozess.

So verhinderte Griechenland in den 1990er Jahren die Entwicklung einer in sich geschlossenen Strategie für die Heranführung der Türkei an die EU,[29] eine Haltung, die in Athens Streit mit Ankara über Luft- und Seegrenzen in der Ägäis sowie in der Zypernfrage ihren Ursprung hatte. Auf dem EU-Gipfel von Thessaloniki 2003 sollte Athen später die Aufnahme der geteilten Insel Zypern in die Kandidatenliste für die Osterweiterung der EU zur Voraussetzung für seine Zustimmung zu dem Jahrhundertprojekt machen.

Mit dem Beitritt der Republik Zypern zur EU im Mai 2004 wurde Nikosia zu einem wichtigen Akteur. 2009 blockierte es unilateral sechs Verhandlungskapitel mit der Türkei, weil Ankara sich weigerte, die Zollunion auf die Republik Zypern auszudehnen. Aus demselben Grund verhinderte Nikosia 2016 nach der Kooperation der Türkei in der Flüchtlingskrise eine Wiederbelebung des Beitrittsprozesses. Diese «Nationalisierung der Erweiterungspolitik», die Tatsache, dass einzelne Mitgliedstaaten spezielle Forderungen an den Beitrittskandidaten stellen, zeigte sich später auch im Zusammenhang mit dem Westlichen Balkan.[30]

Mit seiner eigenmächtigen und egoistischen Politik folgte die Republik Zypern jedoch nur dem Beispiel Frankreichs, dessen

Staatspräsident Nicolas Sarkozy sich 2007, gleich nach seinem Amtsantritt, gegen die Eröffnung von fünf Beitrittskapiteln gesperrt hatte. Die Türkei gehöre nicht zu Europa, war die Begründung für diesen Schritt, mit dem sich Frankreich nicht nur von gemeinsam getroffenen Brüsseler Entscheidungen verabschiedete, sondern die gesamte Erweiterungspolitik unter den Vorbehalt der Regierung eines einzelnen Mitgliedsstaates stellte.

Ohne die stillschweigende Zustimmung Berlins hätten Brüssel und die restlichen Mitgliedstaaten diese Aktion Frankreichs schwerlich hingenommen. Doch Sarkozy konnte auf die Ablehnung der türkischen Mitgliedschaft durch die damals von der CDU geführte Bundesregierung vertrauen. Damit erwies sich die deutsche Innenpolitik zum zweiten Mal als entscheidend für das Schicksal des Türkei-Beitritts. Denn sowohl der Beschluss der EU von 2004, der Türkei den Kandidatenstatus zu verleihen, als auch der Beginn der Beitrittsverhandlungen 2005 wären ohne den Machtwechsel in Deutschland von Helmut Kohl zur Koalition Gerhard Schröder/Joschka Fischer nicht möglich gewesen. Aufgrund dieser Gemengelage versäumte es die europäische Politik, dem Beitrittsprozess gerade in dem Augenblick neuen Schwung zu verleihen, in dem die türkische Reformdynamik aus innenpolitischen Gründen zum Erliegen kam. Die letzte große Chance, die Türkei über den Beitrittsprozess bei der Stange zu halten, wurde 2016 im Rahmen der Flüchtlingskooperation vertan. Ein Grund dafür war der engstirnige Widerstand Zyperns gegen die Eröffnung neuer Verhandlungskapitel, die der damalige türkische Ministerpräsident Ahmet Davutoğlu regelrecht erflehte. Ein weiterer Grund lag in der moralischen Entrüstung eines Teils der europäischen Öffentlichkeit über den sogenannten «Flüchtlingsdeal» mit der Türkei. Eine ähnliche Entrüstung blieb in den darauffolgenden Jahren allerdings aus, als man ähnliche Abkommen mit anderen Anrainerstaaten des Mittelmeers schloss. Seither geht es in den Beziehungen Europas mit der Türkei stetig bergab.

Beitrittskandidat, Sicherheitspartner oder Gegner?

Im November 2016 forderte das Europaparlament die Europäische Kommission auf, die Beitrittsverhandlungen mit der Türkei vorübergehend einzufrieren.[31] Zu repressiv und ohne jegliche juristische Kontrolle seien die Maßnahmen unter dem Ausnahmezustand, der nach dem fehlgeschlagenen Putschversuch vom 15. Juli 2016 verkündet worden war. Im April 2017 entschied die Parlamentarische Versammlung des Europarats, die Türkei erneut unter Aufsicht zu stellen, solange, bis die Sorge des Rats um Menschenrechte, Demokratie und Rechtsstaatlichkeit in zufriedenstellender Weise aufgegriffen werde.[32] Nur drei Monate später, im Juli 2017, verschärfte das Europaparlament seinen Ton und rief sowohl die Kommission als auch die Mitgliedstaaten der EU dazu auf, die Beitrittsverhandlungen mit Ankara für den Fall offiziell auszusetzen, dass die geplante Vorlage zur Verfassungsänderung für die Einführung des Präsidialsystems unverändert umgesetzt werde.[33] Am 26. Juni 2018, nur zwei Tage nachdem die Türkei offiziell das Präsidialsystem eingeführt hatte, erklärten die Chefs der EU-Mitgliedstaaten im Europäischen Rat, die Türkei habe sich weiter von der Europäischen Union entfernt. Die Beitrittsverhandlungen seien faktisch zum Stillstand gekommen, und weder die Eröffnung und Schließung von Beitrittskapiteln noch die Aufnahme von Verhandlungen über die Modernisierung der Zollunion seien vorgesehen.[34] Im November 2021 wiederholte der Rat fast wortgleich diese Stellungnahme. Damit war der Beitrittsprozess offiziell gestoppt. Da nunmehr positive Anreize zur Kooperation fehlten, schien es nur eine Frage der Zeit, bis die Beziehungen eskalierten. Die ersten Anzeichen zeigten sich 2018. Waren es bis dahin stets die innenpolitischen Rückschritte in Sachen Demokratisierung, Rechtsstaatlichkeit und Menschenrechte, die das EU-Türkei-Verhältnis belastet hatten, wurde das Land 2018 für die EU-Mitglieder Griechenland und Republik Zypern zur primären außenpolitischen Bedrohung.

Denn im Streit um Gasvorkommen im östlichen Mittelmeer schreckte Ankara nicht davor zurück, zu militärischen Mitteln zu greifen. Die türkische Marine behinderte Forschungsschiffe, die im Auftrag der Republik Zypern Probebohrungen durchführten. Gleichzeitig operierten türkische Forschungsschiffe unter militärischem Schutz in der Ausschließlichen Wirtschaftszone des Inselstaates. Und später drohte Ankara bei Kreta auch Griechenlands maritime Rechte zu verletzen.[35]

Daraufhin erklärte der Europäische Rat am 22. März 2018 seine «volle Solidarität mit Griechenland und Zypern» und verurteilte «die illegalen Handlungen» der Türkei im östlichen Mittelmeer.[36] Die harschen Worte aus Brüssel nutzten jedoch wenig, weshalb der Europäische Rat mit seiner Entschließung vom 1. Oktober 2020 einen Schritt auf die Türkei zuging. Brüssel bot Ankara den Einstieg in eine «positive Agenda» an, wenn die Türkei aufhöre, die beiden Nachbarländer zu bedrängen. Die EU sei bereit, hieß es, die seit 1995 bestehende Zollunion mit der Türkei zu vertiefen, sprich: auf andere Güter als Industrieprodukte auszuweiten. Außerdem bot Brüssel an, mit der türkischen Regierung regelmäßige Konsultationen auf höchster Ebene durchzuführen und die europäische finanzielle Unterstützung für die Versorgung von Flüchtlingen in der Türkei fortzusetzen.[37] Weil auch dieses Angebot keine Wirkung zeigte und die Türkei ihre Störaktionen fortsetzte, drohte der Europäische Rat zwei Monate später, im Dezember 2020, mit Sanktionen gegen Firmen und Personen, die an den türkischen Bohrungen in zypriotischen Gewässern beteiligt waren, und sprach von «unilateralen Aktionen, Provokationen und einer eskalierenden Rhetorik» Ankaras.[38] Im März 2021 zeigte sich der Rat schließlich entschlossen, «alle ihm zur Verfügung stehenden Instrumente und Optionen einzusetzen, um die Interessen der EU und ihrer Mitgliedsstaaten zu verteidigen»,[39] und spielte damit auf Sanktionen an.

So endet das Abenteuer «Beitritt zur Europäischen Union» für die Türkei damit, dass sie heute für die Mitgliedstaaten der EU und auch für Brüssel längst nicht mehr nur ein Kandidat, sondern gleichzeitig auch ein potentieller Gegner ist. Die Reise war lang. Sie begann mit dem Assoziierungsabkommen zwischen Ankara und der EWG 1963, führte über die Zollunion der Türkei mit der EU zur Aufnahme von Beitrittsverhandlungen im Jahr 2005. 2015 und 2016 wurde der Kandidat zum Partner in der Flüchtlingspolitik. Spätestens an diesem Punkt verschoben sich die Machtverhältnisse, und die Türkei trat der EU auf Augenhöhe gegenüber.

Heute ist die EU mit der Türkei in drei verschiedenen Verhältnissen verbunden: Offiziell ist Ankara noch immer Kandidat, und Kandidaten müssen sich an politischen Kriterien wie Demokratie, Rechtsstaatlichkeit und Einhaltung der Menschenrechte messen lassen. Deshalb darf Brüssel nicht nur Kritik an der türkischen Innenpolitik üben, sondern ist dazu geradewegs verpflichtet. Gleichzeitig ist die Türkei für die EU ein Partner auf Augenhöhe: so in der Flüchtlingsfrage, der Wirtschafts- und der Außenpolitik. Und dann ist die Türkei auch noch Konkurrent und manchmal sogar Gegner. In Afrika etwa tritt Ankara mit Frankreich und anderen europäischen Ländern in Wettbewerb und steht darüber hinaus in offener Gegnerschaft zu Griechenland und Zypern.

Für die EU bedeutet diese Gemengelage ein ziemliches Dilemma. Denn nimmt sie Ankara als Kandidaten und kritisiert die türkische Regierung, riskiert sie Schwierigkeiten bei der Zusammenarbeit in der Flüchtlingsfrage. Konzentriert Brüssel sich auf die Zusammenarbeit und lässt die Demokratie und Menschenrechte außen vor, schreit die liberale Öffentlichkeit in Westeuropa auf. Und will sie der Türkei ob ihrer aggressiven Außenpolitik mit Wirtschaftssanktionen drohen, handelt sie gegen die Interessen der Staaten und Unternehmen, für welche die Türkei ein Produktionsstandort, ein großer Markt oder gar ein Sprungbrett nach Zentralasien und in den Mittleren Osten ist.

Die EU und ihre Mitgliedstaaten müssen wohl oder übel eines

dieser drei Verhältnisse priorisieren. Entweder Mitgliedschaft oder nur punktuelle Zusammenarbeit, entweder Kooperation oder Eindämmung eines Gegners. Der Ausgang der Wahl von 2023 hat der EU die Entscheidung gewissermaßen abgenommen.

3. Außenpolitische Neuorientierung: Kein Anhängsel Europas

Seit ihrem Beitritt zur NATO 1952 gilt die Türkei als unverzichtbarer Baustein im westlichen Sicherheitssystem. Militärisch und rüstungspolitisch ist das Land eng mit den USA verflochten. Seine Außenwirtschaft ist stark auf Europa ausgerichtet, es ist Mitglied im Europarat, und trotz aller Rückschläge im Reformprozess pocht Ankara darauf, nach wie vor Kandidat für den Beitritt zur Europäischen Union zu sein. Doch in den letzten Jahren wachsen in Europa und den USA die Zweifel, ob Ankara sich auch in Zukunft als Teil des Westens sieht und sich Washington und Brüssel, Paris und Berlin auf das Land verlassen können.

Denn in der Türkei heißt es seit geraumer Zeit, man müsse in der Außenpolitik vollkommen autonom sein. Man habe seine eigenen Interessen und müsse diese auch gegen die Partner in NATO und EU verfolgen und durchsetzen.

Beispiele dafür gibt es viele. Im östlichen Mittelmeer streitet sich Ankara mit Athen und Nikosia um Seegrenzen und exklusive Wirtschaftszonen. In Libyen und anderen Ländern Afrikas tut Ankara alles dafür, den Einfluss Frankreichs zu begrenzen. In Syrien wiederum spricht sich die Türkei stärker mit Russland und dem Iran – beides Staaten, die das Regime von Baschar al-Assad unterstützen – ab als mit den USA. Dort kämpfen türkische Truppen primär gegen syrische Kurden und kooperieren eng mit radikalen Islamisten, die den syrischen Widerstand nicht erst seit heute dominieren. Im Kaukasus hat die Türkei den Feldzug der Aseris gegen die Armenier von Berg-Karabach befördert und internationale Appelle für einen Waffenstillstand in den Wind geschlagen. Von Moskau hat sich Ankara die hochmodernen S-400 liefern lassen, ein Luftabwehrsystem, dessen Raketen auf Flugzeuge der NATO geeicht sind. Im Februar und März 2020 gab es den Versuch, irreguläre Migranten in großer Zahl nach Griechenland zu schleusen und so der EU die Kontrolle über ihre Außengrenze zu entziehen. Und auch im Krieg Russlands gegen die Ukraine geht die Türkei ihren eigenen Weg. Nicht nur, dass sich Ankara nicht an den Sanktionen gegen Moskau beteiligt, vielmehr versuchen türkische Unternehmen in die Lücken vorzudringen, die der Rückzug westlicher Firmen in Russland hinterlassen hat, und davon zu profitieren. So hat sich der NATO-Bündnispartner und EU-Beitrittskandidat zum sicherheitspolitischen Problem gemausert, und nicht ganz ohne Grund wird die Türkei in letzter Zeit vermehrt mit Russland und China in einem Atemzug genannt.

Globale und regionale Machtverschiebungen

Dass die Türkei so wenig Rücksicht auf westliche Interessen nehmen muss, liegt nicht nur an den gewachsenen Kapazitäten des Landes, das Resultat von über zwanzig Jahren politischer Stabilität, wirtschaftlicher Entwicklung, einer äußerst dynamischen Rüstungsindustrie und einer traditionell großen Armee. Mehr noch hat sich das globale und regionale Umfeld zum Vorteil Ankaras verändert. Mit dem Ende des Kalten Krieges waren die Staaten der Region nicht länger gezwungen, auf einer Seite des Konflikts zu verharren, sondern gewannen größere Bewegungsfreiheit. Da die USA ihr primäres Interesse in den Pazifik verlagerten, entstand in der Region ein Machtvakuum, das nicht nur die Türkei, sondern auch Länder wie die Vereinigten Arabischen Emirate (VAE), Saudi-Arabien (SA) und der Iran zu füllen versuchen. Auf der anderen Seite ist die Europäische Union seit Jahren mit sich selbst beschäftigt. Brüssel konnte weder in Syrien noch im Irak, weder in Libyen noch im Kaukasus eine entscheidende Rolle spielen. Besonders gegenüber China verliert der Westen insgesamt Tag für Tag an Vorsprung, weshalb sich in der Region die Überzeugung ausbreitet, langfristig sei der Niedergang des Westens schon entschieden. Nicht nur für den russischen Präsidenten Wladimir Putin, sondern auch für die türkische Regierung signalisierte zuletzt der überstürzte und planlose Abzug der USA und ihrer Verbündeten aus Afghanistan, dass der Westen dauerhaft geschwächt und nicht in der Lage sei, gemeinsam zu handeln.

Doch in den Augen der Türken scheint der Westen nicht nur geschwächt, sondern zunehmend feindlich. Das gilt besonders für die USA, hat doch die Zerstörung des Irak die gesamte Region destabilisiert, das rasante Wachstum des «Islamischen Staates» (IS) ermöglicht und den irakischen Kurden Autonomie beschert. In Ankara sorgt man sich, dass der Krieg in Syrien auch dort zur Etablierung autonomer kurdischer Gebiete führen könnte, ein Menetekel, hat es das Land doch auch zum hundertsten Jahrestag der Republik nicht geschafft, die große Minderheit der türkischen Kurden sozial und politisch zu integrieren. Vor diesem Hintergrund läuft es für die Mehrheit der türkischen Bevölkerung auf eine Politik der Spaltung ihres Landes hinaus, wenn Washington mit den syrischen Kurden gegen den IS kooperiert und Brüssel im Namen des Minderheitenschutzes kulturelle und politische Recht für die türkischen Kurden fordert. In Meinungsumfragen gelten die USA nun schon seit Jahren als die primäre Bedrohung für die Sicherheit des Landes.

Das Osmanische Reich als Vorbild?

2022 ist Ahmet Davutoğlu nur noch der Chef einer kleinen neugegründeten Partei, die nur vereint mit anderen Oppositionsparteien hoffen kann, einmal politische Bedeutung zu erlangen. Doch Anfang der 2000er Jahre startete Davutoğlu eine rasante politische Karriere, die ihn vom Posten des außenpolitischen Chefberaters der AKP zur Position eines Sonderbotschafters ins türkische Außenministerium führen sollte. Von dort gelangte Davutoğlu ins Parlament, dem er als Abgeordneter für die Regierungspartei angehörte, nur um später selbst Außenminister zu werden. 2014 wählte ihn die AKP auf Geheiß von Recep Tayyip Erdoğan zum Parteivorsitzenden und damit auch zum Ministerpräsidenten, ein Amt, das er im Mai 2016, auf Drängen Erdoğans, aufgab. Davutoğlu ist von Beruf Universitätsprofessor, keiner, der die Massen mitreißt und kein mit allen Wassern gewaschener Berufspolitiker. Triebfeder seines kometenhaften Aufstiegs war ausschließlich seine außenpolitische Vision. Er propagierte eine neue Türkei, die in der veränderten geopolitischen Lage mit einer neuen Identität und einer neuen Außenpolitik zu einem Staat mit globaler Bedeutung aufblühte.[40]

Mit Erdoğan und dessen AKP verband Davutoğlu damals die Ablehnung des religionsfeindlichen Kemalismus, der Ideologie der Republik. Für ihn konnten die annähernd hundert Jahre Republik nicht die Basis für die Zukunft seines Landes sein. Im Gegenteil, er betrachtete die fast einhundertjährige Herrschaft der kemalistischen Elite lediglich als einen negativen Ausreißer in der türkischen Geschichte. Denn die «wirkliche» Geschichte der Türken, so Davutoğlu, sei von der islamischen Zivilisation geprägt und habe im Osmanischen Reich ihren vollkommensten Ausdruck gefunden.[41] Unter der Herrschaft der Kemalisten sei der muslimischen und ethnisch vielfältigen Bevölkerung des Landes jedoch eine säkulare und ausschließlich ethnisch-türkische Identität aufgezwungen worden, was den Separatismus der Kurden befördert habe. Nur wenn die Herrschaft des Kemalismus überwunden werde, könne die Türkei auf der Grundlage der muslimischen Zivilisation ihren inneren Zusammenhalt sichern.[42] Außenpolitisch habe der Kemalismus dazu geführt, dass die Türkei von ihren muslimischen Nachbarländern isoliert worden sei. Nur wenn diese Phase zu ihrem Ende komme und das

Land zu seiner eigentlichen Identität zurückkehre, könne es in seiner Umgebung Wirkung entfalten und sich zum Kraftzentrum der Region entwickeln.[43] Die Potentiale dafür seien in der türkischen Geschichte angelegt. Schließlich habe sich das Osmanische Reich im ständigen Kampf mit christlich-europäischen Mächten in seiner Region etabliert.[44] Und schließlich sei das Osmanische Reich später das einzige Land in der Region gewesen, das weder von europäischen Mächten kolonialisiert worden sei noch – wie die Europäer – andere Länder kolonialisiert hätte. Die Türkei müsse sich deshalb darauf besinnen, dass sie der Nachfolgestaat des Osmanischen Reiches sei. Dessen multiple Identität habe es dem Reich erlaubt, sowohl in der Politik Europas eine Rolle zu spielen als auch auf dem Balkan präsent zu sein, auf gleicher Augenhöhe mit Russland zu agieren und seine Rolle als stärkster Staat, Vorreiter und Schutzmacht des muslimischen Nahen Ostens vor Europa zu spielen. Die «strategische Tiefe» der Türkei rühre sowohl aus ihrer geographischen Lage als auch aus ihrer Fähigkeit, die vielfachen Dimensionen ihrer Identität zu nutzen.

Deshalb dürfe sich das Land nicht länger als Anhängsel Europas definieren und seine Außenpolitik nicht einseitig auf den Westen ausrichten, sondern müsse wirtschaftlich, diplomatisch und sicherheitspolitisch nach allen Seiten wirken. Denn je stärker die Türkei sich in Asien engagiere, desto interessanter werde sie für Europa, und je mächtiger sie im Verhältnis zu Europa sei, desto größer werde die Rolle, die sie in anderen Regionen spielen könne. Der Slogan «Zero problem with neighbours» brachte diese Öffnung nach allen Seiten auf den Punkt.

Von der Bevölkerung wurde die optimistische, ja rosarote Erzählung des Professors vom außergewöhnlichen Potential und der zukünftigen großen Rolle der Türkei auf internationaler Ebene freudig aufgenommen. Denn Davutoğlus Narrativ rehabilitierte die religiöse Identität der konservativen Muslime und gab dem Gefühl der Einzigartigkeit und Besonderheit der eigenen Geschichte sowie dem Streben nach zukünftiger Größe Raum, das allen Nationalismen eigen ist. Das ist einer der Gründe dafür, dass die Bevölkerung Davutoğlu in seiner Zeit als Außenminister zeitweise als den erfolgreichsten Minister in Erdoğans Kabinett gesehen hat.[45]

Mit dem Regierungsantritt Erdoğans 2003 wurde Davutoğlu sein außenpolitischer Berater und seine Vision begann die türkische Außenpolitik zu formen. Weil das Land sicherheitspolitisch von den USA und wirtschaftspolitisch stark von der EU und Europa abhängig war (und ist), lief Davutoğlus Forderung nach außenpolitischer Unabhängigkeit auf größere Distanz zum Westen hinaus. Die von Davutoğlu konstatierte Kontinuität des Osmanischen Reichs zur modernen Türkei und sein Hinweis auf die Kolonialgeschichte Europas konstruierten einen prinzipiellen und unüberwindbaren Gegensatz zwischen den Interessen der Türkei und der westlichen Welt. Folgt die Türkei Davutoğlus Postulat, zu allen Nachbarstaaten gleichrangige und gleichwertige Beziehungen aufzubauen, kann sie nicht länger verlässlicher Teil des westlichen Sicherheitssystems und der NATO sein. Anstelle der Solidarität im Bündnis muss eine pragmatische, ja manchmal prinzipienlose Politik treten, die von Fall zu Fall entscheidet, mit welchem Partner die eigenen Interessen jeweils am besten zu erreichen sind. Bei der Verfolgung ihrer Ziele wird die Türkei sich nach Belieben auf die jeweilige Dimension ihrer jetzt offiziell multiplen Identität berufen: sich hier als europäische, dort als asiatische oder eurasische Macht und an wiederum anderer Stelle als durch und durch muslimischer Akteur präsentieren.

Die arabischen Aufstände als Einladung zur Großmachtpolitik

Bei ihrem Amtsantritt galt die AKP vielen Beobachtern in Europa und den USA als islamistische Partei, und Davutoğlus Thesen verstärkten diese Skepsis. Doch in der *ersten Phase* der neuen Außenpolitik, die Mitte 2000 einsetzte, konnte Ankara die Klippen zwischen seinem Drang nach größerer Unabhängigkeit von

Europa und den USA und guten Beziehungen zu ihnen fast meisterhaft umschiffen. Die Türkei beendete ihre außenpolitische Zurückhaltung und engagierte sich als Friedensstifter und Mediator in einer Reihe von Konflikten. Auf dem Balkan wurden Serbien und Bosnien-Herzegowina an den Verhandlungstisch gebracht, und im Nahen Osten vermittelte Ankara zwischen Israel und Syrien. Und zusammen mit Brasilien gelang es der türkischen Regierung, den Iran im Nuklearstreit zu Zugeständnissen zu bewegen, wobei eine Einigung damals am Widerstand der USA scheiterte. Den größten Schwenk machte die neue Außenpolitik jedoch im Hinblick auf den Irak und Syrien. Bis dahin war die Autonomie der irakischen Kurden für Ankara ein rotes Tuch gewesen. Jetzt vollzog die Regierung eine radikale Kehrtwende und machte die Türkei innerhalb weniger Jahre zum wichtigsten Handelspartner der kurdischen Regionalregierung. Im Verhältnis zum Syrien Baschar al-Assads schlug man Warnungen der USA und Israels in den Wind und ging umfassende diplomatische, wirtschaftliche und militärische Kooperationen mit Damaskus ein. In Davutoğlus Überlegungen spielte Syrien eine zentrale Rolle, war es doch Teil des Herzlandes des Osmanischen Reiches und galt als Tor zur arabischen Welt. Die diplomatische und wirtschaftliche Anbindung Syriens – und später auch Jordaniens und des Libanon – galt als entscheidender Schritt, um die Türkei zum zentralen Staat des Nahen Ostens zu machen. Bei allem Engagement gelang es Ankara jedoch, sich aus den tief verwurzelten politisch-kulturellen Konflikten zwischen sunnitischen und schiitischen Staaten, aber auch zwischen Israel und den arabischen Staaten weitgehend herauszuhalten. Es waren jene Jahre, in denen die Türkei als Modell für die muslimischen Staaten des Nahen Ostens gepriesen wurde, als ein Land mit muslimischer Identität, säkularer Staatsordnung, einer reformfreudigen Regierung und soliden wirtschaftlichen und politischen Verbindungen zu Europa und den USA.

Die Aufstände in den arabischen Ländern, die zu Beginn hoffnungsvoll «arabischer Frühling» genannt wurden, brachten ab 2011 diese ausgewogene Politik vollkommen durcheinander und läuteten eine *zweite Phase* der neuen türkischen Außenpolitik ein. Im Land selbst waren Erdoğan und seine religiös-konservativen Kader der Entmachtung der kemalistischen Elite bereits sehr nahegekommen. Der rasche Erfolg der Volksbewegungen in Tunesien und Ägypten führte bei der AKP zu der Überzeugung, dass nun auch in den arabischen Nachbarländern die politischen Vertreter der frommen muslimischen Mehrheit die Macht übernehmen würden. In der so entstehenden neuen Riege muslimisch-konservativer Regierungen in der Region würde die Türkei automatisch zum Primus inter pares und zur bestimmenden Macht. Das Ergebnis schien zum Greifen nahe, weshalb die türkische Regierung und konservative NGOs in Ägypten die Muslimbrüder nach Kräften unterstützten. Ankara drängte die Muslimbrüder, an den Präsidentschaftswahlen in Ägypten teilzunehmen und begrüßte es, dass Mohammed Mursi im Juni 2012 in Kairo zum Präsidenten gewählt wurde. Doch nach wenig mehr als einem Jahr, im Juli 2013, putschte das ägyptischen Militär gegen Mursi. Das war der erste schwere Rückschlag für die neue türkische Außenpolitik, der zweite folgte mit der internationalen Reaktion auf den Putsch. Gleich nach dem Staatsstreich griff Saudi-Arabien dem ägyptischen Militärregime finanziell unter die Arme. Denn für die Monarchien am Golf ist der politische Islam nur dann gut, wenn er ihre Herrschaft untermauert. Die größte Gefahr sehen sie in islamistischen Parteien, die religiöse Zugehörigkeit zur Mobilisierung der Massen nutzen. Auch Europa und die USA nahmen den Militärputsch in Ägypten ohne größere Proteste hin und türkische Rufe nach einer Verurteilung des neuen ägyptischen Staatschefs Abd al-Fattah as-Sisi verhallten ungehört.

Noch viel dramatischer war für die Türkei, dass ihr Ziel, in Syrien eine pro-islamische Regierung zu etablieren, scheiterte. Nachdem Ankara ergebnislos versucht hatte, Assad zu Reformen zu bewegen, sprang die türkische Regierung der sunnitischen Opposition des Landes mit allen Mitteln bei und spielte eine zentrale Rolle bei der Formation der Freien Syrischen Armee und der Bildung des Syrischen Nationalrats. Doch im Verlauf des Krieges setzten sich innerhalb der sunnitischen Opposition Salafisten und Dschihadisten gegen gemäßigte Gruppen durch. Die USA und europäische Länder fuhren daraufhin ihr Engagement für die sunnitische Opposition zurück und konzentrierten sich auf die Bekämpfung der Terroristen des «Islamischen Staates» (IS). Als dieser 2014 kurz davor war, die syrisch-kurdische Grenzstadt Kobane einzunehmen, traten die unterschiedlichen Interessen der Türkei und westlicher Akteure klar hervor. Die USA griffen den Kurden Syriens mit Waffenlieferungen unter die Arme und bauten sie anschließend zu einer schlagkräftigen Armee gegen den IS auf. Ankara jedoch setzte nach wie vor auf den Sturz Assads und betrachtete die US-amerikanische Aufrüstung der syrischen Kurden als größere Gefahr für die Türkei als den IS und andere Dschihadisten. Im Folgenden beschuldigten westliche Medien und Politiker die Türken einer zu laxen Haltung gegenüber dem IS und anderen Dschihadisten, die ihren Nachschub an Mensch und Material nahezu unbehelligt über die Türkei organisieren konnten.[46] Aus diesem Grund musste sich Ankara den Vorwurf gefallen lassen, es unterstütze Dschihadisten auch direkt und kooperiere zumindest verdeckt und punktuell selbst mit dem «Islamischen Staat».[47]

So zeigte sich bereits 2013 und 2014, dass Davutoğlus Vision wohl nicht verwirklicht werden würde. Die Hoffnung, sich friedlich und im Einklang mit den Nachbarn – zero problem with neighbours! – zum Machtzentrum der Region entwickeln zu können, hatte sich nicht erfüllt. Ankara war tief in den syrischen Krieg involviert, die Beziehungen mit Ägypten waren auf einem Tiefpunkt angelangt, und von den arabischen Golfmonarchien entfernte sich die Türkei mit Riesenschritten. Außenpolitisch knirschte es zudem in den US-Türkei Beziehungen. Und weil die türkische Regierung die Gezi-Proteste von 2013 gewaltsam niederschlug, nahm auch das EU-türkische Verhältnis schweren Schaden. Von einem Modell Türkei mochte jetzt keiner mehr reden.

Vorwärtsverteidigung: Die Militarisierung der Außenpolitik

Mit einem Knall begann die *dritte Phase* der neuen türkischen Außenpolitik. Am 24. November 2015 schoss die türkische Luftwaffe an der syrisch-türkischen Grenze einen russischen Kampfjet ab. Er habe, so die Türkei, wenn auch nur für wenige Sekunden, den türkischen Luftraum verletzt. Mit massiven Bombardements von Stellungen des IS, aber auch anderer das Assad-Regime bekämpfender Gruppen hatte Russland am 30. September desselben Jahres erstmals offen in den Krieg eingegriffen. Nur wenige Tage vor dem Abschluss des Flugzeugs hatte Russland im äußersten Nordwesten Syriens auch Stellungen von Turkmenen bombardiert, die mit den Dschihadisten von Al-Nusra gegen Baschar-al Assads Truppen kämpften. Da die Türkei sich als Schutzmacht der mit den Türken ethnisch eng verwandten Turkmenen versteht, war Russland vorher vor diesem Schritt gewarnt worden. Als Antwort auf den Verlust seines Jets schob Moskau umgehend dem Import türkischer Lebensmittel einen Riegel vor, stoppte den russischen Massentourismus nach Antalya und Istanbul und setzte das Abkommen über gegenseitige Visumfreiheit aus.

Doch als Erdoğan nur wenig mehr als sechs Monate später, am 27. Juni 2016, in einem Brief an Putin um Verzeihung für den Abschuss bat, waren es nicht primär diese Wirtschaftssanktionen, die den türkischen Präsidenten zum Umdenken bewegten. Vielmehr musste mit Russland ein Ausgleich gefunden werden, weil Moskau den Luftraum über dem westlichen Teil Syriens kontrollierte. Nur zehn Tage vor Erdoğans Abbitte bei Putin hatten Einheiten der Syrian Democratic Forces (SDF) unter Führung der kurdischen YPG die Stadt und Region Manbidsch eingenommen. Damit hatten die Kurden den von ihnen kontrollierten Streifen im östlichen Teil Nordsyriens erstmals über den Euphrat hinaus nach Westen ausgedehnt. Die Stadt und Region Afrin im äußersten Nordwesten Syriens befand sich zu jener Zeit bereits unter kurdischer Kontrolle. Nur der Teil zwischen Afrin und Manbidsch wurde noch vom IS gehalten. Die Türkei wollte verhindern, dass die Kurden Syriens im Norden des Landes, an der Südgrenze der Türkei, die Kontrolle über ein zusammenhängendes Gebiet von der irakisch-syrischen Grenze im Osten bis zum äußersten Nordwesten Syriens erlangen könnten. Doch weil ein Einmarsch türkischer Truppen in Syrien ohne Schutz durch die Luftwaffe zu riskant war, entschuldigte sich Erdoğan bei Wladimir Putin und pilgerte am 9. August 2016 persönlich nach Moskau. Nur zwei Wochen später, am 24. August 2016, begann die türkische Operation «Schild des Euphrats», die sich gegen den IS und gegen die Kämpfer der Kurden richtete und eine kurdische Einnahme des noch vom IS kontrollierten Gebietes verhindern sollte.[48] Noch offensichtlicher war die türkisch-russische Absprache 16 Monate später, als Erdoğan seine Truppen erneut in den Norden Syriens sendete, dieses Mal gegen die Stadt und Region Afrin. Denn Moskau hatte in der Präsenz der Kurden in Afrin nie ein Problem gesehen. Russland erlaubte der Türkei den Feldzug nur, weil dieser die türkisch-amerikanischen Beziehungen weiter schwächte.[49]

Russland ist der primäre Verbündete Assads, und die Absprachen Ankaras mit Moskau machen deutlich, dass die Türkei das Ziel, Assad zu stürzen, fallen gelassen hat. Das zeigte sich im Dezember 2016, als Putin das sogenannte Astana-Format aus der Taufe hob. Fortan koordinierten Russland, die Türkei und der Iran ihre Schritte in Syrien. Am 22. November 2017 stimmte Erdoğan einer gemeinsamen Erklärung der drei Staaten zu, in der es hieß, dass Assad in die Verhandlungen über die Zukunft Syriens einbezogen und die territoriale Integrität Syriens geschützt werden müsse.[50]

In dieser *dritten Phase* sagte sich die neue türkische Außenpolitik erst praktisch – durch die Zusammenarbeit mit Russland – und dann ganz offiziell – mit der Erklärung von Astana – von dem Ziel los, Assad zu stürzen. Die Türkei konzentriert sich jetzt ganz darauf, eine Autonomie der syrischen Kurden zu verhindern und so einer weiteren Internationalisierung des eigenen Kurdenproblems vorzubeugen. Im Nahen Osten ist die neue türkische Außenpolitik damit genau dort angekommen, wo die alte sich festgefahren hatte: an der Kurdenfrage. Diese bestimmt fast vollständig die Politik der Türkei in der Region, schränkt ihren Handlungsrahmen ein und bleibt die sicherheitspolitische Achillesferse.

In der *dritten Phase* wird Russland, das bislang klar Gegner war, zu einem – wenn auch schwierigen – Partner der Türkei. Die USA dagegen werden tendenziell vom Partner zum Kontrahenten. Sie werden – besonders in der Kurdenfrage – zur Bedrohung der territorialen Integrität des Landes, eine Bedrohung, der von Fall zu Fall in Zusammenarbeit mit Russland begegnet werden muss.[51]

In der *vierten Phase* der neuen türkischen Außenpolitik verfestigt sich dieser Schwenk und gewinnt einen dauerhaften Charakter. Doch nimmt die Strategie, mit der die Türkei zur Regionalmacht werden will, eine neue Wendung. Ankara vertraut nun nicht mehr allein auf die sogenannte Soft Power, sprich die Zusammenarbeit in Bereichen wie Wirtschaft, Bildung und Entwicklung, aber auch Religion und Zivilgesellschaft, um zum zentralen Akteur der Region zu werden. Heute setzt Ankara auf militärische Stärke, Rüstungskooperation und militärische Machtprojektion. Die neue Strategie zeigt sich im Umgang mit Konflikten in der Region. In der *ersten Phase* der neuen Außenpolitik nutzte die Regierung Konflikte in der näheren und weiteren Nachbarschaft dazu, sich als Vermittler zu präsentieren und dadurch an Einfluss zu gewinnen. In der *vierten Phase* nimmt Ankara solche Streitigkeiten als Gelegenheit, sich militärisch zu engagieren, mit seiner Armee und seinem Kriegsgerät zu intervenieren und aufgrund seiner militärischen Fähigkeiten auf internationaler Bühne zum Machtfaktor zu werden. Mit der Demonstration militärischer Stärke und oft aggressivem Auftreten einher geht ein neuer Diskurs, der – manchmal zwischen den Zeilen, manchmal ganz unverblümt – den Anspruch der Türkei auf geopolitische Einflusszonen und manchmal gar die Notwendigkeit einer territorialen Ausdehnung und der Revision bestehender Grenzen postuliert. Dies sind gewaltige Veränderungen, die von zwei innenpolitischen Faktoren ausgelöst wurden: dem fehlgeschlagenen Putschversuch vom 16. Juli 2016 und im Jahr 2018 von der Einführung eines Präsidialsystems türkischer Art, das Erdoğan zum Alleinherrscher macht.

Der Putschversuch und seine Folgen

Am 15. Juli unternahmen Teile des türkischen Militärs einen Putschversuch gegen die Regierung Erdoğan, der von schwer bewaffneten Einheiten der Polizei sowie von militanten Anhängern der Regierung niedergeschlagen wurde. Die stümperhafte Durchführung des Staatsstreichs deutete darauf hin, dass die Putschisten ohne ausreichende Vorbereitung und übereilt losschlugen.[52] Die Reaktionen der Militärführung und das Handeln der Regierung in der Putschnacht werfen so viele Fragen auf, dass selbst sechs Jahre danach Spekulationen und kritische Fragen nicht verstummen. War die Regierung vorher über den Putschversuch informiert und ließ die Aktion geschehen, um die endgültige Entmachtung des Militärs bewerkstelligen zu können?[53]

Jedenfalls nutzte die Regierung den versuchten Coup dazu, besonders die obersten Ränge des Militärs fast nach Belieben zu säubern. Innerhalb der ersten sieben Monate nach dem Putsch wurden 22 Prozent aller Offiziere und fast 80 Prozent der Offiziere im Generalstab aus der Armee entfernt.[54] Die Regierungspartei machte außerdem mit der Autonomie des Militärs Schluss und zerschlug den Staat im Staate, den die Streitkräfte bis dahin gebildet hatten. Erstmals gerieten die Generäle vollkommen unter die Kontrolle der Regierung.

Schnell setzte sich im Land die Meinung durch, die USA stünden hinter dem Putschversuch oder seien zumindest von dem Vorhaben informiert gewesen. So verwies die Regierung auf die zentrale Rolle, die Anhänger des Predigers Fethullah Gülen im Militär dabei gespielt hatten, und auf die Weigerung der USA, den in Pennsylvania lebenden Prediger auszuliefern. Auch dass die Putschisten in ihrer Erklärung versicherten, nicht an der NATO-Mitgliedschaft der Türkei rütteln zu wollen, wurde als Beweis für die These angeführt. Als weiteres Indiz wurde die Weigerung von NATO-Mitgliedstaaten angeführt, bei ihnen stationierte türkische Offiziere in die Türkei zu überstellen und den Gesuchten stattdessen politisches Asyl zu gewähren. Darüber hinaus hätten die westlichen Partner sich nicht sofort mit der gewählten Regierung solidarisch gezeigt, sondern erst den Verlauf des Putsches abgewartet und sich dann stärker um die Menschen- und Bürgerrechte von Opfern der Säuberungen gekümmert, als sich klar gegen den Putsch auszusprechen.

Ganz anders Russland! Türkischen Diplomaten zufolge hat Moskau Ankara nur Stunden vor dem Coup davor gewarnt.[55] Die griechische Zeitung *Kathimerini* sollte drei Jahre später berichten, dass noch in der fraglichen Nacht Wladimir Putin Erdoğan, der sich in der türkischen Ägäis aufhielt, Schutz durch zwei in der Nähe kreuzende russische Kriegsschiffe angeboten habe.[56] Am Morgen nach der Putschnacht rief das russische Außenministerium die türkische Bevölkerung dazu auf, die Verfassungsordnung zu respektieren, und am nächsten Tag telefonierte Putin mit Erdoğan, um ihn nach Moskau einzuladen.[57] Später sollte der türkische Außenminister Mevlüt Çavuşoğlu sagen, anders als andere Länder habe Russland der türkischen Regierung «unbedingte Unterstützung» gewährt.

So schwächen der Putsch und seine Nachwehen das Band, das

die Türkei mit der NATO und dem Westen verbindet, und verstärken gleichzeitig die Annäherung Ankaras an Moskau. Den Säuberungen im Militär fielen noch dazu primär Personen zum Opfer, die lange außerhalb der Türkei in Einrichtungen der NATO gedient und enge Verbindungen mit dem Bündnis hatten. James Clapper, der damalige Direktor des Nationalen Geheimdienstes der USA, klagte: «Viele unserer Kontaktpersonen sind entlassen oder verhaftet worden.»[58] In der Truppe, aber auch im engeren Machtzirkel Erdoğans setzten sich nun verstärkt sogenannte Eurasier durch, extreme Nationalisten, die sich für die Abkehr der Türkei vom Westen und ihre Anlehnung an Russland und an China aussprechen.[59] Der Putsch führte außerdem dazu, dass das türkische Militär mit dem Verlust seiner Rolle als innenpolitischer Machtfaktor nicht mehr in der Lage ist, die Außen- und Sicherheitspolitik maßgeblich zu bestimmen. Froh, nicht selbst Opfer der Säuberungen geworden zu sein, bleibt den verbliebenen Generälen nichts anderes übrig, als sich zum willigen Instrument der Außenpolitik von Recep Tayyip Erdoğan zu machen.

Außenpolitik als Instrument der Innenpolitik

Am 16. April 2017 gewannen die Regierungspartei AKP und ihr rechtsextremer Partner, die *Partei der Nationalistischen Bewegung* (MHP), die Volksabstimmung zur Änderung der Verfassung. Allerdings hatten nur knapp 51,4 Prozent der Wähler für den Übergang zu einem «Präsidialsystem türkischer Art» gestimmt, das dem Staatspräsidenten fast unbegrenzte Macht verleiht und die Gewaltenteilung aufhebt.[60] Mit der Wahl des Staatspräsidenten und des Parlaments am 24. Juni 2018 trat das neue System in Kraft. Sowohl die Volksabstimmung von 2017 als auch die Parlaments- und Staatspräsidentenwahlen von 2018 fanden unter den Regeln des Ausnahmezustandes statt. Die Möglichkeiten der Opposition waren stark eingeschränkt, und keiner der beiden Urnengänge kann als fair bezeichnet werden. Drei Wochen nach den Wahlen hob die Regierung den Ausnahmezustand auf. Er wurde nicht mehr benötigt. Denn durch das Präsidialsystem verfügt die Exekutive nun über annähernd dieselben Möglichkeiten, Kritik zu kriminalisieren wie unter dem Notstandsgesetz.

Erlassen hatte die Regierung den Ausnahmezustand fünf Tage nach dem fehlgeschlagenen Putschversuch, obwohl von den Putschisten keine Gefahr mehr ausgegangen war. Die Armeeführung hatte sich gegen die Putschisten gestellt, die Polizei und die Geheimdienste standen zur Regierung und alle politischen Parteien hatten den Putschversuch verurteilt. Unisono hatten sich auch die Medien gegen den Staatsstreich ausgesprochen und Parteigänger der AKP kontrollierten die Straße. Die Ausrufung des Notstands richtete sich deshalb nicht gegen eine konkrete Gefahr. Zweck des Ausnahmezustandes war es vielmehr, der AKP-Regierung und mehr noch ihrem Präsidenten den Weg zu der Erlangung fast unbeschränkter Macht zu ebnen und jeden Widerstand dagegen auszuhebeln.

In den Tagen direkt nach dem Putschversuch bezeichneten die AKP und Erdoğan die Niederschlagung des Staatsstreichs noch als Rettung der Demokratie. Doch nur wenig später ersetzten sie «Demokratie» mit «Vaterland». Plötzlich ging es nicht mehr um die Einheit der Demokraten gegen die Putschisten, sondern um die Rettung des Vaterlands vor ausländischen Kräften sowie vor Terroristen. Erdoğan rief einen neuen Kampf um die Unabhängigkeit der Türkei aus. Er beschuldigte die Opposition, mit Terroristen gemeinsame Sache zu machen und die Einheit der Türkei zu untergraben.[61]

Eine zentrale Rolle dafür, dass diese Rhetorik bei der Bevölkerung ankam, spielte ein außenpolitischer Aktivismus, der direkt nach dem Putsch einsetzte. Und umgekehrt beförderte das ganz bewusst erzeugte Klima einer allgegenwärtigen Bedrohung ihres Landes in großen Teilen der Bevölkerung die Bereitschaft, eine

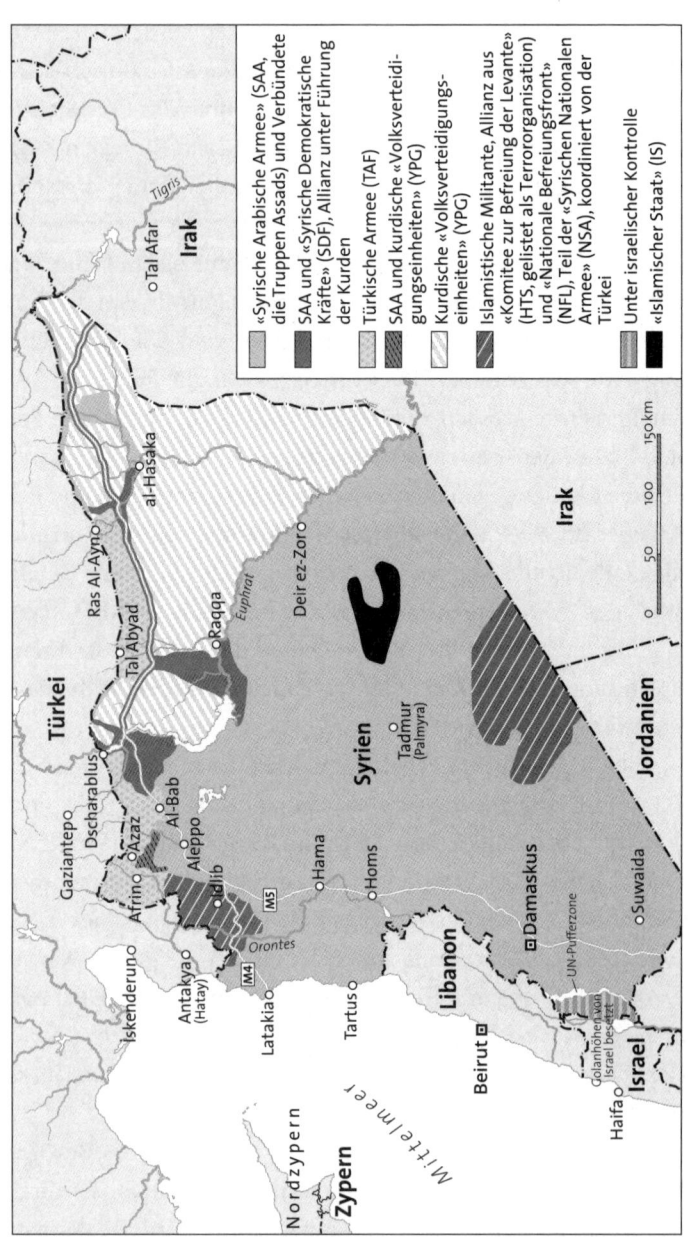

Von der Türkei und anderen Akteuren kontrollierte Gebiete in Syrien (November 2020)

zunehmend aggressive und militaristische Außenpolitik mitzu-
tragen.

Der erste Feldzug nach Syrien, *Schild des Euphrats*, erfolgte nur
fünf Wochen nach dem gescheiterten Staatsstreich und war die
größte Militäraktion der Türkei seit der Invasion auf Zypern im
Jahre 1974. Die Aktion zog sich über sieben Monate hin und
bestimmte in dieser Zeit maßgeblich das innenpolitische Klima.
So schufen die täglichen Nachrichten über den Waffengang des
türkischen Militärs gegen den «Islamischen Staat» und kurdische
militante Gruppen und besonders die Meldungen über gefallene
türkische Soldaten ein Klima der existentiellen Bedrohung, das
es der Regierung erlaubte, die Opposition – besonders die prokurdische Partei – als fünfte Kolonne des Auslandes und des Terrorismus abzustempeln und zu kriminalisieren.

Schild des Euphrats läutete außerdem eine neue Doktrin der
Vorwärtsverteidigung ein. «Wir werden künftig nicht mehr darauf warten, dass die Probleme an unsere Tür klopfen und man
uns direkt auf die Pelle rückt.[62] Wir werden direkt zum Angriff
übergehen», sagte Erdoğan am 19. Oktober 2016.[63] Die AKP-
Presse gab der neuen Strategie den Namen «Erdoğan-Doktrin»
und griff sie begierig auf.[64] Der regierungsnahe Think Tank SETA
begründete die neue Strategie auch damit, dass «unsere sogenannten Verbündeten», gemeint waren die USA, in Syrien «versuchen, einen PKK-Staat zu errichten», und gab der Doktrin ein
antiwestliche Richtung.[65]

Das Ende von *Schild des Euphrats* brachte der türkischen Bevölkerung nur eine kurze Verschnaufpause. Am 6. August 2017
kündigte Erdoğan eine weitere Operation in Syrien an.[66] Zwei
Monate später verkündete die Hauspostille der AKP die strategische Notwendigkeit, die kurdisch-syrische Stadt und Region
Afrin einzunehmen, weil sonst die türkische Grenzprovinz Hatay
nicht sicher sei.[67] Im Januar 2018 begann der Feldzug gegen Afrin.

Neben Syrien geriet auch der Irak in den Fokus der neuen türkischen Doktrin von der unumgänglichen Verteidigung des Vaterlands jenseits seiner Grenzen. Als die Kurdische Regionalregierung im Irak ein Referendum über die Unabhängigkeit der kurdischen Regionen ankündigte, forderte Erdoğans inoffizieller Koalitionspartner Devlet Bahçeli, Chef der rechtsextremen MHP, die Türkei solle solch ein Referendum zum Casus Belli erklären.[68] Einen Monat später ermächtigte das türkische Parlament die Regierung, im Falle eines Referendums türkische Truppen in den Nordirak zu senden. Die Entscheidung fiel mit den Stimmen der oppositionellen *Republikanischen Volkspartei* (CHP),[69] ein Anzeichen dafür, welch großen Widerhall die Propaganda der Regierung in der Bevölkerung gefunden hatte.

Zwei Zitate zeigen, wie die Regierungspropaganda die einzelnen Versatzstücke ihrer Rhetorik miteinander verwebt: den Putschversuch, das Bild eines feindlichen Westens (primär die USA), die neue Doktrin der Vorwärtsverteidigung und die autoritäre Vision einer in nationalem Pflichtgefühl vereinten Gesellschaft, deren innere Geschlossenheit keine politischen Konflikte zulässt.

Das erste Zitat stammt von İbrahim Karagül, dem damaligen Chefredakteur der AKP-Parteipostille *Yeni Şafak,* er schrieb: «Der 15. Juli 2016 [Datum des Putschversuchs] war ein Beispiel dafür, wie die USA eine Terrororganisation [die Fethullah Gülen-Bewegung] dazu benutzen, die Türkei zu attackieren. Im Norden Syriens versuchen sie das nun zum zweiten Mal. All das, was sie [die USA] da ungeschminkt, in aller Entschlossenheit und trotz aller Warnungen treiben, soll rechtens und in Ordnung sein. Doch wenn die Türkei versucht, sich zu verteidigen, sind sie ‹besorgt›.»[70]

Das zweite Zitat ist ein Ausschnitt aus einer Rede, die Staatspräsident Recep Tayyip Erdoğan am 22. Dezember 2016 hielt: «Heute versuchen sie [gemeint sind die USA und Europa], die Welt und unsere Region [in ihrem Sinne] neu zu ordnen. Wenn wir in dieser kritischen Periode nicht auf der Hut sind, dann fin-

den wir uns in einem neuen Sèvres wieder [die von den West-
mächten geplante Zerstückelung des Osmanischen Reichs nach
dem Ersten Weltkrieg]. Dabei trauern wir als Nation noch heute
den (Gebiets-)Verlusten nach, die wir im Vertrag von Lausanne
[im Vergleich zur Größe des Osmanischen Reiches] hinnehmen
mussten. Ich will es in aller Deutlichkeit sagen. Die Türkei kämpft
heute ihren wichtigsten Kampf seit dem Unabhängigkeitskrieg.
Es ist der Kampf um eine [ungeteilte] Nation, um eine Fahne, ein
Vaterland und einen [unitären] Staat. Anders als früher kämpfen
wir heute einen asymmetrischen Kampf. In diesem Kampf sind
die Terrororganisationen nur die Bauern im Schachspiel. Unsere
eigentlichen Gegner sind die dahinterstehenden Kräfte. Diese
Kräfte nutzen alle unsere Schwächen aus. Sie versuchen, unsere
Nation zu spalten, und nutzen dafür aus, dass wir unterschiedliche [ethnische] Wurzeln haben, verschiedenen Konfessionen
angehören und verschiedene Lebensstile pflegen. ... Unseren
kurdischen Brüdern versuchten sie, ethnischen Separatismus
einzuimpfen ... unsere alevitischen Brüder sollten mit konfessio-
nellem Separatismus infiziert werden, und auch politische Unterschiede machen sie sich für ihr Ziel zunutze. Gott sei Dank waren
sie nicht erfolgreich.»[71]

Expansionismus als zentraler Auftrag der Geschichte

Die Türkei, sagt Erdoğan in diesem Zitat, betraue noch heute
die Gebietsverluste, die das Land vor 100 Jahren durch den Vertrag von Lausanne akzeptieren musste. Tatsächlich gehören für
Erdoğan die Doktrin der Vorwärtsverteidigung und die Infrage-
stellung des Vertrags von Lausanne zusammen; er nennt beides
in einem Atemzug. Der türkische Staatspräsident beginnt die
Diskussion mit einer radikalen Neubewertung dieses Vertrages,
der die Grenzen der heutigen Türkei festschreibt. Für die traditionelle republikanische Historiographie ist der Vertrag von Lausanne das Resultat des Sieges über die Besatzer Anatoliens nach

dem Ersten Weltkrieg. Für Erdoğan dagegen ist er das Dokument einer historischen Niederlage. Ihm zufolge habe die kemalistische Elite «versucht, dem Volke Lausanne als Sieg zu verkaufen».[72] Dabei sei das Territorium der Türkei von 1914 bis 1923, in nur neun Jahren, von 2,5 Millionen Quadratkilometern des Osmanischen Reichs auf 780 000 Quadratkilometer der Republik geschrumpft. Unter den damaligen Bedingungen sei es entschuldbar, dass nicht alle Ansprüche durchgesetzt werden konnten. Der eigentliche Skandal liege jedoch darin, dass man sich danach mit dem Ergebnis abgefunden und die damalige Zwangslage zur dauerhaften Normalität erklärt hätte, obwohl der Türkei quasi eine Zwangsjacke verpasst worden sei. Nun sei die Zeit gekommen, dies zu ändern: «Für 2016 taugt die Gemütsverfassung von 1923 nicht!»[73], meint Erdoğan und fordert, den Vertrag von Lausanne neu zu verhandeln.[74] Denn, so der Präsident weiter, «die Türkei ist nicht nur die Türkei».[75] Als Nachfolgerin des Osmanischen Reiches habe sie nicht nur die Verantwortung, sondern auch das Recht, sich um alle die Länder zu kümmern, die einst zum Reich gehörten. Erdoğan selbst nennt den Irak, Syrien, Libyen, die Krim, Montenegro und Bosnien. Staatsnahe Historiker legen noch nach und fügen Mossul, Kirkuk, Erbil (im Nordirak), Batumi (in Georgien), Thessaloniki, Kardzhali und Varna (in Bulgarien), Zypern und die griechischen Ägäisinseln hinzu.[76] Zwar versichert der türkische Präsident, es gehe nicht darum, die Grenzen neu zu ziehen. Man wolle nur die zur Türkei gehörenden Minderheiten und das kulturelle Erbe der Osmanen schützen. Doch wie die Praxis – nicht nur in der Türkei – zeigt, sind bei einem solchen Politikansatz die Grenzen fließend.

Während Erdoğan noch von der Achtung bestehender Grenzen sprach, war sein Bündnispartner Devlet Bahçeli, Vorsitzender der rechtsextremen *Partei der Nationalistischen Bewegung* (MHP), bereits einen gehörigen Schritt weiter. Am 31. Mai 2022 erklärte er im Parlament, der Dodekanes sei türkischer Besitz. Gemeint ist die Gruppe griechischer Inseln mit dem Zentrum

Rhodos, die sich von Kreta bis an die südwestliche Küste der Türkei erstreckt. Die Inseln seien der Türkei «geraubt» und Griechenland «widerrechtlich» zugeschlagen worden. Diese «Wunde», so Bahceli, «blute noch immer», und früher oder später würden die Inseln zurückgegeben werden, sei es nun «freiwillig oder mit Gewalt».[77] Nur sechs Wochen später, am 11. Juli 2022, präsentierte Bahçeli zusammen mit dem Führer der Grauen Wölfe, der (inoffiziellen) Jugendorganisation der MHP, eine Land- und Seekarte der Ägäis, auf der sämtliche griechische Inseln der östlichen Ägäis als Territorium der Türkei markiert waren. «Die Botschaft ist eindeutig, Kreta und viele Inseln gehören der Türkei», kommentierte ein nationalistischer Fernsehsender.[78] Der «Raub», von dem Bahçeli spricht, geschah im Jahre 1912. Das geschwächte Osmanische Reich musste die Inseln an Italien abtreten, das sie seinerseits nach dem Ersten Weltkrieg an Griechenland verlor. Die Bevölkerung der Inseln ist seit jeher weit überwiegend griechisch.

Bahçelis Vorstoß kommt nicht von ungefähr. Er treibt die zurzeit offizielle türkische Politik nur auf die Spitze. Seit September 2021 erklärt Ankara, es behalte sich vor, die Souveränität Griechenlands über sämtliche Inseln in der Ostägäis in Frage zu stellen.[79] Athen habe die Inseln vertragswidrig militarisiert und bedrohe dadurch die Türkei. Im Sommer 2022 schlugen Staatspräsident Erdoğan, Außenminister Mevlüt Çavusoğlu und Verteidigungsminister Hulusi Akar allwöchentlich in diese Kerbe. Und im September 2022 behauptete Erdoğan erstmals, die Inseln seien von Griechenland besetzt, und drohte, die Türkei könne jederzeit einmarschieren.[80] Das internationale Recht kann Ankara für seine Position schwerlich anführen.[81] Die Türkei interpretiert historische Verträge extrem eigenwillig, und die UN-Charta gesteht jedem Staat das Recht zu, Maßnahmen zu seiner Verteidigung zu treffen. Militärisch und politisch läuft die türkische Position ebenfalls in Leere. Von den Inseln aus einen Angriff auf Anatolien zu starten, ist strategischer Unsinn. Die Schlagkraft der türkischen Armee übertrifft diejenige Griechenlands bei weitem. Und es ist Ankara und nicht Athen, das sich für die Geschicke seiner Nachbarländer zuständig fühlt und sich ein Recht zur Einmischung anmaßt.

Auch auf Zypern verfolgt die Türkei einen aggressiven Kurs. Im schweizerischen Crans-Montana sind 2017 die bislang letzten Verhandlungen zur Wiedervereinigung der seit 1974 geteilten Insel krachend gescheitert. Selbstkritische Zyperngriechen gestehen zu, dass ihre Regierung unter dem damaligen Staatspräsidenten Nikos Anastasiadis daran den allergrößten Anteil hat.[82] Es waren auch die Zyperngriechen, welche 2004 unter Präsident Tassos Papadopoulos mit ihrem «Nein» im Referendum den Plan des damaligen UN-Generalsekretärs Kofi Annan zu Wiedervereinigung der Inseln zum Scheitern brachten.

Doch seit dem 18. Oktober 2020 ist es die Türkei, die alle Wege zu einer einvernehmlichen Lösung des Zypernproblems blockiert. An diesem Tag wählten die Zyperntürken mit knapper Mehrheit den konservativen Ersin Tatar zum «Präsidenten» der nur von Ankara anerkannten Türkischen Republik Nordzypern (TRNZ). Tatars Vorgänger und Gegenkandidat Mustafa Akıncı sagte während des Wahlkampfs, noch nie habe sich Ankara so intensiv, direkt und teilweise brutal in das Rennen eingemischt wie dieses Mal. Die türkische Regierung drängte auf den Sieg Tatars, denn er folgt ihrer neuen Linie. Ankara will die internationale Anerkennung des türkischen Rumpfstaates und arbeitet auf die endgültige Teilung Zyperns hin.[83] Das widerspricht nicht nur zwei Resolutionen des UNO-Sicherheitsrates, sondern auch den Erwartungen der USA und der EU.

Dem Ausland gegenüber behauptet Ankara, es schütze lediglich die Interessen der Zyperntürken. Doch fast die Hälfte der Türken auf der Insel befürchtet, dass angesichts der Abhängigkeit von der Türkei Nordzypern mit der Unabhängigkeit Gefahr laufe, zu einer türkischen Provinz zu werden. «Präsident» Ersin Tatar, der sich selbst als Vertreter Ankaras auf der Insel sieht, macht ohne Umschweife deutlich, dass es ihm und Ankara nicht um die Zyperntürken, sondern um größere strategische Interessen der Türkei geht. Er sagt: «Die türkische Politik im Östlichen Mittelmeer ist an einem kritischen Punkt angelangt. Im Einklang damit steht unsere Politik der Bildung von zwei Staaten (auf der Insel). Im Östlichen Mittelmeer geht es um Hoheitsrechte, Kontinentalsockel, Territorialgewässer, Seegrenzen und Exklusive Wirtschaftszonen (EWZ). Wird die TRNZ zu einem eigenen Staat, dann hat sie einen eigenen Kontinentalsockel, eigene Territorialgewässer und eine eigene EWZ. Verbindet man die maritimen Hoheitszonen der TRNZ mit denen der Türkei, entsteht ein sehr großes Seegebiet unter türkischer Hoheit, ein großes Blaues Vaterland.»[84]

Das «Blaue Vaterland»: Exklusive Wirtschaftszonen

Die Wendung «Blaues Vaterland» (Mavi Vatan), die Ersin Tatar hier benutzt, ist seit geraumer Zeit in aller Munde. Geprägt hat den Begriff bereits 2006 Admiral Cem Gürdeniz, damals Direktor des Planungs- und Politikbüros im Hauptquartier der Kriegsmarine. Doch internationale Aufmerksamkeit erlangte «Blaues Vaterland» im Februar 2019, als die türkische Kriegsmarine unter diesem Namen ihr bislang größtes Seemanöver durchführte. Türkische Schiffe operierten damals gleichzeitig im Schwarzen Meer, in der Ägäis und im östlichen Mittelmeer und führten dabei das ganze Spektrum der einheimischen Rüstungsproduktion vor. Zum Einsatz kamen nicht nur Zerstörer, Fregatten, Landungsboote, U-Boote, Minensuchschiffe und Korvetten, sondern auch lenkbare Schiffsabwehrraketen und eine besondere Novität: unbewaffnete und bewaffnete Drohnen, bei deren Entwicklung die Türkei mittlerweile in der ersten Liga spielt. An dem groß inszenierten Marine-Spektakel nahmen erstmals auch Einheiten der Luftwaffe und Heeresflieger teil. Der Schwerpunkt des Manövers lag nicht – wie man hätte vermuten können – im Schwarzen

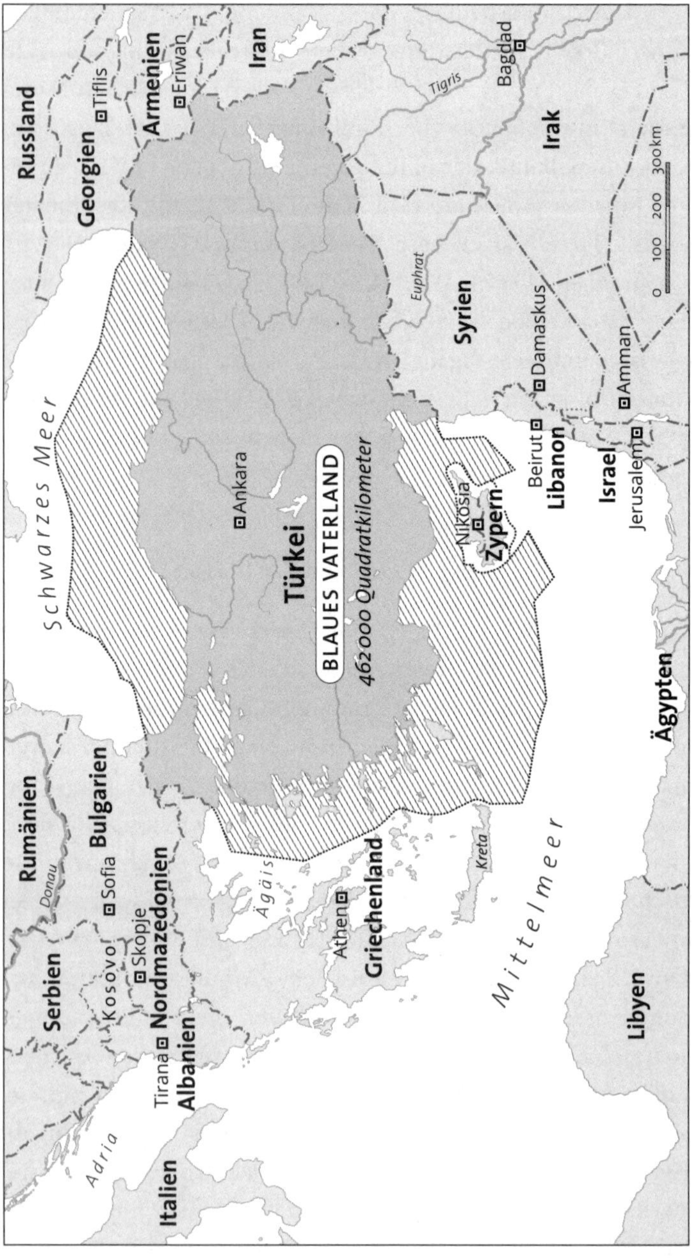

Die von der Türkei beanspruchte Exklusive Wirtschaftszone

Meer, wo Russland seine erweiterten Fähigkeiten demonstrierte, sondern im östlichen Mittelmeer. Die eindrucksvolle Waffenschau sollte den Nachbarstaaten, vor allem Griechenland, zeigen, dass die Türkei willens und in der Lage ist, ihre dortigen Ansprüche notfalls auch militärisch durchzusetzen. Denn «Blaues Vaterland» ist gleichzeitig der Name für jene weiten Seeregionen, besonders Exklusive Wirtschaftszonen (EWZ), die die Türkei für sich beansprucht.

Mit internationalem Recht hat diese türkische Seekarte nur sehr entfernt zu tun. Denn erstens ignoriert sie zwischenstaatliche Verträge zur Festlegung von Wirtschaftszonen, die andere Anrainerstaaten des Östlichen Mittelmeers zur gegenseitigen Abgrenzung ihrer EWZ miteinander geschlossen haben: etwa Griechenland mit Ägypten und die Republik Zypern mit Israel und mit Ägypten. Israel und Griechenland haben sich zumindest über Teile des maritimen Grenzverlaufs verständigt.[85] Zweitens verneint Ankara – im Widerspruch zum internationalen Seerecht – die Fähigkeit auch großer Inseln wie Kreta, Rhodos, Lesbos oder Chios, Exklusive Wirtschaftszonen zu begründen. Drittens erkennt die Türkei – anders als die Vereinten Nationen – die Republik Zypern nicht an und spricht ihr deshalb das Recht auf eine Exklusive Wirtschaftszone ab. Und viertens hat Ankara im November 2019 mit der Tripolis-Regierung Libyens einen Vertrag über die bilaterale Abgrenzung von EWZs geschlossen, der nach Auffassung der EU, der Bundesrepublik und Israels die Rechte anderer Anrainerstaaten, besonders Griechenlands, verletzt.[86]

Im Streit um Exklusive Wirtschaftszonen trägt auch die Regierung von Kyriakos Mitsotakis in Athen maximalistische Ansprüche vor. Das gilt besonders für die relativ kleine griechische Insel Kastelorizo, die nur etwa zwei Kilometer vor der türkischen Südküste liegt. Mit ihrer Lage will Athen begründen, dass seine Exklusive Wirtschaftszone bis vor die Küste der Türkei reicht und an die EWZ der Republik Zypern anschließt. Doch anders als die

Türkei ist Griechenland bereit, in dieser Frage den Internationalen Gerichtshof in Den Haag anzurufen und sich seinem Urteil zu beugen.

Dagegen hat Ankara in den vergangenen Jahren gezeigt, dass es seine Ansprüche auch militärisch durchzusetzen gewillt ist. Im November 2008, im Februar 2018 und im Oktober 2021 vertrieb die türkische Marine Forschungsschiffe verschiedener Nationen, die im Auftrag der Republik Zypern in deren Exklusiven Wirtschaftszone bohrten. Doch umgekehrt, unter dem Schutz der türkischen Marine, bohrten 2019 türkische Forschungsschiffe in Zyperns EWZ. Als die Türkei 2021 Bohrschiffe in die von Griechenland und Zypern erklärten Wirtschaftszonen beider Länder schickte, fehlte nicht viel zu einem handfesten Konflikt zwischen der griechischen und türkischen Marine.[87]

Die Entdeckung von Erdgas unter dem Meeresboden heizte den Streit um Exklusive Wirtschaftszonen in der Region an. Nahe der Küste Israels wurden 1999 die ersten Funde gemacht.[88] Doch erst die entdeckten Felder von 2009 (Tamar) und 2010 (Leviathan) in israelischen Gewässern erschienen groß genug für eine Förderung. 2015 schloss sich noch eine erfolgreiche Bohrung in den Gewässern von Ägypten (Zohr) an. Zwar gab es bereits 2011 erste Funde von Gas auch in Zyperns EWZ, doch selbst die neuen Funde von 2022 lassen offen, ob die geringe Größe der zyprischen Vorkommen die teure Förderung lohnt. Das Gas allein kann deshalb nicht der Grund dafür sein, dass die Türkei Zypern und Griechenland gegenüber so martialisch auftritt. Tatsächlich hatte Erdoğan 2012 im Streit um Exklusive Wirtschaftszonen die Anwendung von Gewalt noch kategorisch ausgeschlossen. Der Grund für den Gesinnungswandel liegt deshalb nicht im Mittelmeer, sondern in Ankara.

Das Konzept «Blaues Vaterland» transportiert die Doktrin einer notwendigen Vorwärtsverteidigung, die durch eine Bedrohung der Türkei ausgelöst sein soll und in expansionistische Politik mündet, ins östliche Mittelmeer. Die dort konstatierte «Bedrohung» zeichnet der Schöpfer des Begriffs «Blaues Vaterland», Cem Gürdeniz. Für ihn geht es in erster Linie darum, ein künftiges Kurdistan, das über die Selbstverwaltung der Kurden in Syrien Zugang zum Mittelmeer erhalten könnte, zu verhindern. Dazu kommen ihm zufolge der Schutz der Zyperntürken und der Schutz der Bodenschätze im östlichen Mittelmeer.[89] Hinter diesen defensiven Zielen steht jedoch die politische Vision einer Türkei, die in der Lage sein soll, mit ihrer Kriegsmarine nicht nur im Mittelmeer, sondern – und dies nur in einem ersten Schritt – auch im Roten Meer und im Indischen Ozean präsent zu sein und in entfernten Gegenden Macht zu demonstrieren.[90] Nahezu alle Staaten, die in der Geschichte in der Lage gewesen seien, sich als hegemoniale Mächte zu etablieren, hätten, so Gürdeniz, über eine schlagkräftige Hochseemarine verfügt: Frankreich, England, Japan und die USA. Dieses Ziel müsse auch die Türkei anstreben. Erster Schritt zur Verwirklichung dieser hochgesteckten Pläne ist die türkische Vorherrschaft im östlichen Mittelmeer. Diese wird jedoch – aus Ankaras Sicht – von der Republik Zypern und den griechischen Ägäisinseln begrenzt, weshalb Griechenland und Zypern die «strukturellen», d. h. dauerhaften und grundsätzlichen «Gegner» der Türkei im Mittelmeer sind.[91]

Türkische Eurasier wie Cem Gürdeniz und Cihat Yaycı, ehemals Oberkommandant der türkischen Marine, sehen Expansionsmöglichkeiten für ihr Land nicht primär in Zentralasien, wo Russland und China einem Machtzuwachs der Türkei kritisch gegenüberstehen, sondern im Süden und im Westen – Stichwort Afrika. Damit ist die Expansionspolitik einerseits strukturell antiwestlich angelegt und andererseits mit der Politik Russlands weitgehend kompatibel. Mit einer Expansion zwangsläufig einhergehende Aufrüstung, die ständige Produktion von Feindbildern und unablässige Kriegsrhetorik sind außerdem perfekt geeignet, die Opposition zum Schweigen zu bringen und autoritäre Herrschaft zu legitimieren. So wirken die expansive Strategie der türkischen Eurasier und die Priorität der Regierung Erdoğan, ihre autoritäre Herrschaft zu verfestigen und auf Dauer zu sichern, in ein und dieselbe Richtung und verstärken sich gegenseitig. Das erklärt das Zusammenspiel nationalistisch-säkularer Admiräle mit einer autoritären Regierung islamisch-konservativer Weltanschauung, ein Zusammenspiel, das schwer zu verstehen ist, wenn primär Ideologien in den Blick genommen werden.

Am 27. November 2019 unterzeichneten die türkische Regierung und die libysche Regierung der Nationalen Einheit (Tripolis) zwei Memoranden, eines über militärische Unterstützung für Tripolis und eines über die gegenseitige Abgrenzung der Exklusiven Wirtschaftszonen beider Länder. Zuvor war die libysche Regierung von den Truppen General Khalifa Haftars, der in jenen Tagen von der libyschen Nationalversammlung in Tobruk unterstützt wurde, in arge Bedrängnis gebracht worden und stand kurz vor dem Sturz. Die Militärhilfe der Türkei durch Berater, die Entsendung von syrischen Söldnern, besonders aber den effektiven Einsatz türkischer Drohnen sicherte damals das Überleben der Regierung.

Ankara ging es dabei in erster Linie um die Abgrenzung der EWZ. In ihrer existentiellen Not schloss die Regierung in Tripolis mit der Türkei ein Abkommen, das von internationalen Akteuren und selbst von der libyschen Nationalversammlung als unrechtmäßig angesehen wird. Zur Festlegung der EWZ zieht das Memorandum die Grenze zwischen dem nach Nordosten blickenden Küstenstreifen Libyens auf der Linie Darma-Tobruk-Bardia und der schräg gegenüberliegenden Südwestküste der Türkei auf der Linie zwischen Fethiye und Kos. Das Memorandum ignoriert die Existenz der Insel Kreta und verletzt griechische und (in kleinerem Maße) ägyptische Ansprüche.[92]

Trotzdem ist das Memorandum für Ankara die erste und bislang einzige bilaterale Vereinbarung auf der Grundlage der Seekarte vom «Blauen Vaterland», weshalb alles dafür getan werden wird, um in Libyen auch weiterhin am Verhandlungstisch zu sitzen. Am 30. Januar 2020 sprach der türkische Nationale Sicherheitsrat in seiner Entschließung zu Libyen erstmals von den «Rechten und Interessen der Türkei im Mittelmeer» und nicht nur – wie bisher im «Östlichen Mittelmeer».[93]

Auf der Suche nach neuen Partnern in Afrika

Die türkische Hinwendung nach Afrika begann bereits 2005. Damals proklamierte die Regierung das «Jahr Afrikas». Da dies eine Zeit rapiden ökonomischen Wachstums war, suchten die türkischen Unternehmer nach neuen Märkten und Produktionsstandorten. Bei den Bemühungen, in Afrika Fuß zu fassen, spielten die Netzwerke des heute in Ankara verfemten Predigers Fethullah Gülen eine so große Rolle, dass von einem «Outsourcing» der türkischen «Public Diplomacy» an die Bewegung gesprochen werden kann. Gülen-nahe Vereine eröffneten eine Fülle von Schulen in afrikanischen Ländern, die Kinder der einheimischen Eliten ansprachen, und der Gülen-dominierte Unternehmerverband TUSKON organisierte Messen und Konferenzen.[94] Der gescheiterte Putschversuch von 2016 bedeutete nicht nur das definitive Ende der Kooperation zwischen Gülen und der AKP, sondern auch das Ende einer türkischen Afrika-Politik, die primär auf Soft Power-Elemente wie Bildungskooperation, Entwicklungshilfe und wirtschaftlichen Austausch setzte. Dennoch legte das damalige Engagement den Grundstein dafür, dass die Türkei heute in Afrika in hohem Maße präsent ist. So stieg die Zahl der afrikanischen Länder, in denen Botschaften unterhalten werden, von 10 im Jahre 2008 auf 37 im Jahre 2021.[95]

In den Jahren nach dem Putsch setzte sich in der türkischen Afrika-Politik ein neuer Trend durch, der seinen Schwerpunkt in der Zusammenarbeit in den Bereichen Rüstung, Verteidigung und innerstaatliche Sicherheit hat. So unterhielt Ankara im Jahre 2022 mit folgenden afrikanischen Staaten Abkommen zur Ausbildung von Militär und/oder Polizei: Algerien, Burkina Faso, Dschibuti, Gabun, Gambia, Ghana, Guinea, der Elfenbeinküste,

Libyen, Madagaskar, Mali, Mauretanien, Niger, Nigeria, Ruanda, Senegal, Somalia, dem Sudan, Tansania und Tunesien.[96] Mit mehr als dreißig Ländern Afrikas schloss Ankara außerdem Vereinbarungen zur sicherheitspolitischen Kooperation, die die Zusammenarbeit von Ministerien, dem Militär, aber auch staatlichen und privaten Rüstungsfirmen betreffen. Geradezu explodiert ist 2020 und 2021 der Umfang der türkischen Rüstungsexporte in afrikanische Länder, nämlich von 82 981 Millionen auf 460 600 Millionen US-Dollar.

Den größten Erfolg haben zweifellos mit ihrem effektiven Einsatz die türkischen Aufklärungs- und Kampfdrohnen. Im Krieg gegen die PKK wurden erstmals Drohnen aus eigener Produktion erprobt und weiterentwickelt. Den Ruhm in Afrika begründete ihr nahezu kriegsentscheidender Einsatz gegen russische Artillerie in Libyen. Später sollten sie auch im Krieg zwischen Aserbaidschan und Armenien eine Rolle spielen. Hinzu kommt, dass die türkischen Drohnen vergleichsweise günstig zu haben sind. Die Bayraktar TB2, die als Aufklärungs- und Kampfdrohne angeboten wird, kostet zwischen einer und zwei Millionen US-Dollar. Die israelische Heron wird für rund 10 Millionen angeboten und für die US-amerikanische Predator müssen bis zu 20 Millionen Dollar gezahlt werden.[97] So begehrt sind ihre bewaffneten Drohnen, dass die Türkei den Verkauf der unbemannten Flugobjekte an Bedingungen knüpfen kann. So heißt es, dass sich Ankara über die Lieferung von Drohnen nigerianisches Flüssiggas (LNG) und Schürfrechte für nigerianische Goldminen sichern konnte.[98]

Doch die türkische Rüstungsindustrie exportiert nicht nur Drohnen in afrikanische Länder, sondern auch anderes Kriegsgerät wie gepanzerte Fahrzeuge, Hubschrauber, Ausrüstung für die Kriegsmarine und Waffen für die Infanterie. Die Liste verweist auf das weite Portfolio der Rüstungsindustrie, deren Grundstein in den 1970er Jahren mit der Schaffung staatlicher Firmen gelegt wurde und unter der AKP-Regierung einen gewaltigen Sprung nach vorne gemacht hat. So waren beim Regierungsantritt der

ATLANTISCHER OZEAN

Türkei

Marokko

Tunesien

Mittelmeer

Algerien

Libyen

Ägypten

Rotes Meer

Mauretanien

Mali

Niger

Tschad

Sudan

Dschibuti

Senegal
Gambia

Burkina
Faso

Benin

Nigeria

Guinea

Ghana

Äthiopien

Guinea-
Bissau

Elfenbein-
küste

Kongo-
Gabun Brazzaville

Somalia

Uganda

Kenia

Ruanda

Burundi

Kongo-
Kinshasa

Tansania

ATLANTISCHER
OZEAN

Madagaskar

Südafrika

Staaten mit Militär- und Verteidigungs-
abkommen mit der Türkei

INDISCHER
OZEAN

Staaten mit türkischen Militärattachés

Staaten, auf die beides zutrifft

✪ Türkische Ausbildungsbasis in Tajoura

☆ Türkische Ausbildung für die Marine in Misrata

★ Türkische Ausbildungsbasis in Somalia

0   500   1000 km

Sicherheitkooperationen mit afrikanischen Staaten

Erdoğans 2002 56 türkische Firmen im Rüstungssektor tätig, 2020 war ihre Zahl auf etwa 1500 angewachsen.[99]

Die Militarisierung der Afrika-Politik ist ein weiteres Beispiel dafür, wie der innenpolitische Wandel in der Türkei ihre Außenpolitik prägt. Der fehlgeschlagene Putschversuch von Juli 2016 diente Erdoğan dazu, dem Militär seine Privilegien zu entziehen und es politisch an den Rand zu drängen. Seither ballt sich die Macht in der Person des Staatspräsidenten und dem engen Kreis aus Verwandtschaft, Parteifreunden und Unternehmern, der ihn umgibt. Die wirtschaftlichen und politischen Interessen dieses Zirkels bestimmen zunehmend auch die Außenpolitik. «Türkische Unternehmen, die der AKP nahestehen oder persönlichen Verbindungen zu Erdoğans Zirkel haben, machen ihren Einfluss auf die Afrika-Politik geltend: im Bergbau die Firma Lidya Madencilik, im Bereich Energie die Firma Aksa Enerji und im Logistik-Sektor die Albayrak Group. … Denselben Trend gibt es auch im Rüstungssektor. Die oft genannten Firmen Baykar [Drohnen] und Katmerciler [gepanzerte Fahrzeuge] haben Einfluss im politischen Entscheidungsprozess, besonders, wenn es um Afrika geht.»[100] Mit der Einführung des Präsidialsystems nahm Erdoğan auch das Präsidium für die Verteidigungsindustrie (SSB) unter seine Fittiche, das sowohl deren Entwicklung insgesamt als auch ihre Exportpolitik koordiniert.

Was die auf Rüstungsexport und militärische Zusammenarbeit konzentrierte türkische Afrika-Politik für den Kontinent und für Europa bedeutet, ist umstritten. Manche hoffen darauf, dass dadurch langfristig der Handlungsspielraum von externen Akteuren wie Russland und China eingeschränkt werden könnte.[101] Doch die antiwestliche Rhetorik in Ankara, das sich in Afrika als potentieller Bündnispartner afrikanischer Staaten gegen die europäischen Kolonialisten positioniert, die Rivalität mit Frankreich und die Ausfälle Erdoğans gegen den französischen Staatspräsidenten Emanuel Macron lassen nichts Gutes erwarten.

4. Türken außerhalb der Türkei:
Eine Geschichte der Einflussnahme

Für Deutschland und einige andere Mitgliedstaaten der Europäischen Union hat das Verhältnis zur Türkei auch starke innenpolitische Komponenten. Westeuropäische Industriestaaten hatten Anfang der 1960er Jahre mit der Anwerbung türkischer Arbeitskräfte begonnen und damit den Grundstein für eine anhaltende Migration aus der Türkei gelegt, sei es im Rahmen der Familienzusammenführung, sei es im Rahmen von Flucht und Asyl. Das Anwachsen und die Verstetigung einer türkischen Migrationsbevölkerung brachte die Entstehung muslimischer Gemeinschaften mit sich, die sich als Moschee- und religiöse Kulturvereine organisierten.

Die türkische Religionsbehörde in Europa

Zu Beginn der 1980er Jahre begann die staatliche Religionsbehörde, das *Präsidium für religiöse Angelegenheiten* (Diyanet İşleri Başkanlığı), damit, die türkischen Moschee- und religiösen Kulturvereine in Europa unter ihre Regie zu bringen. Dazu wurden Dachverbände für die Moscheegemeinden gegründet, in Deutschland etwa die *Türkisch-Islamische Union der Religionsbehörde* (DITIB). Wie die DITIB in Deutschland entwickelten sich die von der Religionsbehörde initiierten Dachverbände auch in Österreich, Belgien und den Niederlanden zu den größten Organisationen des türkischen Islam in diesen Ländern. Da sie sich noch dazu nicht nur theologisch, sondern auch politisch an der türkischen Religionsbehörde orientieren, verschaffte dies Ankara einen enormen Einfluss auf die Moscheegemeinden in Europa.

Die Republik Türkei war 1923 als laizistischer Zentralstaat gegründet worden. Die damalige säkular-nationalistische politische Elite hatte ein ambivalentes Verhältnis zur Religion. Einerseits galt ihr der Islam als Kitt für die nationale Einheit, anderseits als Hindernis für den notwendigen politischen, wirtschaftlichen und gesellschaftlichen Fortschritt. Um die Religion für den Aufbau einer modernen Nation nach westlichem Stil nutzen und gleichzeitig oppositionelle, «rückwärtsgewandte» Aktivitäten religiöser Kreise kontrollieren zu können, wurde das Präsidium für religiöse Angelegenheiten, kurz Diyanet, ins Leben gerufen.

Dass sich die Religionsbehörde erst Anfang der 1980er Jahre für die türkischen Staatsbürger im europäischen Ausland zu interessieren begann, ist einerseits auf die genannte Ambivalenz der türkischen politischen Elite gegenüber der Religion zurückzuführen. Andererseits haben sowohl die Türkei als Entsendestaat der Migranten als auch die europäischen Aufnahmestaaten anfangs nicht mit der Verstetigung der Migration gerechnet und verspätet auf diese Entwicklung reagiert.

In fast allen Aufnahmeländern wurden die Diyanet-nahen islamischen Dachverbände fast zeitgleich in der ersten Hälfte der 1980er Jahre gegründet. Dies zeigt, dass die Initiative dazu nicht von den muslimischen Gemeinden in Europa, sondern von Ankara ausging. In der Türkei hatte das Militär 1980 die Macht übernommen und eine Technokratenregierung eingesetzt. Unter Aufsicht der Generäle wurde 1982 eine neue Verfassung ausgearbeitet, die den verpflichtenden Religionsunterricht einführte, die Existenz der Religionsbehörde in der Verfassung absicherte und der Diyanet erstmals ganz explizit[102] die Aufgabe erteilte, die Bürger nicht nur in Fragen der Religion zu unterrichten, sondern über die Einheit der Religion auch die Einheit der Nation zu sichern.[103] In diesem Kontext wurde 1984 in Deutschland die DITIB ins Leben gerufen. Bereits 1982 waren in Holland die *Islamitische Stichting Nederland* (HDV)[104] und in Belgien die *Diyanet de Belgique* (BDV) entstanden.[105] In Dänemark und der Schweiz wurden entsprechende Strukturen 1985 neu geschaffen. In Frankreich existieren noch heute offiziell nur «Filialen» von DITIB, dem Dachverband der Diyanet in Deutschland.[106] In Österreich, wo der Islam bereits seit der Zeit der k. u. k. Monarchie über staatlich anerkannte institutionelle Strukturen verfügte, wurde die erste Diyanet-nahe Organisation bereits 1979 etabliert, und der Dachverband mit dem Namen *Türkisch-Islamische Union [für kulturelle und soziale Zusammenarbeit] in Österreich* (ATIB) erst 1990/1991 gegründet.[107]

In Deutschland ist DITIB heute der größte Moschee-Dachverband mit 896 Mitgliedsvereinen.[108] Auf der türkischsprachigen Internetseite der DITIB heißt es, man «genieße das Wohlwollen» von 70% aller Muslime in Deutschland.[109] In Österreich gilt ATIB als «der bei weitem größte muslimische Verband des Landes.» Die *Islamitische Stichting Nederland* zählt 145 Moscheegemeinden zu ihren Mitgliedern[110] und bezeichnet sich als «eine der größten zivilgesellschaftlichen Organisationen» in den Niederlanden.[111] Die belgische Stiftung der Diyanet hat 73 Moscheevereine als Mitglieder, die zusammen 38 000 Familien vertreten wollen. Sie unterhält ein «Forschungszentrum» und ein Pädagogisches Seminar.[112]

DITIB wird zum Instrument des Staatspräsidenten

Doch seit einigen Jahren bläst den Dachverbänden der Diyanet in Europa ein strenger Wind ins Gesicht. In Deutschland waren es gleich mehrere Ereignisse, die an der Reputation von DITIB zehrten. Im Juni 2016 luden zwei DITIB-Landesverbände demonstrativ Abgeordnete des Bundestages vom rituellen Fastenbrechen aus, um so gegen die Resolution des Deutschen Parlaments zur Anerkennung des Völkermordes an den Armeniern des Osmanischen Reichs 1915/16 zu protestieren. Nach dem misslungenen Putschversuch von Teilen des türkischen Militärs im Juli 2016 beschuldigte der deutsche Generalstaatsanwalt 19 von Ankara besoldete Imame von DITIB-Moscheen der Spionage. Die Imame sollen private Daten von – und Erkenntnisse über – Mitglieder der Gemeinde des Predigers Fethullah Gülen in

Deutschland nach Ankara übermittelt haben. Im Januar 2018 besetzte die türkische Armee die kurdisch besiedelte syrische Provinz Afrin. Daraufhin wurden in einigen Moscheen der DITIB Gebete für den Sieg der türkischen Truppen gesprochen. Deutsche Behörden sahen darin eine Gefährdung des friedlichen Zusammenlebens von Türken und Kurden in Deutschland. Im April desselben Jahres tauchten Videos aus DITIB-Moscheen auf, die zeigten, wie sich Kinder in Kampfuniformen türkischer Soldaten zum Sterben niederlegen und ihre reglosen Körper mit einer türkischen Flagge bedeckt werden. Der Auftritt sollte wohl die Einsatzbereitschaft des Militärs im Kampf gegen die Milizen der syrisch-kurdischen *Partei der demokratischen Union* (PYD) symbolisieren. In Deutschland wurde die Darstellung jedoch als Instrumentalisierung von Einwanderern durch das Heimatland und als ideologischer Missbrauch von Kindern betrachtet. Schließlich «eröffnete» der türkische Staatspräsident Recep Tayyip Erdoğan im September 2018 mit einer Rede die DITIB-Zentralmoschee in Köln ungeachtet der Tatsache, dass die offizielle Eröffnung längst geschehen war. Der Kölner Oberbürgermeisterin Henriette Reker, die sich gegen rechtsradikale Kräfte in der Stadt für den Bau der Moschee stark gemacht hatte, wurde dagegen die Möglichkeit einer Ansprache verweigert.

Für die deutsche Seite liegt ein maßgeblicher Grund dafür, dass es in DITIB-Gemeinden zu solchen und ähnlichen Vorfällen kommen konnte, in der institutionellen und finanziellen Abhängigkeit der DITIB von der Religionsbehörde in Ankara. Tatsächlich gewähren die Statuten der DITIB türkischen Beamten und Diplomaten bestimmenden Einfluss auf das Handeln des Dachverbandes.[113] Die Religionsbehörde in Ankara finanziert außerdem die Imame der türkischen Moscheegemeinden in Deutschland, was den Verband auch materiell von Ankara abhängig macht.[114] So kommen der Dachverband, aber auch einzelne Moscheevereine in den Ruch, Instrumente des türkischen Staates zu sein. Entsprechend pochen deutsche Behörden und die deutsche

Politik auf eine größere Unabhängigkeit der DITIB von der Religionsbehörde.[115] Dies ist deshalb bemerkenswert, weil es in den Gründungsjahren der Diyanet-nahen Dachverbände und auch in den darauffolgenden beiden Jahrzehnten exakt die Nähe der Verbände zum türkischen Staat gewesen ist, die die Dachverbände damals für eine Partnerschaft mit deutschen Stellen in Sachen Integration und Institutionalisierung des Islam in Deutschland qualifiziert hatte.

Denn in den 1980er Jahren galt der türkische Staat als laizistisch und als Vertreter eines gemäßigten Islam, der sowohl ultrakonservative als auch politisch radikale islamische Strömungen bekämpfte.[116] Die damals bereits bestehenden Moscheevereine in Deutschland waren zu einem großen Teil in der Hand von Strömungen, die von der offiziellen Türkei als Gefahr für ihre laizistische Ordnung eingeschätzt wurden. So wurden die in Deutschland immer skeptisch betrachteten Korankurse in den 1980er Jahren oft von Anhängern des frührepublikanischen Theologen Süleyman Hilmi Tunahan, den sogenannten Süleymancıs, betrieben. Die Gruppe organisierte sich als *Verband Islamischer Kulturzentren* (VIKZ), galt als ultraorthodox und schottete sich stark nach außen ab. Ein eher politisch-aktivistisches und der damaligen türkischen Regierung gegenüber oppositionelles Verständnis von Islam vertrat in jenen Jahren der *Verband der religionsnationalen Weltsicht in Europa* (Avrupa Milli Görüş Teşkilatı, AMGT), die heutige *Islamische Gemeinschaft Milli Görüş* (IGMG). Diese war eng mit der pro-islamischen *Wohlfahrtspartei* (RP) verflochten, die das türkische Militär 1997 aus der damaligen Regierungskoalition drängte. DITIB wurde denn auch «als Dachverband» gegründet, «der direkt dem Präsidium für religiöse Angelegenheiten untersteht, welches eine offizielle Institution der Türkischen Republik ist».[117]

Die Gründung von DITIB erfolgte «als Reaktion auf die Umtriebe von Parteigängern der Scharia und religiöser Orden, Vorgänge, die sich aufgrund der Begrenzungen durch die laizistische

Verfassung [der Türkei] nur im Ausland entwickeln konnten». Tatsächlich spricht die erste Satzung des Dachverbandes explizit von der «Überwachung» seiner Mitgliedsgemeinden, und noch 1992 bezeichnet ein Flugblatt von DITIB die Stadt Köln, wo nicht nur die DITIB, sondern auch die AMGT/IGMG und der VIKZ ihren Sitz haben, als «Hauptzentrum aller extremistischen Strömungen religiöser Prägung».[118]

Zwei Entwicklungen haben diese ursprüngliche Konstellation seither auf den Kopf gestellt. In Deutschland hat sich die türkische Migration verstetigt und die Migrationsbevölkerung diversifiziert. Einem beträchtlichen Teil gelang der soziale Aufstieg, und heute beabsichtigt die Mehrheit der Migranten, langfristig in Deutschland zu leben. Dies öffnete den Weg dafür, dass DITIB von deutschen Stellen als Partner in der Bildungs-, Integrations- und Sicherheitspolitik betrachtet werden konnte, in Hessen sogar als offizieller Partner des Kultusministeriums für den Islamischen Religionsunterricht an öffentlichen Schulen. Für die Bundesländer Hamburg, Niedersachsen, Nordrhein-Westfalen und Rheinland-Pfalz liegen islam- bzw. religionswissenschaftliche sowie juristische Gutachten vor, welche die dortigen Landesverbände als Religionsgemeinschaften im Sinne der deutschen Verfassung einstufen.[119] Deutsche Stellen förderten im Rahmen von Bildungs- und Integrationsprogrammen auch Tätigkeiten von DITIB, die mehrheitlich von Ehrenamtlichen geleistet wurden.[120] So entstand die Vorstellung von der Möglichkeit einer von Ankara unabhängigen, auf Deutschland ausgerichteten muslimischen Organisation, deren institutionelle Fähigkeiten es zu stärken gelte.

Gleichzeitig veränderte sich aber auch die Türkei grundlegend. Dort ging «die Staatsgewalt von der alten laizistischen Elite auf eine gesellschaftliche Schicht über, die sich selbst als fromm bezeichnet und die Politik nach eigenen Aussagen an religiösen Werten ausrichtet».[121] Parallel dazu wurde die Religionsbehörde in Ankara Schritt für Schritt von einer Institution zur Kontrolle der Religion zu einer religiösen Institution. In den letzten Jahren trat zu diesen Veränderungen zudem noch die Hinwendung der Regierung zu offen autoritärer Politik hinzu, die mit der Einführung des Präsidialsystems institutionalisiert und verstetigt wurde. Damit haben sich der gesellschaftliche Kontext in Deutschland und anderen Aufnahmeländern türkischer Migration, die politischen Beziehungen der Türkei zu den Aufnahmeländern und zur EU und die politischen Verhältnisse in der Türkei grundlegend gewandelt.

Letzteres fand seinen deutlichsten Ausdruck am 18. September 2017, als Staatspräsident Erdoğan Prof. Ali Erbaş zum Präsidenten der Religionsbehörde ernannte. Im September 2021 konnte dieser eine zweite Amtszeit antreten.[122] In der ersten Rede in seiner neuen Funktion schlug Erbaş einen Bogen von Fethullah Gülen und dessen Anhängern zum «Säkularismus». Das Präsidium für religiöse Angelegenheiten müsse seine Anstrengungen verdoppeln, um den Schaden zu reparieren, den die «Fethullah-Gülen-Terrororganisation» in den Hirnen und Herzen junger Menschen angerichtet habe. Wichtig sei aber auch, sich des Erbes aller Märtyrer anzunehmen – besonders der Märtyrer, die im Widerstand gegen den gescheiterten Putschversuch vom 15. Juli 2016 ihr Leben gelassen hätten. Denn nur durch das Blut der Märtyrer sei der Boden, auf dem man stehe, zum Vaterland geworden. Es gehe ferner um die Wiederherstellung der Einheit der islamischen Umma [die Muslime der Welt] und darum, die ewiggültige Botschaft Gottes und seines Propheten einer Menschheit zu übermitteln, die sich hilf- und orientierungslos in den Fängen des Säkularismus winde.[123]

Prägnanter könnte der heutige ideologische Diskurs der AKP-Regierung nicht in wenigen Worten zusammengefasst werden. Als Reaktion auf das Treiben einer religiösen Gruppe – der Gülen-Bewegung –, die sich im Staatsapparat weitläufig organisiert hatte, soll nicht mit einem mehr an Transparenz und strikter Beachtung der Kriterien Qualifikation, Eignung und Leistung im öffentlichen Dienst reagiert werden, sondern mit einer Verstärkung des religiösen und nationalen Sentiments. In seinem Statement benutzt der neue Präsident der Diyanet durchgehend Wendungen, die der Staatspräsident geprägt hat. Die Rede Erbaşs wurde weithin als Kampfansage an das Prinzip des Laizismus aufgefasst,[124] auf dessen Beachtung die Verfassung die Behörde immer noch verpflichtet.

Auch die Überparteilichkeit, eine weitere Vorgabe der Verfassung für das Handeln der Behörde, spielt heute keine Rolle mehr. In der Rede, die er anlässlich der «Woche der Moscheen und der Religionsbeamten» am 4. Oktober 2018 im Präsidentenpalast in Ankara vor Vertretern der Diyanet hielt, verpflichtete Erdoğan die Diyanet dazu, die ideologische Orientierung seiner Partei zu verbreiten, und sagte: «Diese 140 000 Personen starke Armee [die Beamten der Diyanet] ist aufgerufen, das Antlitz dieses Landes zu verändern.»[125] Bereits jetzt, so der Präsident, stärke die Behörde im Ausland den Islam, eine Aufgabe, die die Türkei von den Osmanen übernommen habe. Von Arakan bis Somalia, von Palästina bis Indonesien, von Haiti bis Pakistan arbeiteten die Beamten der Diyanet an der Rechtleitung der Muslime.[126]

Wahrlich kann von einer wie auch immer gearteten Distanz der Behörde zur Regierungspartei kaum mehr die Rede sein. Am 2. Juni 2019 verrichteten in Istanbul Hunderttausende das für den Fastenmonat typische Nachtgebet (teravih namazı), in dessen Verlauf der Koran rezitiert wird. Organisiert hatte den Event die Religionsbehörde, deren Präsident Ali Erbaş mit dem Staatspräsidenten zusammen an der Spitze der Betenden stand. Direkt anschließend an das Gebet predigte Erdoğan den Gläubigen und rief sie dazu auf, bei der damals anstehenden Wiederholung der Kommunalwahlen in Istanbul nicht der Opposition, sondern seiner Partei ihre Stimme zu geben.[127] Während des Gebets hatte Erdoğan Teile des Korans vorgetragen und präsentierte sich somit im Verlauf des Abends nicht nur als charismatischer weltlicher Führer, sondern schlüpfte auch in die Rolle des geistlichen Oberhauptes.[128] Heute beklagen selbst konservative Kreise in der

Türkei, dass die Religionsbehörde, anstatt als moralische Instanz zu wirken und beispielsweise die weitverbreitete Korruption zu geißeln, sich zum Sprachrohr der Regierungspartei macht.[129]

Eine neue Qualität der Einmischung

Bereits 1984, als die DITIB gegründet werden sollte, bezweckte die damalige türkische Regierung, politischen Einfluss auf die türkischen Migranten in Europa zu nehmen. Ging es seinerzeit um die Zurückdrängung von ultra-konservativen und islamistischen Strömungen, richtete sich die Aktivität der DITIB später auch gegen oppositionelle Kurden in Europa. Eine religiöse Betreuung der islamisch-heterodoxen Aleviten, der nichtmuslimischen Jesiden oder gar türkischer Christen stand nie auf dem Programm. Unter der seit 2002 regierenden AKP hat sich dieser selektive Zugang der DITIB zu türkischen Staatsbürgern und deutschen Bürgern türkischer Herkunft nicht grundsätzlich geändert. Allerdings erhielt in dieser Zeit die Diasporapolitik einen ganz eigenen Stellenwert für die türkische Politik. Sie wurde systematischer und umfassender, orientiert sich stärker an der Ideologie und Identität der Regierungspartei und wurde zu einem Instrument der Außenpolitik.

Ein Anzeichen für diesen Schwenk war 2010 die Gründung des *Präsidiums für Türken im Ausland und verwandte Gemeinschaften* (Yurtdışı Türkler ve Akraba Topluluklar Başkanlığı, YTB), das heute dem Vizepräsidenten unterstellt ist. Die erste der beiden großen Abteilungen des YTB, die sich mit Staatsbürgern im Ausland beschäftigt, richtet ihr Augenmerk primär auf die türkischen Migranten in Europa. Einerseits will sich die Organisation um die Bildung und Erwerbsmöglichkeiten der Einwanderer und ihrer Nachkommen kümmern. Wichtiger noch sei allerdings, eine türkischstämmige Bevölkerung in Europa vor «institutionalisiertem Rassismus», «Diskriminierung» und «Islamophobie» zu schützen, heißt es auf der Website der Institution.[130] Tatsächlich spielt der Kampf gegen Islamophobie eine zentrale Rolle. Mit diesem Schwerpunkt liegt das Präsidium ganz auf der Linie des Staatspräsidenten. Für Erdoğan ist die Türkei heute weltweit Vorreiter im Kampf gegen Islamfeindlichkeit,[131] und sie führt diesen Kampf nicht nur in Europa, sondern auch in der Organisation für Islamische Zusammenarbeit und auf der Ebene der Vereinten Nationen. Die zweite große Abteilung des Präsidiums arbeitet daran, die Verbindung der Türkei mit «sprachverwandten, religionsverwandten, ethnisch verwandten und uns emotional nahestehenden Gruppen»[132] aufrechtzuerhalten oder neu zu knüpfen. Es geht dabei um die turksprachigen Nationen Zentralasiens, um die sunnitischen Muslime überall auf der Welt, um ethnische Türken in Bulgarien und auf dem Balkan sowie um die nicht-türkischen Muslime in den ehemaligen Territorien des Osmanischen Reichs. All diese Gruppen, heißt es auf der Website der Behörde, verfolgten mit großem Interesse «die Bemühungen unseres Landes, auf regionaler und globaler Ebene ein System des Friedens und der Gerechtigkeit zu errichten.»

Die verklausulierte und doch sehr ambitionierte Formulierung spiegelt das Denken des ehemaligen Außenministers und Ministerpräsidenten Ahmet Davutoğlu wider, der die Außenpolitik der letzten Jahre maßgeblich geprägt hat, auch wenn er sich heute in der Opposition befindet. Davutoğlu versteht die Türkei als ein Land, das seine historische und kulturelle Identität aus den großen Tagen des Osmanischen Reichs herleitet und damit gleichzeitig seine Mission für die Zukunft gefunden hat. Ihm zufolge ist sein Land dazu bestimmt, nicht nur regionales Zentrum zu sein, sondern auch auf globaler Ebene eine entscheidende Rolle zu spielen. Als Nachfolgerin der für Jahrhunderte größten Militärmacht der islamischen Welt habe die Türkei nicht nur die Aufgabe, die im Ausland lebenden «sechs Millionen Türken»[133] zu schützen, sondern müsse auch die Anliegen der (sunnitischen) Muslime generell zur Sprache bringen. Das ist der Hintergrund, vor dem der türkische Staatspräsident seit einigen Jahren unter dem Motto «die Welt ist größer als Fünf» seine Forderung nach einer Vertretung der islamischen Welt, am besten durch die Türkei, im Sicherheitsrat der Vereinten Nationen vorbringt.[134] Ankara arbeitete außerdem energisch darauf hin, dass sich der bereits 1992 nach der Auflösung der Sowjetunion gegründete *Kooperationsrat der turksprachigen Länder* im November 2021 zur *Organisation der Turkstaaten* verfestigte.[135] In all diesen Fällen dient ethnische und/oder religiöse Identität als Vehikel für das Bestreben der türkischen Regierung, ihre Stellung auf dem internationalen Parkett zu erhöhen und ihren Einfluss auszubauen.

Der jüngste und gleichzeitig wohl dynamischste Akteur in der Diasporapolitik ist die regierungsnahe *Bildungsstiftung* (Maarif Vakfı). Obwohl erst im Juni 2016 per Gesetz als eigenständige Institution gegründet, will die Stiftung im Frühjahr 2022, nur knapp sechs Jahre später, bereits in 67 Staaten der Welt aktiv sein und in 49 davon Bildungseinrichtungen betreiben. In 424 Einrichtungen sollen insgesamt 47 831 Schüler Unterricht erhalten.[136] Möglich wurde dieser Erfolg durch die großzügige Finanzierung des türkischen *Ministeriums für Nationale Erziehung* der Republik Türkei, das die Stiftung laut türkischer Presse mit einem Startkapital von umgerechnet 155 Millionen Euro ausgestattet haben soll.[137] Hinter dieser großen Investition stand der Wunsch der Regierung, eine Alternative zu dem weit verzweigten Netz von Fethullah Gülen-Schulen zu schaffen, das sich damals über alle Kontinente der Welt erstreckte. Nach dem erfolglosen Putsch vom Juli 2016 drängte Ankara mit allen Mitteln die Regierungen der Länder, in denen Gülen-Schulen aktiv waren, diese Einrichtungen der Maarif-Stiftung zu übertragen. Um der Lehrer und Schulleiter der Gülen-Schulen habhaft zu werden, wurde auch der international tätige Geheimdienst genutzt. In zwielichtigen Absprachen mit lokalen Polizeieinheiten und verdeckten Operationen sollen so mindestens 24 Personen gegen ihren Willen mit Gewalt und in Aktionen, die an Entführungen grenzen, in die Türkei verbracht worden sein.[138] In Deutschland drängt Ankara darauf, der Maarif-Stiftung in Köln, Frankfurt am Main und Berlin die Eröffnung von Schulen zu erlauben, im Gegenzug dafür, dass die deutschen Schulen in Ankara, Istanbul und Izmir ihren Betrieb aufrechterhalten können.[139] Auf ihrer deutschen Website gibt sich die Stiftung humanistischen Idealen verpflichtet.[140] In der Türkei äußert sich der Stiftungsvorsitzende Prof. Dr. Birol Akgün ganz im Ton der Regierungspartei AKP. Wie diese teilt er die türkische Bevölkerung in jene, die sich – wie die Regierungspartei sich selbst –als «authentisch und national» (yerli ve milli) begreifen und präsentieren und in jene, die als türkischen Werten entfremdet gelten: der säkulare, nicht konservative, liberale und dem Westen zugewandte Teil der türkischen Gesellschaft. «Wir erwarten von unseren Lehrern zuallererst, dass sie authentisch und national sind, sich unseren eigenen Werten und unserer Nation verpflichtet fühlen. Wissenschaft, Literatur, Kunst, Technologie und Weltläufigkeit – das alles kommt danach.»[141]

Ein weiteres Beispiel für die zunehmende Überlappung der heutigen Diasporapolitik mit den Interessen der Regierungspartei ist der Verein *Union Internationaler Demokraten* (UID). Der Vorläufer der UID wurde 2004 in Köln unter dem Namen Union Europäischer Türkischer Demokraten (UETD) gegründet.[142] 2018 nahm die UID ihren heutigen Namen an und will mittlerweile über 253 Vereinssitze in 17 Ländern verfügen. Ziel der Vereinigung sei die Förderung «der Integration der im Ausland lebenden Türken und verwandten Gemeinden». Öffentliche Aufmerksamkeit in großem Stil erregte der Verein in Europa jedoch mit der Organisation von Großveranstaltungen für Politiker der Regierungspartei. Besonders in Erinnerung geblieben ist der Auftritt Erdoğans in Köln 2008, wo der damalige Regierungschef Assimilation als «Verbrechen gegen die Menschlichkeit» bezeichnete. Aber auch von der UETD organisierte Massenveranstaltungen im Jahr 2017, auf denen AKP-Spitzenpolitiker in den Niederlanden, Österreich und der Bundesrepublik für die Zustimmung zur Einführung eines die Gewaltenteilung aufhebenden Präsidialsystems warben, vergifteten damals die Atmosphäre zwischen der Türkei und den Aufnahmeländern türkischer Migration. 2023, einhundert Jahre nach Gründung der Republik, fanden Präsidenten- und Parlamentswahlen statt, und es kann nicht überraschen, dass die hohe Zustimmungsrate, die Erdoğan bei diesen Wahlen in Deutschland, Österreich, den Niederlanden, Belgien und Frankreich erzielen konnte, die Auseinandersetzung über die Identität der Türkei und die Loyalität der türkischen Diaspora erneut angefacht hat.

Anhang

Die Türkei und ihre Provinzen

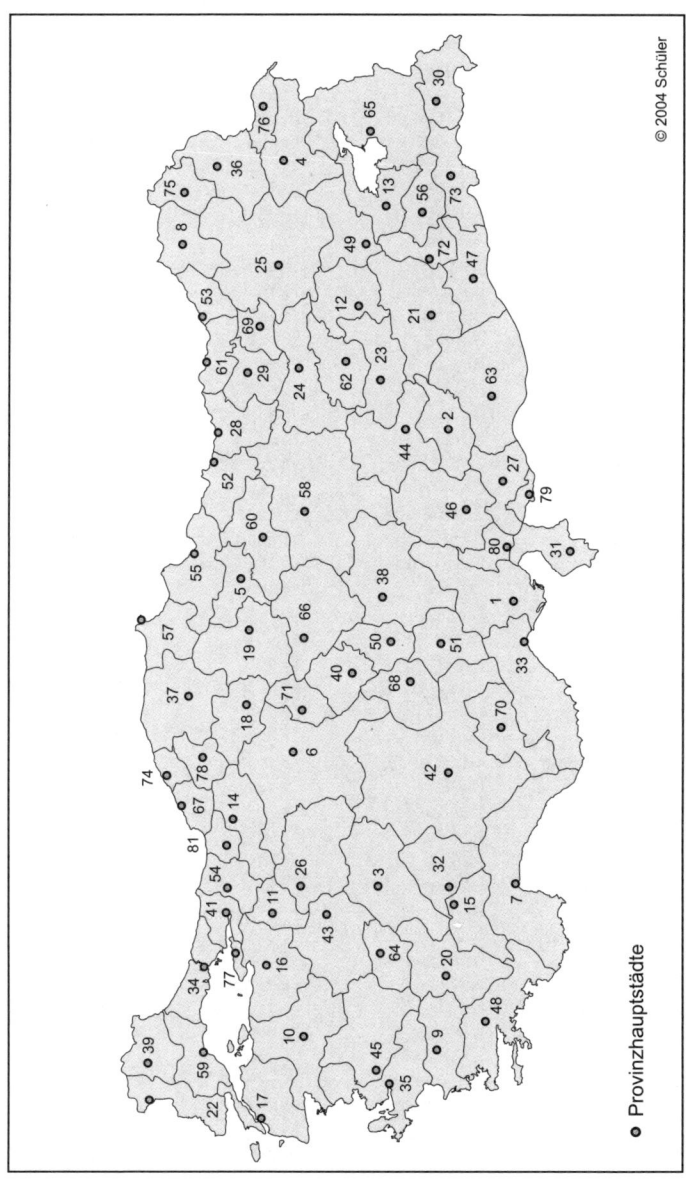

© 2004 Schüler

○ Provinzhauptstädte

Die Nummern sind die offiziellen Kennziffern der Provinzen, die sich beispielsweise auch auf Autokennzeichen finden. Die Provinzen 68–81, die nicht alphabetisch eingereiht sind, wurden später gegründet.

Nr.	Provinz	Hauptstadt	Fläche (km²)	Einwohnerzahl 2005
1	Adana	Adana	12 788	1 959 777
2	Adıyaman	Adıyaman	7 614	668 021
3	Afyon	Afyon	14 230	825 903
4	Ağrı	Ağrı	11 376	536 755
5	Amasya	Amasya	5 520	355 114
6	Ankara	Ankara	25 706	4 007 860
7	Antalya	Antalya	20 591	2 006 765
8	Artvin	Artvin	7 436	172 241
9	Aydın	Aydın	8 007	990 467
10	Balıkesir	Balıkesir	14 292	1 097 073
11	Bilecik	Bilecik	4 307	198 128
12	Bingöl	Bingöl	8 125	247 022
13	Bitlis	Bitlis	6 707	409 145
14	Bolu	Bolu	10 037	265 139
15	Burdur	Burdur	6 887	248 319
16	Bursa	Bursa	10 963	2 361 934
17	Çanakkale	Çanakkale	9 737	467 120
18	Çankırı	Çankırı	7 388	272 793
19	Çorum	Çorum	12 820	567 757
20	Denizli	Denizli	11 868	877 486
21	Diyarbakir	Diyarbakir	15 355	1 470 918
22	Edirne	Edirne	6 276	386 328
23	Elazığ	Elazığ	9 153	590 977
24	Erzincan	Erzincan	11 903	315 491
25	Erzurum	Erzurum	25 066	955 615
26	Eskişehir	Eskişehir	13 652	718 261
27	Gaziantep	Gaziantep	6 207	1 401 501
28	Giresun	Giresun	6 934	518 668
29	Gümüşhane	Gümüşhane	6 575	190 780
30	Hakkari	Hakkari	7 121	266 061
31	Hatay	İskenderun	5 403	1 292 869
32	Isparta	Isparta	8 933	541 635
33	İçel	Mersin	15 853	1 819 310
34	Istanbul	Istanbul	5 220	11 331 964
35	Izmir	Izmir	11 973	3 648 984
36	Kars	Kars	9 442	249 409
37	Kastamonu	Kastamonu	13 108	332 856
38	Kayseri	Kayseri	16 917	1 090 290
39	Kırklareli	Kırklareli	6 550	327 488
40	Kırşehir	Kırşehir	6 570	241 689
41	Kocaeli	İzmit	3 626	1 331 870
42	Konya	Konya	38 157	2 372 929
43	Kütahya	Kütahya	11 875	679 543
44	Malatya	Malatya	12 313	910 978
45	Manisa	Manisa	13 810	1 276 208

Nr.	Provinz	Hauptstadt	Fläche (km²)	Einwohnerzahl 2005
46	Kahramanmaraş	Kahramanmaraş	14 327	1 029 499
47	Mardin	Mardin	8 891	766 504
48	Muğla	Muğla	13 338	779 758
49	Muş	Muş	8 196	482 781
50	Nevşehir	Nevşehir	5 467	310 507
51	Niğde	Niğde	7 312	362 788
52	Ordu	Ordu	6 001	890 916
53	Rize	Rize	3 920	362 492
54	Sakarya	Adapazarı	4 817	771 433
55	Samsun	Samsun	9 579	1 192 501
56	Siirt	Siirt	5 406	295 904
57	Sinop	Sinop	5 862	193 446
58	Sivas	Sivas	28 488	719 781
59	Tekirdağ	Tekirdağ	6 218	692 792
60	Tokat	Tokat	9 958	862 375
61	Trabzon	Trabzon	4 685	1 045 844
62	Tunceli	Tunceli	7 774	79 176
63	Şanlıurfa	Şanlıurfa	18 584	1 653 712
64	Uşak	Uşak	5 341	329 327
65	Van	Van	19 069	988 260
66	Yozgat	Yozgat	14 123	719 660
67	Zonguldak	Zonguldak	3 481	569 717
68	Aksaray	Aksaray	7 626	420 432
69	Bayburt	Bayburt	3 652	87 745
70	Karaman	Karaman	9 163	250 863
71	Kırıkkale	Kırıkkale	4 365	388 966
72	Batman	Batman	4 694	506 983
73	Şırnak	Şırnak	7 172	394 511
74	Bartın	Bartın	2 140	164 323
75	Ardahan	Ardahan	5 576	121 616
76	Iğdır	Iğdır	3 539	177 888
77	Yalova	Yalova	674	182 298
78	Karabük	Karabük	4 074	205 257
79	Kilis	Kilis	1 338	101 169
80	Osmaniye	Osmaniye	3 320	486 262
81	Düzce	Düzce	1 014	326 769
	Gesamteinwohnerzahl			72 065 000

Quelle: Statistisches Amt, zit. nach Milliyet 20. 7. 2005

Zeittafel

1922, 1. Nov.	Abschaffung des Sultanats
1923, 24. Juli	Vertrag von Lausanne zwischen der Türkei auf der einen Seite und Großbritannien, Frankreich, Italien, Japan, Griechenland, Rumänien und dem Königreich der Serben, Kroaten und Slowenen auf der anderen Seite
1923, 29. Okt.	Ausrufung der Republik Türkei
1924, 3. März	Aufhebung des Kalifats. Gründung des Präsidiums für religiöse Angelegenheiten (Diyanet İşleri Başkanlığı)
1925, 17. Febr.	Kurdenaufstand unter Führung von Scheich Said, niedergeschlagen Ende April 1925
1925, 30. Nov.	Schließung der Logen und Konvente von Derwischorden sowie der Mausoleen «islamischer Heiliger»
1926, 17. Febr.	Einführung des Zivilgesetzbuch nach schweizerischem Vorbild und Reform des Strafrechts nach italienischem Vorbild
1928, 10. April	Abschaffung des Islam als Staatsreligion und Einführung des Prinzips des Laizismus in die Verfassung
1929, 1. Jan.	Einführung des lateinischen Alphabets und Verbot der arabischen Schrift
1930, 3. Apr.	Einführung des aktiven und passiven Wahlrechts der Frauen bei Kommunalwahlen
1934, 5. Dez.	Einführung des aktiven und passiven Wahlrechts der Frauen bei Parlamentswahlen
1935, 2. Jan.	Einführung von Familiennamen, verbindliche Vorschrift ihrer Nutzung
1935, 8. Febr.	Frauen nehmen erstmals aktiv und passiv an Wahlen zum türkischen Parlament teil.
1938, 10. Nov.	Tod von Mustafa Kemal Atatürk
1939, 29. Juni	Die syrische Provinz Hatay fällt an die Türkei
1945, März	Stalin fordert die Abtretung der türkischen Provinzen Ardahan und Kars sowie eine gemeinsame Verwaltung der Meeresengen.
1949, 9. Aug.	Die Türkei wird Mitglied des Europarats.
1950, 14. Febr.	Wahlsieg und Regierungsantritt der Demokratischen Partei, Ende der Einparteienherrschaft
1952, 28. Febr.	Die Türkei wird NATO-Mitglied.
1960, 27. Mai	Putsch des türkischen Militärs unter General Cemal Gürsel
1960, 16. Aug.	Großbritannien entlässt Zypern in die Unabhängigkeit.

1963, 12. Sept.	Assoziierungsabkommen zwischen der EWG und der Türkei
1971, 22. März	Das türkische Militär putscht erneut, dieses Mal in Form eines Memorandums.
1973, 14. Okt.	Mit der Nationalen Heilspartei (Milli Selamet Partisi) Necmettin Erbakans zieht zum ersten Mal eine islamistische Partei in das Parlament ein und wird an Regierungen beteiligt.
1974, 20. Juli	Türkische Invasion auf Zypern
1978, Nov.	Gründung der PKK
1980, 12. Sept.	Putsch durch das Militär unter General Kenan Evren
1982, 7. Nov.	Durch ein Referendum mit Wahlpflicht wird eine neue, restriktive und weitgehend nach Vorstellungen des Militärs geschriebene Verfassung angenommen.
1983, 6. Dez.	Das Militär übergibt die Regierungsgeschäfte an Turgut Özal von der Mutterlandspartei (AnaP).
1984, im August	Erste Anschläge der PKK
1985, 5. Juli	Gründung der Türkisch-Islamischen Union der Anstalt für Religion e. V. (Diyanet İşleri Türk İslam Birliği) in Deutschland, kurz DITIB
1986, Juni	Einführung der dualen Berufsausbildung
1995, 24. Dez.	Mit der Wohlfahrtspartei (Refah Partisi, RP) gewinnt zum ersten Mal eine islamistische Partei die Parlamentswahlen der Türkei.
1996, 1. Jan.	Zollunion zwischen der EU und der Türkei
1996, 3.–14. Juni	Die Zweite Konferenz der Vereinten Nationen zu Humanitärem Städtebau (Habitat II) findet in Istanbul statt und gibt der türkischen Zivilgesellschaft einen kräftigen Entwicklungsschub.
1997, 28. Febr.	Das Militär zwingt den islamistischen Ministerpräsidenten Necmettin Erbakan zum Rücktritt und bewirkt das Verbot seiner Wohlfahrtspartei.
1999, 17. Aug.	Das verheerende Erdbeben von Gölcük, östlich von Istanbul fordert etwa 17 000 Todesopfer.
1999, 15. Febr.	Ergreifung des PKK-Führers Abdullah Öcalan in Nairobi, Kenia
2001, Febr.	Schwere Wirtschaftskrise in der Türkei
2002, 3. Nov.	Die neu gegründete Gerechtigkeits- und Entwicklungspartei (AKP) gewinnt die Parlamentswahlen.
2003, 14. März	Recep Tayyip Erdoğan wird zum Ministerpräsidenten gewählt.
2004, 24. April	Auf Zypern stimmen die Griechen mit 76 Prozent gegen den Annan-Plan, der damit scheitert. Die griechisch-dominierte Republik Zypern wird am 1. Mai EU-Mitglied.

2004, 17. Dez.	EU-Regierungschef entscheiden, dass die Verhandlungen über den Beitritt der Türkei Anfang Oktober 2005 begonnen werden sollen.
2005, 3. Okt.	Beginn der Beitrittsverhandlungen zwischen der EU und der Türkei
2007, 27. April	Der Generalstab droht per Memorandum einzugreifen, sollte das Parlament den AKP-Politiker Abdullah Gül zum Staatspräsidenten wählen.
2007, 12. Juni	Die Aushebung eines illegalen Waffenlagers durch die Polizei führt zum Ergenekon-Prozess.
2007, 28. Aug.	Abdullah Gül von der AKP wird in direkter Wahl zum Staatspräsidenten gewählt.
2008, 30. Juli	Die AKP entgeht nur knapp einem Verbot durch das Verfassungsgericht.
2011, Februar	Mit dem Beginn des Arabischen Frühlings in Syrien kommen erste Flüchtlinge aus diesem Land in die Türkei.
2011, 12. Juni	Die AKP gewinnt die Parlamentswahlen mit absoluter Mehrheit.
2013, 28. Mai	Beginn der Gezi-Park-Proteste
2013, 30. Aug.	Offizielles Ende der Gezi-Park-Proteste
2013, 17. Nov.	Recep Tayyip Erdoğan trifft den kurdischen Sänger Şivan Perwer und den Präsidenten der kurdischen Regionalregierung im Irak Masud Barzani in Diyarbakır und schürt Hoffnung auf eine Lösung des Kurdenkonflikts.
2013, 21. Dez.	Enthüllungen über Korruption führen zur Inhaftierung der Söhne zweier Minister der Regierung Erdoğan.
2014, 28. Aug.	Recep Tayyip Erdoğan wird zum Staatspräsidenten gewählt.
2014, 15. Sept.	Kampf um Kobane, der «Islamische Staat» (IS) greift die von syrischen Kurden gehaltene nordsyrische Stadt Kobane an.
2015, 7. Juni	Erstmals überwindet eine prokurdische Partei, die Demokratische Partei der Völker (HDP), die 10-Prozent-Hürde für den Einzug einer Partei ins Parlament. Die AKP verliert zum ersten Mal seit ihrer Regierungsübernahme 2002 die absolute Mehrheit.
2015, Juli	Präsident Erdoğan bricht die Friedensgespräche mit der PKK ab.
2015, 9. Okt.	Russland greift offiziell in den syrischen Bürgerkrieg ein.
2015, 1. Nov.	Bei der von Staatspräsiden Erdoğan angeordneten Wiederhollung der Parlamentswahlen erringt die AKP erneut die absolute Mehrheit der Sitze.

2015, 24. Nov.	Die türkische Luftwaffe schießt an der syrisch-türkischen Grenze einen russischen Kampfjet ab. Russland beschließt Sanktionen gegen die Türkei.
2016, 18. März	Die Europäische Union und die Türkei erklären in mehreren Statements eine Zusammenarbeit zur Begrenzung der irregulären Migration aus Syrien.
2016, 15. Juli	Putschversuch von Teilen des Militärs unter Leitung von Kadern der Gülen-Bewegung
2016, 27. Juni	Erdoğan entschuldigt sich bei Putin für den Abschuss eines russischen Kriegsflugzeugs; Normalisierung der türkisch-russischen Beziehungen
2016, 24. Aug.	Einmarsch der Türkei in die nordsyrischen Landkreise Azaz, Dscharablus und Al-Bab unter dem Namen «Schutzschild des Euphrat». Ankara will vermeiden, dass die vom «Islamischen Staat» (IS) gehaltene Region von den syrischen Kurden eingenommen wird.
2017, 11. April	Russland und die Türkei unterzeichnen eine Vereinbarung über den Kauf des russischen Raketenabwehrsystems S-400.
2017, 16. April	Unter Ausnahmezustandsrecht wird per Referendum ein Präsidialsystem «türkischer Art» eingeführt, das die Kompetenzen der Exekutive in den Händen des Staatspräsidenten bündelt und die Gewaltenteilung untergräbt.
2027, 10. Okt.	Die Türkei interveniert in der nordsyrischen Provinz Idlib und schützt die dortige islamistische/dschihadistische Opposition vor den Truppen Assads.
2017, 22. Nov.	In einer gemeinsamen Erklärung mit Russland und dem Iran erkennt die Türkei in der kasachischen Hauptstadt Astana erstmals nach Ausbruch des syrischen Bürgerkriegs den syrischen Präsidenten Baschar al-Assad als legitimen Herrscher Syriens an.
2018, 18. Jan.	Einmarsch der Türkei in den von Kurden gehaltenen nordsyrischen Landkreis Afrin, «Operation Olivenzweig».
2018, 21. März	Die Regierung zwingt die Doğan Mediengruppe, ihre Zeitungen und Fernsehsender dem der Regierung nahestehenden Milliardär Erdoğan Demirören zu verkaufen.
2018, 24. Juni	Die AKP kann bei den Parlamentswahlen nur noch mit Hilfe der MHP die absolute Mehrheit der Sitze gewinnen.
2019, 31. März	Bei den Kommunalwahlen verliert die AKP Istanbul, Ankara und andere wichtige Städte.
2019, 6. Okt.	Einmarsch türkischer Truppen in die nordsyrischen Landkreise Tel Abyad und Ras al Ain gegen die nordsyrischen Kurden, «Operation Friedensquell»

2019, 27. Nov.	Die Türkei und die libysche «Regierung der Nationalen Einheit» unterzeichnen zwei Memoranden, eines über die Abgrenzung ihrer Exklusiven Wirtschaftszonen und eines über militärischen Beistand der Türkei für die libysche Regierung, die mit dem libyschen Parlament im bewaffneten Konflikt steht.
2020, 27. Febr.	Russische Piloten töten in Syrien bei einem Bombardement 36 türkische Soldaten.
2020, 28. Febr.	Die Türkei bringt Flüchtlinge aus dem Nahen Osten an die Grenze zu Griechenland.
2021, 25. März	Der Europäische Rat spricht von «illegalen Bohrungen» der Türkei in den Gewässern der Republik Zypern, behält sich Sanktionen vor und bietet Ankara eine «positive Agenda» an, sollte das Land im östlichen Mittelmeer de-eskalieren.
2020, 24. Juli	Die Hagia Sophia, bis dato Museum, wird zur Moschee.
2021, 1. Juli	Recep Tayyip Erdoğan beschließt per Dekret des Staatspräsidenten den Austritt der Türkei aus der Istanbuler Konvention (des Europarates) zur Verhütung und Bekämpfung von Gewalt gegen Frauen und häuslicher Gewalt.
2021, 6. Okt.	Die Türkei tritt dem Pariser Klimaabkommen bei.
2022, 24. Juni	Der Europäische Rat gewährt der Ukraine und der Republik Moldau den Status eines Beitrittskandidaten zur Europäischen Union. Die Türkei wird in der Erklärung nicht mehr als Beitrittskandidat genannt.
2022, 30. Juni	Die Internet-Auftritte der Deutschen Welle (DW) und von Voice of America werden in der Türkei gesperrt.
2023, 6./7. Febr.	Schwere Erdbeben erschüttern den Südosten der Türkei und den Norden Syriens. Mehr als 56 000 Menschen kommen ums Leben.
2023, 14. Mai	Bei den Parlamentswahlen gewinnt das Republikanische Bündnis unter Führung der AKP die absolute Mehrheit. In der Präsidentschaftswahl kann sich Erdoğan erstmals nicht im ersten Wahlgang durchsetzen und muss in die Stichwahl.
2023, 28. Mai	Recep Tayyip Erdoğan (AKP) gewinnt die Stichwahl gegen Kemal Kılıçdaroğlu (CHP) mit 51,91 zu 48,09 Prozent und bleibt Staatspräsident der Türkei.

Anmerkungen

Erster Teil:
Das Ende von Atatürks Republik

1 «Das ist die letzte Wahl, in der die Opposition antritt. Wenn der [gegenwärtige] Autoritarismus erst [vollständig] institutionalisiert ist, werden weder die heutigen Oppositionsparteien noch ihre Führung überleben. Selbst was dann aus ihren Wählern wird, ist schwer zu sagen», so der Politikwissenschaftler und Public Intellectual İhsan Dağı in seinem Kommentar für die Nachrichtenwebsite Diken am 22.1.2022. https://www.diken. com.tr/bir-secim-nasil-kaybedilir. Bereits eine flüchtige Internetrecherche zu der auf Türkisch gestellten Frage «Geht Erdoğan, wenn er die Wahl verliert?» fördert eine lebhafte Diskussion zutage und zeigt das Ausmaß des Zweifels.

2 «Wie auch immer die Wahl ausgehen mag, wir können das Vaterland nicht Kollaborateuren mit dem Feind überlassen», sagt Ersan Ergür, einer der Gründer der privaten Söldnerfirma SADAT, die eng mit der Regierung kooperiert. Siehe die Tageszeitung Cumhuriyet vom 27.5.2022, https://www.cumhuriyet.com.tr/siyaset/sadat-yoneticisinden-sandikta-teslim-etmeyiz-paylasimi-1940323.

3 Levent Gültekin in Diken vom 10.6.2022, https://www.diken.com.tr/turkiye-irak-olur-mu/.

4 Vgl. https://tr.wikipedia.org/wiki/E-muht%C4%B1ra, Zugriff am 16.6.2022.

5 Yalçın Akdoğan, Konservative Demokratie (türkisch), AKP, Ankara 2003.

6 Diken vom 27.7.2016, https://www.diken.com.tr/darbe-girisimi-genelkur mayda-107-general-ve-32-amiral-ihrac-edildi/.

7 Yalçın Doğan am 29.7.2016, Nachrichtenwebsite T24, Link nicht mehr aktiv.

8 Justizminister Abdullah Gül: «Circa 4000 FETÖ-Richter und Staatsanwälte aus dem Amte entfernt» (türkisch), Tageszeitung Dünya vom 5.4. 2018, https://www.dunya.com/gundem/yaklasik-4-bin-fetocu-hakim-savci-meslekten-ihrac-edildi-haberi-410349.

9 Für ein «Verfassungsmodell türkischer Art» warb der Staatspräsident vor dem Referendum zur Einführung des Präsidialsystems, Tageszeitung Hürriyet vom 29.1.2016, http://www.hurriyet.com.tr/turk-tipi-anayasa-modeli-millet-hazir-40046600.

10 The Independent vom 19.4.2017, http://www.independent.co.uk/news/ world/europe/turkish-referendum-million-votes-manipulated-recep-tayyip-Erdoğan-council-of-europe-observer-a7690181.html.

11 «Dieses Land hat einen Führer. Er macht die Politik. Es braucht dazu nie-

manden sonst. Der Führer macht die Innen- und die Außenpolitik. Unsere Aufgabe kann es nur sein, den Führer zu unterstützen.» Erdoğans Berater Yiğit Bulut im Staatsfernsehen nach Diken vom 16.5.2012, http:// www. diken.com.tr/basdanisman-yigit-bulut-siyaseti-Erdoğana- zimmet-ledi-baska-kimse-yapmasin.

12 «Duties and powers» of the President, Website des Präsidialamtes, https:// www.tccb.gov.tr/en/presidency/power, Zugriff am 17.6.2022.

13 «Erdoğan, Das Präsidialsystem gibt der Türkei die Chance, sich schneller zu entwickeln» (türkisch), Staatliches Fernsehen TRT vom 11.11.2016, https://www.trthaber.com/haber/turkiye/Erdoğan-baskanlik-sistemi-turkiyeye-daha-hizli-kalkinma-firsati-verecektir-281911.html.

14 Vom 28.4.2016, https://www.yenisafak.com/ekonomi/turkiye-ucacak-2458148.

15 Vgl. die Umfrage der Firma Yönelim in der Nachrichtenwebsite Duvar am 14.6.2022, https://www.gazeteduvar.com.tr/cumhurbaskanligi-anketi-cog unluk-Erdoğana-oy-vermeyenlerde-galeri-1569252 und die Umfrage der Firma Gezici in Diken am 13.6.2022, https://www.diken.com.tr/gezici-arastirma-Erdoğan-20-yilin-ardindan-ilk-kez-ikinci-oldu.

16 Vgl. die Umfrage der Firma MetroPoll in T24 vom 3.5.2022, https://t24. com.tr/haber/metro-poll-arastirma-mansur-yavas-ilk-turda-erdogan-a-karsi-acik-ara-kazaniyor,1031810.

17 https://www.yenisafak.com/ekonomi/turkiye-ucacak-2458148, Zugriff am 23.4.2022.

18 Ebenda.

19 https://data.worldbank.org/indicator/BX.KLT.DINV.CD.WD?end= 2020&locations=TR&start=2000, Zugriff am 24.4.2022.

20 https://data.worldbank.org/indicator/NY.GDP.PCAP.CD?locations= TR, Zugriff am 24.4.2022.

21 https://www.macrotrends.net/countries/TUR/turkey/inflation-rate-cpi, Zugriff am 24.4.2022.

22 https://tradingeconomics.com/turkey/currency, Zugriff am 24.4.2022.

23 https://t24.com.tr/haber/yeni-devlet-sisteminde-kritik-koltuklara-akra ba-kriteri,699004, Zugriff am 24.4.2022.

24 https://www.karar.com/yazarlar/taha-akyol/merkez-bankasinin-basina-gelenler-1589596, Zugriff am 24.4.2022.

25 https://www.karar.com/yazarlar/taha-akyol/degisen-bakanlar-1592006, Zugriff am 24.4.2022.

26 https://www.mahfiegilmez.com/2022/04/turkiye-gsyh-buyuklugunde-21inci-sraya.html, Zugriff am 23.4.2022.

27 Ebenda.

28 Recain Cecen et al., «Turkey», International Monetary Fund, 8/2016, S. 4–5, https://www.imf.org/external/pubs/ft/scr/2016/cr16105.pdf, Zugriff am 16.9.2018. Im Juli 2018 war die Sparrate gar auf 7 Prozent gefallen.

29 European Commission, Turkey Report 2018, 17.4.2018, S. 54, https://ec. europa.eu/neighbourhood-enlargement/sites/near/files/20180417-turkey-report.pdf.

30 Das Folgende in enger Anlehnung an Daron Acemoğlu/Murat Üçer, «The Ups and Downs of Turkish Growth, 2002–2015: Political Dynamics, the European Union and the Institutional Slide», Massachusetts Institute of Technology, o. J., S. 10, https://economics.mit.edu/files/11509, Zugriff am 15.9.2018.

31 Weltbank, https://data.worldbank.org/indicator/NY.GDP.MKTP.KD.ZG? end=2017&locations=TR&start=2002, Zugriff am 16.9.2018.

32 Acemoğlu/Üçer, S. 4–25 und mit Verweis auf die dort genannten Quellen.

33 Private GFCF Share in GDP nach TURKSTAT, ebenda S. 5.

34 «The Equity of Expenditures – Increasing Investment in Underserved Regions», World Bank 2014, nach Acemoğlu, S. 9.

35 Acemoğlu/Üçer, S. 10. Vgl. auch https://data.worldbank.org/indicator/ NY.GDP.PCAP.CD?locations=TR, Zugriff am 18.9.2018.

36 Ebenda, S. 10 und 11 und https://fred.stlouisfed.org/series/RTFPNATRA 632NRUG, Zugriff am 18.4.2022.

37 Vgl. https://tradingeconomics.com/turkey/current-account, Zugriff am 19.9.2018.

38 Vgl. https://data.worldbank.org/indicator/BX.KLT.DINV.CD.WD?end= 2020&locations=TR&start=2000, Zugriff am 22.4.2022.

39 Das gilt sowohl für die Korruptionswahrnehmung als auch für das internationale Ranking, circa 45 auf 63. Vgl. https://tradingeconomics.com/ turkey/corruption-rank und https://tradingeconomics.com/turkey/cor ruption-index, Zugriff jeweils am 18.9.2016.

40 Aysun Bayhan, «Ursachen und Folgen der schweren Wirtschaftskrise von 2001» (türkisch), Ökonomie-Website Paratic, https://paratic.com/2001-krizi/, Zugriff am 18.9.2018.

41 Siehe zur damaligen politischen Lage Günter Seufert, «Neue pro-islami sche Parteien in der Türkei», SWP-Studie 6/2002.

42 Dies und das Folgende nach Acemoğlu//Üçer, S. 13.

43 Vgl. Berk Esen/Sebnem Gumuscu, «Building a competitive authoritarian regime», Journal of Balkan and Near Eastern Studies (4/2018), S. 349–372, hier S. 351.

44 Acemoğlu/Üçer.

45 Esra Çeviker Gürakar, «Nach 2002 wurde Begünstigung zum Zentrum des Systems» (türkisch), Website der liberalen Tageszeitung BirGün vom 29.7.2018, https://www.birgun.net/haber-detay/2002-yilindan-sonra-kay irmacilik-merkezilesti-225087.html.

46 «Was bedeutet ‹Direkteinkauf›?» (türkisch), Website der Firma AMP

yazılım, https://www.ampyazilim.com.tr/makaleler/dogrudan-temin-ne dir/, Zugriff am 19.9.2018.

47 Gürakar, a. a. O.

48 https://t24.com.tr/yazarlar/mehmet-y-yilmaz/onlenecek-suistimalleri-kim-yapmis-olabilir,32687, Zugriff am 22.4.2022.

49 http://www.cumhuriyet.com.tr/koseyazisi/1066307/Kayirma_ekonomi sinin_bedeli.html, Zugriff am 22.4.2022.

50 Gürakar, a. a. O.

51 «Rechenschaftspflicht bei Ausschreibungen mit begrenzter Zulassung» (türkisch), Cumhuriyet vom 15.5.2018, http://www.cumhuriyet.com.tr/koseyazisi/975499/Davetli_ihalede_hukuksal_sorumluluk.html.

52 Gürakar, a. a. O.

53 Ebenda.

54 Esen/Gumscu, S. 355. Dabei handelt es sich um Firmen, die im Besitz von AKP-Mitgliedern oder deren engen Familienangehörigen sind und/oder um Firmen, die in einem der regierungsnahen Unternehmerverbände organisiert waren, MÜSIAD und in jenen Jahren auch noch TUSKON, der Unternehmerverband, der wegen seiner Nähe zur Bewegung des Predigers Fethullah Gülen aufgelöst und verboten wurde.

55 Gürakar, a. a. O.

56 Feryaz Ocaklı, «Reconfiguring State-Business Relations in Turkey: Housing and Hydroelectric Energy Sectors in Comparative Perspective», Journal of Balkan and Near Eastern Studies (4/2018), S. 373–387, S. 380.

57 Esen/Gumscu, S. 353.

58 «Die Ausschreibungen von TOKI unterliegen nicht mehr dem Gesetz über öffentliche Ausschreibungen» (türkisch), Immobilien-Website Emlakkulisi vom 25.2.2011, https://emlakkulisi.com/toki-ihaleleri-kamu-ihale-kanunu-ndan-istisna-hale-getirildi/64631.

59 «Klage gegen die Ausschreibungsverordnung zu TOKI» (türkisch), Website der klagenden Bürgerinitiative zur Kontrolle der Kommunalverwaltungen YAED, http://www.yayed.org/id53-hukuk/toki-ihale-yonetmeligi-davasi.php#.W6Oe9FKYT_8, Zugriff am 20.9.2018, und Çiğdem Toker, «Regellosigkeit im Wohnungsbau» (türkisch), Website der Zeitung Cumhuriyet vom 9.6.2017, http://www.cumhuriyet.com.tr/koseyazisi/757285/Konutta_kuralsizlik_cagi.html.

60 Nachrichtenwebsite Diken vom 24.8.2014, http://www.diken.com.tr/sayistay-kamuda-etik-disi-davranislari-belgeledi-akpnin-memuru-isini-biliyor.

61 Dies und das Folgende nach «Fehlkalkulation der Zahl der Reisenden um 95,8 Prozent …» (türkisch), Duvar vom 13.9.2018, https://www.gazetedu var.com.tr/ekonomi/2018/09/13/yolcu-sayisinda-yuzde-95-8lik-yanilma-hazineden-20-milyon-855-bin-euro-odendi.

62 Sultan Yavuz eroberte Mekka und Medina und brachte die Kalifatswürde nach Istanbul. Osman Gazi gilt als der Gründer des Osmanischen Reiches.

63 Nachrichtenwebsite Sputnik vom 30.6.2017, https://tr.sputniknews.com/ekonomi/201706301029093250-chp-milletvekili-akar-osmangazi-koprusu-zarar-maliyet.

64 https://rayhaber.com/2016/09/yavuz-sultan-selim-koprusunden-50-bin-beklerken-110-bin-arac-geciyor/, Zugriff am 23.4.2022.

65 https://www.sozcu.com.tr/2020/yazarlar/cigdem-toker/mucbir-sebep-ve-buyuyen-zarar-5791122/, Zugriff am 23.4.2022.

66 https://ahvalnews.com/world-bank/controversial-tender-system-allows-turkish-companies-dominate-world-bank-public?__cf_chl_tk=eGN9jjVnwtT438QjKgYkjDBpPFzRonFSxeeZ6NcUvv8-1650741964-0-gaNycGzNCFE, Zugriff am 23.4.2022.

67 https://boldmedya.com/2020/12/08/tayyip-Erdoğanin-5li-cetesi/, Zugriff am 23.4.2022.

68 https://ppi.worldbank.org/en/snapshots/project/iga-airport-7711, Zugriff am 23.4.2022.

69 «Größter Korruptionsfall seit der Telekom» (türkisch), Duvar vom 25.9.2018, https://www.gazeteduvar.com.tr/politika/2018/09/25/telekomdan-sonra-en-buyuk-2-yolsuzluk.

70 Ebenda.

71 Cumhuriyet vom 20.2.2018, http://www.cumhuriyet.com.tr/koseyazisi/929979/3._havalimani_ve__baskanlik_.html.

72 Cumhuriyet vom 7.6.2016, http://www.cumhuriyet.com.tr/haber/turkiye/547386/500_buyuk_sanayi_kurulusu_listesine_Koc_Holding_damga_vurdu.html.

73 Esen/Gumuscu, S. 358.

74 Vgl. zum Produktionsrückgang in der Landwirtschaft Sezai Ozan Zeybek, «Lebensmittelkrise steht bevor – die Achillesferse der Türkei» (türkisch), Akademische Website Beyond.Istanbul, https://beyond.istanbul/kap%C4%B1daki-g%C4%B1da-krizi-t%C3%BCrkiyenin-yumu%C5%9Fak-karn%C4%B1-a0984524f3b5, Zugriff am 9.10.2018.

75 Cevat Giray Aksoy et al., The impact of the 2023 earthquake and Türkiye's economy: First estimates, VoxEU 26.2.2023, https://cepr.org/voxeu/columns/impact-2023-earthquakes-turkiyes-economy-first-estimate.

76 Earthquake damage in Türkiye estimated to exceed $ 34 billion, World Bank 27.2.2023, https://www.worldbank.org/en/news/press-release/2023/02/27/earthquake-damage-in-turkiye-estimated-to-exceed-34-billion-world-bank-disaster-assessment-report.

77 Cumhuriyet vom 10.3.2023, https://www.cumhuriyet.com.tr/turkiye/deprem-vergileri-ne-oldu-sorusu-yine-gundemde-vergilerle-800-bin-konut-yapilabilirdi-yapilmadi-2048848.

78 Sözcü vom 7.2.2023, https://www.sozcu.com.tr/2023/yazarlar/murat-mu-ratoglu/deprem-oldurmez-hirsizlar-oldurur-7582572.

79 Al Monitor vom 7.2.2023, https://www.al-monitor.com/originals/2023/02/turkey-questions-about-countrys-preparedness-after-massive-earth quake.

80 Diken vom 15.2.2023, https://www.diken.com.tr/naci-gorur-erdogana-do kundurdu-belediye-baskaninin-itiraflarini-anlatti.

81 Diken vom 12.2.2023, https://www.diken.com.tr/erdogan-dort-yil-once-hatayda-imar-affiyla-ovunmustu.

82 Ekonomim vom 11.2.2023, https://www.ekonomim.com/kose-yazisi/nere de-yanlis-yaptik/682554.

83 Sözcü vom 27.2.2023, https://www.sozcu.com.tr/2023/yazarlar/murat-mu ratoglu/esas-hikaye-ihale-7604227.

84 «Erdoğan ‹dindar nesil› hayalini yineledi, toplumsal sorunların çözümünü dine bağladı», https://www.evrensel.net/haber/390428/Erdoğan-dindar-nesil-hayalini-yineledi-toplumsal-sorunlarin-cozumunu-dine-bagladi vom 06.11.2019, Zugriff am 11.06.2022.

85 Ciğdem Toprak, «Wie viel Religion gehört in türkische Schulen?», in: DIE WELT vom 22.09.2014, Zugriff am 11.06.2022, https://www.welt.de/print/die_welt/politik/article132476517/Wie-viel-Religion-gehoert-in-tuerkische-Schulen.html.

86 «AYM'den zorunlu din dersi hakkında karar», in: Cumhuriyet vom 09.04. 2022, Zugriff am 11.06.2022, https://www.cumhuriyet.com.tr/turkiye/aymden-zorunlu-din-dersi-hakkinda-karar-1924036.

87 «Zäher Machtkampf mit den Generälen», https://www.welt.de/welt_print/article738964/Zaeher-Machtkampf-mit-den-Generaelen.html.

88 İmam hatiplerin müfredatı belli oldu, in: CNNTürk. 4.7.2012.

89 Inga Rogg: «Die Türkei will nichts mehr von Darwin wissen», https://www.nzz.ch/international/Erdoğan-kehrt-sich-ab-ld.1302814.

90 «İmam Hatip Okulları Tarihçesi», https://timav.org.tr/İmam-Hatip-okul lari-tarihcesi.

91 «MEB'in önceliği yine imam hatip», in: BirGün, 12.9.2021, https://www.birgun.net/haber/meb-in-onceligi-yine-İmam-Hatip-358398.

92 Daten des Präsidiums für Religionsangelegenheiten (Diyanet İşleri Baş-kanlığı), https://stratejigelistirme.diyanet.gov.tr/sayfa/57/istatistikler, Zu-griff am 06.06.2022.

93 https://www.go-international.at/export-know-how/branchenreports/tuerkei-IO-bildung.pdf. Branchenreport Bildung des Außenwirtschafts-center Ankara der Außenwirtschaft Austria, April 2021.

94 Günter Kühn: «Die Türkei führt die duale Berufsbildung ein», Berufs-bildung in Wissenschaft und Praxis – BWP, bwp-1987-h6–189%20(2).pdf.

95 «Kalfa ve Ustalık» Belgesi Alımına İlişkin İyileştirmeler Sayılara Yansıdı», https://www.meb.gov.tr/kalfa-ve-ustalik-belgesi-alimina-iliskin-iyilestir meler-sayilara-yansidi/haber/20371/tr.

96 Beyazıt Kartal, «Türkiye'nin En İtibarlı Meslekleri Açıklandı», https://www.webtekno.com/turkiyenin-en-itibarli-meslekleri-2020-h9, Zugriff am 11.06.2022.

97 Mehmet Evrim Altın, «Das türkische Bildungssystem», https://www.phil-fak.uni-duesseldorf.de/fileadmin/Redaktion/Institute/Sozialwissenschaf ten/BF/Sammelmappe1_02.pdf.

98 https://tr.wikipedia.org/wiki/T%C3%BCrkiye%27deki_%C3%BCniversitel er_listesi.

99 Professor Kader Konuk, «Gleichschaltung türkischer Universitäten. Flucht aus der Türkei», https://www.wissenschaftsmanagement-online.de/beitrag/ gleichschaltung-t-rkischer-universit-ten-flucht-aus-der-t-rkei-7112, Zugriff am 12.06.2022.

100 Ebenda, S. 891.

101 Das genannte Ranking gilt als eines der verlässlichsten, siehe Andrew Marszal, «University rankings: which world university rankings should we trust?», https://www.telegraph.co.uk/education/universityeducation/9584 155/University-rankings-which-world-university-rankings-should-we-trust.html, Zugriff am 12.06.2022.

102 https://tr.wikipedia.org/wiki/T%C3%BCrkiye%27deki_%C3%BCniversitel er_listesi.

103 Vgl. Ralf Pauli, «Forscher im Exil», in: Fluter, 14.04.2017, https://www.fluter.de/wie-tuerkische-wissenschaftler-nach-deutschland-fliehen, Zugriff am 12.06.2022.

104 «Erdoğan'ın fikir babası yine konuştu: Tüm dünya haritalarını Müslüman-lar yapmış», https://www.odatv4.com/guncel/tum-dunya-haritalarini-mu slumanlar-yapmis-2705161200-94892.

105 «12 Eylül'den 15 Temmuz'a akedemik kıyım», https://www.tr724.com/12-eylulden-15-temmuza-akademik-kiyim.

106 Schmidt, Klaus, «Sie bauten die ersten Tempel. Das rätselhafte Heiligtum der Steinzeitjäger. Die archäologische Entdeckung am Göbekli Tepe», München 2006, S. 17 ff.

107 Franz, Angelika, «Stonehenge könnte älter sein als Ägyptens Pyramiden», https://www.spiegel.de/wissenschaft/mensch/neudatierung-stonehenge-koennte-aelter-sein-als-aegyptens-pyramiden-a-582978.html, Zugriff am 09.09.2022.

108 Kitzler, Jan-Christoph, «Die uralten Tempel von Malta», https://www.deutschlandfunk.de/valletta-eu-kulturhauptstadt-2018-die-uralten-tem pel-von-100.html, Zugriff am 9.9.2022.

109 Hempel, Dirk, «Göbekli Tepe. Der erste Tempel der Geschichte», https://

www.geo.de/wissen/21172-rtkl-goebekli-tepe-der-erste-tempel-der-ge
schichte, Zugriff am 09.09.2022.

110 Vgl. hierzu auch Graeber, David und Wengrow, David, «The Dawn of
Everything. A new History of Mankind», New York 2021.

111 Gebhardt, Eike, «Graeber/Wengrow: ‹Anfänge›. Es muss nicht auf Privatbesitz hinauslaufen», https://www.deutschlandfunkkultur.de/graeber-wen
grow-anfaenge-eine-neue-geschichte-der-menschheit-100.html, Zugriff
am 10.09.2022.

112 Kreiser, Klaus, «Kleines Türkei Lexikon», München 1992, S. 132.

113 Adıyaman, Serdar, «Ahlat Selcuklu Meydan Mezarlığı'nda Malazgirt Za-
feri yoğunluğu» (Großer Andrang zum Tag des Sieges von Mantzikert auf
dem seldschukischen Friedhof in Ahlat), https://www.aa.com.tr/tr/gundem/
ahlat-selcuklu-meydan-mezarliginda-malazgirt-zaferi-yogunlugu/267
0244, Zugriff am 10.09.2022.

114 Ebenda.

115 https://www.sabah.com.tr/gundem/2020/07/16/kurtulus-savasi-neyse-
15-temmuz-da-odur.

116 https://www.trthaber.com/haber/gundem/15-temmuz-ikinci-kurtulus-sa
vasidir-264912.html.

117 Tetik, Sefa, «Osmangazi Köprüsü 15 Temmuz şehitleri için kırmızı beyaz
ışıklarla aydınlatıldı» (Die Osmangazi-Brücke wurde für die Märtyrer des
15. Juli rot-weiß illuminiert), https://www.aa.com.tr/tr/15-temmuz-darbe-
girisimi/osmangazi-koprusu-15-temmuz-sehitleri-icin-kirmizi-beyaz-
isiklarla-aydinlatildi/2638141, Zugriff am 10.09.2022.

118 Zahllose Beobachtungen vor Ort in der Türkei.

Zweiter Teil:
Putsch, Protest und Propaganda

1 Çakır, Murat, «Cumhurbaşkanı'nın uçağı F16'ları böyle atlattı» (So hat das
Flugzeug des Staatspräsidenten die F16 s abgehängt), https://www.hurri
yet.com.tr/gundem/cumhurbaskaninin-ucagi-darbeci-f16lari-boyle-atlat
ti-40151105, Zugriff am 13.09.2022.

2 https://www.cumhuriyet.com.tr/haber/allahin-buyuk-lutfu-644388.

3 https://www.swp-berlin.org/publications/products/studien/2013_S23_srt.
pdf.

4 Seufert, Günter, «Überdehnt sich die Bewegung von Fethullah Gülen?»,
https://www.swp-berlin.org/publications/products/studien/2013_S23_srt.
pdf, Zugriff am 13.09.2022.

5 https://www.birgun.net/haber/milyonlar-ayakkabi-kutularinda-sayma-
makinesi-yatak-odasinda-72678.

6 Finger, Evelyn, «Vielleicht will Gott uns strafen», https://www.zeit.de/

politik/ausland/2016-09/fethullah-guelen-interview-sanktionen-tuerkei-islam, Zugriff am 13.09.2022.

7 https://www.milliyet.com.tr/siyaset/bulent-arinctan-gezi-parki-aciklama si-1717157

8 Susanne Güsten, «Erdoğan reicht Kurden die Hand», https://www.tages spiegel.de/politik/tuerkei-Erdoğan-reicht-kurden-die-hand/9087618. html, Zugriff am 02.07.2022.

9 Ebenda.

10 Güsten, Susanne, «Die Kurdenfrage in der Türkei», https://www.bpb.de/ shop/zeitschriften/apuz/31732/die-kurdenfrage-in-der-tuerkei/?p=all# footnodeid_2-2, Zugriff am 17.09.2022.

11 Antonie Rietzschel und Christoph Meyer, «Erdoğan zerstört seine eigenen Bemühungen», https://www.sueddeutsche.de/politik/kurdenkonflikt-wenn-die-hoffnung-auf-frieden-einfach-endet-1.2585510, Zugriff am 02.07.2022.

12 Ebenda.

13 Günter Seufert, «Band zwischen Türken und Kurden droht zu zerreißen», https://www.swp-berlin.org/en/publication/band-zwischen-tuerken-und-kurden-droht-zu-zerreissen, Zugriff am 02.07.2022.

14 Boris Kalnoky, «Die kurdische PKK profitiert von der Armut», https:// www.welt.de/politik/article1304286/Die-kurdische-PKK-profitiert-von-der-Armut.html, Zugriff am 03.07.2022.

15 Tolga Korkut, «Zorunlu Göçe Dair Tüm Politikalar Değişmeli», http:// eski.bianet.org/2006/12/07/88747.htm, Zugriff am 03.07.2022.

16 Ebenda.

17 Michael Lüders, «Angst vor Öcalan», https://www.zeit.de/1998/49/199849. oecalan_.xml, Zugriff am 03.07.2022.

18 Aliza Marcus, «Blood and belief – The PKK and the Kurdish fight for independence», New York/London 2007, S. 93.

19 Siehe dazu auch Lüders, Michael, «Angst vor Öcalan – Bonn will den PKK-Chef nicht – Zu Recht – Politische Vernunft geht vor», in: Die Zeit Nr. 49/1998.

20 Brauns, Nikolas und Kiechle, Brigitte, «PKK – Perspektiven des kurdischen Freiheitskampfes: Zwischen Selbstbestimmung, EU und Islam», Stuttgart 2010.

21 «Vagabunden und Vampire. Eine kurdische Gruppe in der Bundesrepublik attackiert ihre Landsleute», in: Der Spiegel 22/1987, Zugriff am 09.07. 2022.

22 Türkische Menschenrechtsstiftung TİHV, Menschenrechtebericht 1992, S. 75, https://tihv.org.tr/wp-content/uploads/2020/04/1992-turkiye-insan-haklari-raporu.pdf, Zugriff am 09.07.2022.

23 Kirişçi, Kemal und Winrow, Gareth M., «The Kurdish Question and Turkey. An Example of a Trans-state Ethnic Conflict», London 1997, S. 128.

24 Vgl. Martin von Bruinessen, «Kurdish Ethno-nationalism Versus Nation-building States», University of Michigan, passim.

25 Tagesschau, «PKK stoppt Rückzug aus der Türkei», 09.09.2013, Zugriff am 10.07.2022.

26 «Das weibliche Geschlecht, durch Pornographie jeder Heiligkeit beraubt, wird im Kapitalismus wieder auf die Stufe der Menschenaffen reduziert. Dass im Laufe der Zivilisationsgeschichte die Frau aus der Gesellschaft ausgelöscht wurde, hängt sowohl mit der Entwicklung von Hierarchie und Klassen als auch mit dem Aufstieg der patriarchalen Gesellschaft zusammen», in: Abdullah Öcalan, «Jenseits von Staat, Macht und Gewalt (Verteidigungsschriften), Neuss 2010. Zitiert nach https://de.wikipedia.org/wiki/Abdullah_Öcalan, Zugriff am 26.04.2023.

27 Kathrin Erdmann, «Syriens kurdischer Norden. Auf dem Weg zur Selbstverwaltung?», https://www.deutschlandfunk.de/syriens-kurdischer-norden-auf-dem-weg-zur-selbstverwaltung-100.html, Zugriff am 17.07.2022.

28 «Neues kurdisches Selbstbewusstsein nach Wahlerfolg», https://www.dw.com/de/neues-kurdisches-selbstbewusstsein-nach-wahlerfolg/a-17847253, Zugriff am 28.08.2022.

29 Vgl. zu Demirtaş auch Issio Ehrich, «Demirtaş – der neue Star in Ankara», https://www.n-tv.de/politik/Demirtas-der-neue-Star-in-Ankara-article15278916.html, Zugriff am 28.08.2022.

30 «Türkei: Ausnahmezustand beendet, Repressionen gehen weiter», https://www.hrw.org/de/news/2019/01/17/tuerkei-ausnahmezustand-beendet-repressionen-gehen-weiter, Zugriff am 28.08.2022.

31 https://www.reporter-ohne-grenzen.de/weltkarte#map-TUR.

32 Tanriverdi, Hakan, «Die Ersten, die es verschweigen», in: Süddeutsche Zeitung, 3. Juni 2013, https://www.sueddeutsche.de/medien/tuerkische-medien-und-occupygezi-die-ersten-die-es-verschweigen-1.1687087, Zugriff am 05.08.2022.

33 Bozkurt, Aslıhan, «Sosyal medyanın «Gezi'deki rolü …» (Die Rolle der sozialen Medien bei den Gezi-Ereignissen), in: Bilişim Dergisi, Nr. 156, Juli 2013, Zugriff am 05.08.2022.

34 Ebenda.

35 «Internetzensur in der Türkei», https://www.internetzensur.info/tuerkei/, Zugriff am 05.08.2022.

36 Duran, Aram Ekin, «Soziale Netzwerke in der Türkei: Ein gefährliches Terrain», https://www.dw.com/de/soziale-netzwerke-in-der-türkei-ein-gefährliches-terrain/a-49949600, Zugriff am 05.08.2022.

37 Jürgen Gottschlich, «Wikipedia ist wieder zugänglich», https://taz.de/Internetzensur-in-der-Tuerkei/!5654120/, Zugriff am 05.08.2022.

38 Nordhausen, Frank, «Medienübernahme. Türkische Gleichschaltung»,

https://rp-online.de/politik/tuerkische-gleichschaltung_aid-16461041, Zugriff am 06.08.2022.

39 Mumay, Bülent, «Präsidenten-Presse», https://www.faz.net/aktuell/feuille ton/medien/tuerkische-dogan-medien-gruppe-wird-an-demiroeren-ver kauft-15507986.html, Zugriff am 06.08.2022.

40 Baydar, Yavuz, «Kein freies Wort mehr», https://taz.de/Medienlandschaft-in-der-Tuerkei/!5773898/, Zugriff am 06.08.2022.

41 Siehe dazu auch Kapitel 2.

42 Der Koza Holding gehörten die Fernsehkanäle Bugün TV und Kanaltürk sowie die Tageszeitungen Bugün und Millet an. Vgl. Seeling, Luisa, «Der Medien-Unternehmer, der Erdoğans Zorn auf sich zieht», https://www.sueddeutsche.de/politik/ak-n-ipek-der-medien-unternehmer-der-erdo gans-zorn-auf-sich-zieht-1.2713675, Zugriff am 06.08.2022.

43 «Türkei schließt Dutzende Zeitungen und 16 Fernsehsender», https://www.spiegel.de/politik/ausland/tuerkei-schliesst-dutzende-zeitungen-und-16-fernsehsender-a-1105071.html, Zugriff am 06.08.2022.

44 Vgl. https://de.wikipedia.org/wiki/Liste_der_nach_dem_Putschversuch_2016_in_der_Türkei_verbotenen_Medien, Zugriff am 26.04.2023.

45 https://www.dw.com/de/soziale-netzwerke-in-der-türkei-ein-gefährliches-terrain/a-49949600, Zugriff am 26.04.2023.

46 Baydar, Yavuz, «Kein freies Wort mehr», a. a. O.

47 Bartl, Marc, «Auch Stern-Journalist betroffen: Türkische Behörden ver weigern Akkreditierung», https://kress.de/news/detail/beitrag/147757-auch-stern-journalist-betroffen-tuerkische-behoerden-verweigern-akkre ditierung.html, Zugriff am 07.08.2022.

48 «Türkische Regierung verweigert deutschen Journalisten Akkreditierung», https://www.zeit.de/politik/ausland/2019-03/tuerkei-akkreditierung-zdf-tagesspiegel-journalisten-korrespondenten, Zugriff am 07.08.2022.

49 «Türkei sperrt das Angebot der Deutschen Welle», https://p.dw.com/p/4DVcA, Zugriff am 07.08.2022.

50 «Inhaftierte Journalisten weltweit 2021 (nach Ländern)», Zugriff am 07.08.2022.

51 Çelik, Fatima, «Zunehmende Attacken auf LGBT+ in der Türkei», https://www.dw.com/de/zunehmende-attacken-auf-lgbt-in-der-türkei/a-56888234, Zugriff am 26.04.2023.

52 Ekici, Şirvan, «Die Stellung der Frau in der türkischen Gesellschaft unter besonderer Berücksichtigung der politischen Partizipation der Frau», Di plomarbeit Universität Wien, 1998.

53 https://tr.wikipedia.org/wiki/T%C3%BCrkiye%27de_kad%C4%B1nlara_se%C3%A7me_ve_se%C3%A7ilme_hakk%C4%B1n%C4%B1n_tan%C4%B1nmas%C4%B1.

54 «Vor 150 bis 30 Jahren: Der lange Weg zum Schweizer Frauenstimm-

recht», https://www.sozialarchiv.ch/2021/05/12/vor-150-bis-30-jahren-der-lange-weg-zum-schweizer-frauenstimmrecht/, Zugriff am 10.08.2022.

55 Vgl. «Die Türkei stellt Frauen in Ehe und Familie dem Mann gleich», https://www.welt.de/print-welt/article489106/Die-Tuerkei-stellt-Frauen-in-Ehe-und-Familie-dem-Mann-gleich.html, Zugriff am 10.08.2022.

56 Vgl. hierzu Aksoy, Hürcan Aslı, «Die türkische Frauenrechtsbewegung», https://www.bpb.de/themen/europa/tuerkei/184972/die-tuerkische-frauenrechtsbewegung/, Zugriff am 10.08.2022.

57 Urmersbach, Bruno, «Gender Pension Gap in der Türkei bis 2020», https://de.statista.com/statistik/daten/studie/1130141/umfrage/gender-pension-gap-in-der-tuerkei/, Zugriff am 15.08.2022.

58 Vgl. «Amnesty Report Türkei», https://www.amnesty.de/informieren/amnesty-report/tuerkei-2021#section-23289285, Zugriff am 14.08.2022.

59 «Türkei lässt Opfer häuslicher Gewalt im Stich», https://www.hrw.org/de/news/2022/06/10/tuerkei-laesst-opfer-haeuslicher-gewalt-im-stich, Zugriff am 14.08.2022.

60 Ebenda.

61 Vgl. «Istanbul-Konvention: Wer austritt, gefährdet Frauen und Mädchen», https://www.amnesty.de/informieren/aktuell/tuerkei-istanbul-konvention-austritt-gefaehrdung-frauen-maedchen, Zugriff am 15.08.2022.

62 Pehlivan, Erkan, «Türkei: Mindestens 97 Femizide zwischen Januar und April 2022», https://www.fr.de/politik/tuerkei-femizide-recep-taaip-Erdogan-istanbul-konvention-91575848.html, Zugriff am 14.08.2022.

63 «Frauen in der Türkei protestieren gegen Austritt aus Istanbul-Konvention», https://www.derstandard.de/story/2000127858738/tuerkei-trotz-lauter-proteste-offiziell-aus-istanbul-konvention-ausgetreten, Zugriff am 15.08.2022.

64 Karakaş, Burcu, «Treibkraft des gesellschaftlichen Wandels: Frauenbewegung in der Türkei», https://www.freiheit.org/de/tuerkei/treibkraft-des-gesellschaftlichen-wandels-frauenbewegung-der-tuerkei, Zugriff am 15.08.2022.

65 Vgl. «Gülşen neden tutuklandı, ne dedi, son durum ne?» (Warum wurde Gülşen verhaftet, was hat sie gesagt, was sind die neuesten Entwicklungen?), https://www.sabah.com.tr/yasam/son-dakika-gulsen-neden-tutuklandi-ne-soyledi-gulsen-olayi-nedir-İmam-Hatiplilere-ne-soyledi-6132626, Zugriff am 27.08.2022.

66 İslamoğlu, Uğur, «Şarkıcı Gülşen, hakkında soruşturma kapsamında tutuklandı», https://www.aa.com.tr/tr/gundem/sarkici-gulsen-hakkindaki-sorusturma-kapsaminda-tutuklandi/2669283, Zugriff am 27.08.2022.

67 Vgl. «Ünlü şarkıcı Gülşen İmam Hatipliler için ne dedi?» (Was hat die bekannte Sängerin über die Absolventen der Predigerschulen gesagt?), https://www.haberturk.com/gulsen-neden-tutuklandi-ne-oldu-unlu-

sarkici-gulsen-İmam-Hatipliler-icin-ne-dedi-ne-soyledi-ve-niye-hapiste-3515225-magazin, Zugriff am 27.08.2022.

68 Nordhausen, Frank, «Missbrauchsfälle in Koranschulen erschüttern die Türkei», https://www.rnd.de/politik/missbrauchsfalle-in-koranschulen-erschuttern-immer-haufiger-die-turkei-ZRTEFQCSNZGABLOWXRV ZANDOEA.html, Zugriff am 27.08.2022.

69 Vgl. Erdoğans Biographie auf den Seiten des Präsidialamts der Republik Türkei (https://www.tccb.gov.tr/receptayyipErdoğan/biyografi/), Zugriff am 27.08.2022.

70 Arslan, Yasin, «AYM'den İnsanlık Anıtı için ‹İfade ve Sanat Özgürlüğü İhlali› Kararı» (Verfassungsgericht urteilt im Falle der Statue der Menschlichkeit auf Verstoß gegen Meinungsfreiheit und Freiheit der Kunst), Zugriff am 27.08.2022.

71 Özdener, Eda, «İstanbul, Time dergisinin ‹Dünyanın En Harika Yerleri› listesinde yer aldı» (Istanbul ist in die Liste der «Wundervollsten Orte der Welt» der Zeitschrift Time aufgenommen worden), Zugriff am 27.08. 2022.

72 Vgl. hierzu Nurtsch, Ceyda, «Eine Atmosphäre der Selbstzensur», https://de.qantara.de/inhalt/presse-und-kunstfreiheit-in-der-tuerkei-eine-atmosphaere-der-selbstzensur, Zugriff am 27.08.2022.

73 Güsten, Susanne, «Doch kein Freispruch für Aslı Erdoğan», https://www.tagesspiegel.de/kultur/tuerkische-schriftstellerin-erneut-angeklagt-doch-kein-freispruch-fuer-asli-Erdoğan/27364908.html, Zugriff am 27.08.2022.

74 Vgl. «Für das Wort und die Freiheit», https://www.pen-deutschland.de/de/themen/writers-in-exile/aktuelle-stipendiaten/asli-Erdoğan/, Zugriff am 27.08.2022.

75 Güsten, Susanne, a.a.O.

76 «Duman Gezi eylemine ‹Eyvallah› dedi', http://www.aksam.com.tr/yasam/kultursanat/duman-gezi-eylemine-eyvallah-dedi/haber-211632, Zugriff am 27.08.2022.

77 Bostancı, Pınar, «Türk Televizyon Tarihinin Yurt Dışında En Çok Sevilen ve Fırtınalı Rüzgarlar Estiren 27 Dizi», https://onedio.com/haber/turk-televizyon-tarihinin-yurt-disinda-en-cok-sevilen-ve-firtinali-ruzgarlar-estiren-27-dizisi-908023, Zugriff am 28.08.2022.

78 Vgl. Brehmer, Marian, «Die Netflix-Serie ‹Bir Başkadır› hält der türkischen Gesellschaft schonungslos den Spiegel vor», https://www.nzz.ch/feuilleton/bir-baskadir-der-traum-von-einer-bosporus-villa-ist-vorbei-ld.1590751, Zugriff am 28.08.2022.

79 Güsten, Susanne, «Orhan Pamuk wegen Atatürk-Beleidigung angeklagt», https://www.tagesspiegel.de/kultur/literatur-nobelpreistraeger-vor-gericht-orhan-pamuk-wegen-atatuerk-beleidigung-angeklagt/27783556.html, Zugriff am 22.08.2022.

80 Mascha Drost, «Oper. Warum neue Werke es nicht ins Repertoire schaffen», https://www.deutschlandfunkkultur.de/oper-zeitgenoessische-wer
ke-100.html, Zugriff am 28.08.2022.

81 Kalyoncuoğlu, Yasemin, «Göbeklitepe Operası'nın dünya prömyeri 19
Şubat'ta yapılacak», https://www.aa.com.tr/tr/kultur-sanat/gobeklitepe-
operasinin-dunya-promiyeri-19-subatta-yapilacak/1701460, Zugriff am
28.02.2022.

82 İrem Yaşar, «‹Sinan›: New opera on the architect of Istanbul's silhouette»,
https://www.dailysabah.com/arts/performing-arts/sinan-new-opera-on-
the-architect-of-istanbuls-silhouette, Zugriff am 28.02.2022.

83 Kalyoncuoğlu, Yasemin, «Troya operasının Bolşoy başarısı The Times
gazetesinde», https://www.aa.com.tr/tr/kultur-sanat/troya-operasinin-bol
soy-basarisi-the-times-gazetesinde/1450187, Zugriff am 28.08.2022.

84 Vgl. Mayer-Rütz, Oliver, «Wie Erdoğan zum Klimaschützer wurde»,
https://www.tagesschau.de/ausland/asien/tuerkei-klima-101.html, Zugriff
am 17.08.2022.

85 Vgl. «Türkei» in https://www.laenderdaten.info/Asien/Tuerkei/index.php,
Zugriff am 20.08.2022.

86 Vgl. «Wie ist das Klima in der Türkei», https://www.wetter.de/klima/
europa/tuerkei-c90.html, Zugriff am 20.08.2022.

87 Vgl. Seufert/Kubaseck, «Die Türkei», München 2004, S. 19 f.

88 Apelt, Beate, «Qual der Wahl: Energiewende oder Energiesicherheit?»,
https://www.freiheit.org/de/tuerkei/qual-der-wahl-energiewende-oder-
energiesicherheit, Zugriff am 20.08.2022.

89 Wurzel, Steffen, «Ein Dorf trotzt den Atomplänen», https://www.tages
schau.de/ausland/tuerkischeakw100.html, Zugriff am 21.08.2022.

90 Lueb, Uwe, «Türkei setzt auf Atomenergie», https://www.tagesschau.de/
ausland/asien/tuerkei-akw-101.html, Zugriff am 21.08.2022.

91 Herrmann, Christian, «Türkei, Südkorea und Japan. Sind diese Staaten
bald Atommächte», https://www.n-tv.de/politik/Sind-diese-Staaten-bald-
Atommaechte-article22372594.html, Zugriff am 21.08.2022.

92 https://balikesir.ktb.gov.tr/TR-65922/kaz-dagi-ida-dagi.html (Ministerium für Kultur und Tourismus der Republik Türkei, Artikel Ida-Gebirge),
Zugriff am 21.08.2022.

93 Höhfeld, Volker, «Stadt und Landschaft Homers», Mainz 2009.

94 Gottschlich, Jürgen, «Nicht alles Gold glänzt», https://taz.de/Protest-
gegen-Goldmine-in-der-Tuerkei/!5616283/, Zugriff am 21.08.2022.

95 Pişkin, Tansu, «Alamos Gold gitti, Kazdağları'nda maden tehdidi bit-
medi» (Alamos Gold ist gegangen, doch die Gefahr des Bergbaus im Ida-
Gebirge besteht fort), https://bianet.org/bianet/ekoloji/243501-alamos-
gold-gitti-kazdaglari-nda-maden-tehdidi-bitmedi, letzter Zugriff am
26.04.2023.

96 Deveci, Emre, «İstanbul Boğazı'nı geçen gemi sayısı 2020'de de azaldı» (Die Zahl der Schiffe, die den Bosporus passierten, ist auch 2020 zurückgegangen), https://www.sozcu.com.tr/2021/ekonomi/istanbul-bogazindan-gecen-gemi-sayisi-2020de-de-azaldi-6281244/, Zugriff am 21.08.2022.

97 Demir, Barış, «Inmitten der Kriegsgefahr am Schwarzen Meer: Türkei stellt Montreux-Abkommen in Frage», https://www.wsws.org/de/articles/2021/04/12/mont-a12.html, Zugriff am 21.08.2022.

98 Vgl. «Rant büyüyor: Kanal İstanbul'da sanayi merkezi» (Die Rendite wächst: Industriegebiet am Kanal Istanbul), https://www.cumhuriyet.com.tr/turkiye/rant-buyuyor-kanal-istanbula-sanayi-merkezi-1909516, Zugriff am 21.08.2022.

99 Ocak, Serkan, «Türkei: Wissenschaftler warnen vor Kanal Istanbul» https://www.dw.com/de/t%C3%BCrkei-wissenschaftler-warnen-vor-kanal-istanbul/a-52004775, Zugriff am 21.08.2022.

100 Die folgenden Zahlen nach Sinem Adar, Friedrich Püttmann, «Europäisch-Türkische Migrationspolitik nachhaltig gestalten», SWP-Aktuell, Februar 2022.

101 Murat Erdoğan in der liberalen Wochenzeitung Oksijen vom 27.05.2022.

102 Appel, Maria, «Zufluchtsort Türkei», Friedrich-Naumann Stiftung, 8.7.2022.

103 Diese und die folgenden Zahlen nach Oksijen a. a. O.

104 Tageszeitung Hürriyet vom 1.1.2022, https://www.hurriyet.com.tr/yazarlar/fatih-cekirge/bakan-akar-gectigimiz-1-yili-degerlendirdi-f-35-icin-son-gorusme-41972808.

105 Oksijen a. a. O.

106 Die Zahlen zu Antep, Hatay, Urfa und Kilis bei Mehmet Y. Yılmaz in der linksnationalen Nachrichtenwebsite T24 vom 17.3.2022, https://t24.com.tr/yazarlar/mehmet-y-yilmaz/ofke-kontrolu-destegine-ihtiyaci-var-34626

107 Liberale Nachrichtenwebsite Diken vom 15.3.2022, https://www.diken.com.tr/belediye-baskani-uyardi-hatay-gidiyor.

108 Oksijen, a. a. O.

109 Appel, a. a. O.

110 Muharrem Sarıkaya am 5.12.2021 in der national-konservativen Tageszeitung HaberTürk, https://www.haberturk.com/yazarlar/muharrem-sarikaya/3273555-cin-modeli-olunca.

111 Faktencheck-Website Malumatfus, Zugriff am 22.7.2022, https://www.malumatfurus.org/emevi-camiinde-namaz-kilacagiz-sozunun-ahmet-davutogluna-ait-oldugu-iddiasi.

112 Dies und das folgende nach Pınar Elman, «From blame game to cooperation: EU-Turkey response to the Syrian refugee crisis», PISIM, Warschau 2015.

113 Website der Institution, Zugriff am 22.7.2022, https://en.goc.gov.tr/about-us.

114 Siehe https://www.independent.co.uk/news/world/europe/russia-in-syria-president-putin-s-middle-east-adventure-exposes-terrorist-threat-now-facing-russia-a6688661.html.

115 So der damalige Stellvertretende Premierminister Numan Kurtulmuş, nach Elman, a. a. O.

116 Siehe https://www.yenisafak.com/yazarlar/ibrahim-karagul/acin-kapilari-milyonlar-avrupauya-aksin-2021647.

117 Hürriyet vom 13.11.2015, https://www.hurriyet.com.tr/dunya/avrupaya-hassasmulteci-mesaji-40013418.

118 Nach Elman, a. a. O.

119 So der Innenminister am 18.6.2022, https://www.diken.com.tr/soylu-ame rika-ve-avrupa-talimat-vermis-biz-lgbt-olacakmisiz.

120 In Diken vom 24.8.2021, https://www.diken.com.tr/goc-mu-kulturel-degi sim-araci-mi.

121 Dies und das Folgende nach Nihal Bengi Karasu, «Die Reaktion auf unkontrollierte Migration ist mittlerweile nachvollziehbar» (Türkisch), Zeitung HaberTürk vom 11.5.2022, https://www.haberturk.com/yazarlar/ nihal-bengisu-karaca/3434451-kontrolsuz-gocun-yarattigi-tepki-artik-basit-bir-hezeyan-degil.

122 Gleichzeitig steigen Investoren aus den Golfstaaten groß im türkischen Immobilienmarkt ein.

123 Siehe Aslı Aydıntaşbaş in der säkular-nationalen Zeitung Cumhuriyet vom 14.7.2016, https://www.cumhuriyet.com.tr/yazarlar/asli-aydintasbas/su-su riyeliye-vatandaslik-meselesi-566781.

124 Website der Partei https://zaferpartisi.org.tr/ Zugriff am 25.7.2022. Zur Partei siehe Nils Lange, «Neue nationalistische Partei in der Türkei», KAS-Länderberichte, September 2021.

125 Dies und das Folgende nach https://www.diken.com.tr/iyi-partili-ozdag-vatandaslik-verilirse-suriyeliler-turk-siyasetinde-belirleyici-olur/, Zugriff am 27.7.2022.

126 https://www.youtube.com/watch?v=EpPo5vjC2bE.

127 Dies und das Folgende nach Mustafa Gurbuz, «Syrian refugees in Turkey face an uncertain future», Arab Center, Washington DC, 12.7.2022, https:// arabcenterdc.org/resource/syrian-refugees-in-turkey-face-uncertain-fu ture.

128 «Mit «Oboe und Trommel» heißt es wörtlich im Türkischen. Vgl. die Website der CHP, https://chp.org.tr/haberler/chp-lideri-kilicdaroglundan-multeci-aciklamasi-2-yilda-cozulecek-bu-mesele-cozecegim, Zugriff am 27.7.2022.

129 Dies und das Folgende nach Euronews from 29.2.2020, https://tr.euro news.com/2020/02/28/gocmenleri-istanbul-dan-sinir-kapilarina-ucret siz-tasiyan-otobusleri-kim-tuttu.

130 https://www.hurriyet.com.tr/gundem/cumhurbaskani-Erdoğan-kapilari-actik-bundan-sonraki-surecte-de-kapatmayacagiz-41458102.

131 Liberale Nachrichtenwebsite Duvar vom 22.3.2020, https://www.gazete duvar.com.tr/yazarlar/2020/03/22/salginla-mucadelede-bile-gocmenlere-yer-yok.

132 Stockholm Center for Freedom, 1.7.2022, https://stockholmcf.org/1169-neighborhoods-now-closed-off-to-migrant-settlement-says-turkish-inter ior-ministry-2.

133 Mit Fotographien der Siedlung in Hürriyet vom 4.5.2022, https://www.hurriyet.com.tr/gundem/1-milyon-suriyeliye-eve-donus-projesi-42056101.

134 T24 am 3.5.2022, https://t24.com.tr/haber/bakan-soylu-acikladi-1-mily on-suriyeliye-ev-yapilacak,1031948.

135 Ahmet Tasgetiren in Karar am 6.5.2022, https://www.karar.com/yazarlar/ahmet-tasgetiren/nasil-gondersek-1592948.

136 Dies und das Folgende nach Oksijen, a. a. O.

Dritter Teil:
Auf Augenhöhe mit den großen Mächten

1 «Turkey names 14 Greek islands, claiming to challenge their sovereignty», Nachrichtenportal KTG vom 31.5.2022, https://www.keeptalkinggreece.com/2022/05/31/greek-islands-14-turkey-claims-sovereignty-cavusoglu.

2 Esra Aygın, «Ankara asserting ‹absolute authority› over North», Cyprus Mail 29.5.2022.

3 Text des Knebelvertrags im Amtsblatt der TRNZ, https://basimevi.gov.ct.tr/Portals/6/2022/100.pdf?ver=2022-05-18-194119-853.

4 Daghan Irak, «Die Annexion Nordzyperns – die letzte Chance für Erdoğan?» (türkisch), Nachrichtenportal Diken vom 5.6.2022, https://www.diken.com.tr/Erdoğanin-son-sansi-kuzey-kibrisin-ilhaki-mi.

5 Ayşe Hür, «Selbstloser Selbstmord: Märtyrertum» (türkisch), Tageszeitung Radikal vom 20.7.2014, http://www.radikal.com.tr/yazarlar/ayse-hur/ozgeci-intihar-sehitlik-1202776/, Zugriff am 3.6.2022.

6 Ebenda.

7 Antonis Liakos, «Griechen im Bürgerkrieg», Lette International 136, 2022, S. 71.

8 Falih Rıfkı Atay zitiert nach Pınar Bilgin, «Securing Turkey through Western-oriented foreign policy», *New Perspectives on Turkey*, 40, 2009, S. 118.

9 «Ein CHPler im Wettlauf um die am meisten antiwestliche Position» (Türkisch), Tageszeitung HaberTürk vom 30.5.2022, https://www.haberturk.com/yazarlar/fatih-altayli-1001/3454464-bati-karsitligi-yarisinda-bir-chp-li.

10 Mahmut Durmaz, «The U. S. arms embargo of 1975–1978 and its effects on the development on the Turkish defense industry», Monterey 2014, S. 13, https://calhoun.nps.edu/bitstream/handle/10945/43905/14Sep_Durmaz_Mahmut.pdf?sequence=1&isAllowed=y, Zugriff am 4.6.2022.

11 Henry J. Barkey, «How to manage post-democracy Turkey?», The American Interest 13, 2017, S. 61.

12 Mustafa Aydın et al., «Umfrage: Soziale und politische Trends Türkei 2018» (Türkisch), Istanbul 2019, S. 53.

13 GMF, «Turkish perceptions of the European Union», (Brussels) 2022.

14 Ebru Ş. Canan-Sokullu & Burcu Ertunç, «Turks are getting apart from NATO», BETAM-Research Brief, Istanbul 2011.

15 Pınar Tremblay, «Turkish public support for NATO declines», Al-Monitor 8.3.2022, https://www.al-monitor.com/originals/2022/03/turkish-public-support-nato-declines.

16 GMF, a. a. O.

17 Siehe dazu Suat Kınıklıoğlu, «Eurasianism in Turkey», Berlin 2022.

18 Dies und das folgende Zitat nach Mahmut Durmaz, a. a. O.

19 Wezeman, Peter, D. et al., «Trends in international arms transfers 2021», Sipri Fact Sheet, 3/2022.

20 Wezeman, Peter, D. et al., «Trends in international arms transfers 2019», Sipri Fact Sheet, 3/2020.

21 Zusammen mit Süd Korea, Brasilien und den Vereinigten Arabischen Emiraten. Béraud-Sudreau, Lucie et al., «Emerging suppliers in the global arms trade», Sipri Insights on Peace and Security, 13/2020.

22 Vgl. Kasapoğlu, Can, «Techno-geopolitic and the Turkish way of drone warfare», Issue Brief Atlantic Council in Turkey, March/2022.

23 So Ralf Drachenberg für den European Parliamentary Research Service am 28.6.2022, https://epthinktank.eu/2022/06/28/outcome-of-the-meetings-of-eu-leaders-on-23-24-june-2022.

24 Conclusion of the European Council, https://www.consilium.europa.eu/media/57442/2022-06-2324-euco-conclusions-en.pdf.

25 Siehe Bundesregierung; «Fünf Jahre EU-Türkei-Erklärung», 18.3.2021, https://www.bundesregierung.de/breg-de/suche/faq-eu-tuerkei-erklaerung-1728136.

26 Rayk Hähnlein, Markus Kaim, Günter Seufert, «Die Türkei verlässt die NATO», in: Lars Brozus (Hg.): Während wir planten. Unerwartete Entwicklungen in der internationalen Politik. Foresight Beiträge 2018, Berlin 2018, S. 10–15.

27 Hans-Ulrich Wehler, «Das Türkenproblem», Die Zeit 12.9.2002, https://www.zeit.de/2002/38/Das_Tuerkenproblem. Siehe auch die direkte Erwiderung von Günter Seufert, «Keine Angst vor den Türken», Die Zeit, 19.9.2002, https://www.zeit.de/2002/39/Keine_Angst_vor_den_Tuerken_.

28 Günter Seufert, «Außenpolitik und Selbstverständnis. Die gesellschaftliche Fundierung von Strategiewechseln in der Türkei», Berlin 2012, www.swp-berlin.org/fileadmin/contents/ products/studien/2012_S11_srt.pdf.

29 Dies und das Folgende nach Heinz Kramer, «A Changing Turkey. The Challenge to Europe and the United States», Washington D.C. 2000, S. 195 ff.

30 Andrea Despot, Dušan Reljič, Günter Seufert, «Zehn Jahre Einsamkeit», SWP-Aktuell 23/2012, www.swp-berlin.org/fileadmin/contents/products/aktuell/2012A23_despot_rlc_srt.pdf.

31 Website des Europaparlaments vom 25.11.2016, http://www.europarl.europa.eu/sides/getDoc.do?pubRef=-//EP//TEXT+TA+P8-TA-2016-0450+0+DOC+XML+V0//EN&language=DE Punkt 1 der Entschließung.

32 Website des Europarates vom 25.4.2017, http://assembly.coe.int/nw/xml/News/News-View-EN.asp?newsid=6603&lang=2.

33 Website des Europaparlaments vom 6.7.2018, http://www.europarl.europa.eu/sides/getDoc.do?pubRef=-//EP//TEXT+TA+P8-TA-2017-0306+0+DOC+XML+V0//EN Punkt 8 der Entschließung.

34 Website des Europäischen Rates vom 26.6.2018, https://www.consilium.europa.eu/media/35863/st10555-en18.pd Punkt 36 der Entschließung.

35 Siehe dazu Niels Kadritzke, «Eskalation im östlichen Mittelmeer», Le Monde diplomatique, Blog vom 11.9.2020, https://monde-diplomatique.de/shop_content.php?coID=100162.

36 https://www.ab.gov.tr/siteimages/birimler/kpb/council_conclusions/22_mart_2018.pdf.

37 https://www.consilium.europa.eu/en/press/press-releases/2020/10/01/european-council-conclusions-on-external-relations-1-october-2020.

38 https://www.consilium.europa.eu/media/47296/1011-12-20-euco-conclusions-en.pdf.

39 https://www.consilium.europa.eu/media/48976/250321-vtc-euco-statement-en.pdf.

40 Davutoğlus Standardwerk, das Buch «Strategische Tiefe: die internationale Stellung der Türkei», erschien 2001 in Istanbul auf Türkisch (Stratejik Derinlik: Türkiye'nin uluslararası konumu).

41 Ahmet Davutoğlu, «21. yüzyıla girerken Türkiye'nin uluslararası konumu», Çerçeve, Mayıs-Haziran 1996, S. 62–74, hier S. 62.

42 Siehe auch Behlül Özkan, «Turkey, Davutoglu and the Idea of Pan-Islamism», Survival, Global Politics and Strategy, 56/4 (2014), S. 119–140, und Ümit Kıvanç, «Pan-İslamcının Macera Kılavuzu, Birikim Yay», Istanbul 2015.

43 Vor diesem Hintergrund präsentierten Gefolgsleute Davutoğlus 2010 die Zukunft der Türkei mit den Worten «Der Aufstieg des zentralen Landes» (Merkez ülke yükseliyor), so Mustafa Özel in: Turkey the rising star, Publikation des muslimischen Unternehmerverbands MÜSIAD, Istanbul.

44 Davutoglu a. a. O. 1996.

45 Nachrichtenwebsite Timeturk vom 23.2.2011, https://www.timeturk.com/tr/2011/02/23/en-basarili-bakan-ahmet-davutoglu.html.

46 The Independent, 22.11.2014, https://www.independent.co.uk/news/world/middle-east/turkey-accused-of-colluding-with-isis-to-oppose-syrian-kurds-and-assad-following-surprise-release-of-49-hostages-9747394.html.

47 David Phillips in Huffpost 9.11.2014, https://www.huffpost.com/entry/research-paper-isis-turke_b_6128950.

48 Can Kasapoglu, Sinan Ülgen, «Operation Euphrates Shield and the Al-Bab campaign», Istanbul 2017, https://edam.org.tr/wp-content/uploads/2017/01/elbab_eng.pdf und The Guardian vom 24.6.2016, https://www.theguardian.com/world/2016/aug/24/turkey-launches-major-operation-against-isis-in-key-border-town.

49 Rayk Hähnlein, Günter Seufert, «Der Einmarsch der Türkei in Afrin», SWP-Aktuell, 3/2018, https://www.swp-berlin.org/publications/products/aktuell/2018A21_srt_hhn.pdf.

50 Melike Janin Sökmen et al., «Russia, Iran and Turkey», CIDOB notes 5/2018.

51 Nachdem die türkischen Truppen Afrin eingenommen hatten schrieb Yeni Şafak, die Hauspostille der AKP: «In Afrin wurde (von uns) nicht die PKK, sondern die USA besiegt: Wir werden weiterhin siegen, sie weiterhin verlieren», 22.3.2018, https://www.facebook.com/YeniŞafak/videos/afrinde-pkk-de%C4%9Fil-amerika-yenildi-bizim-i%C3%A7in-zafer-onlar-i%C3%A7in-bozgun-devam-edece/10156693458765769.

52 Siehe Günter Seufert, Anatomie eines Putsches, Le Monde diplomatique, 11.8.2026, https://monde-diplomatique.de/artikel/!5313962.

53 Mehmet Y. Yılmaz, «Fragen zum Putschversuch an (Generalstabschef) Akar und (Geheimdienstchef) Fidan» (türkisch), T24 vom 15.7.2022, https://t24.com.tr/yazarlar/mehmet-y-yilmaz/akar-ve-fidan-a-darbe-girisimi-sorulari,35952.

54 Stephen J. Flanagan, «Turkey at a Crossroads», in: Stephen J. Flanagan et al. (Hg.), Turkey's Nationalist Course, Santa Monica, 2020, S. 26–27.

55 TASS vom 21.7.2016, https://tass.com/world/889638.

56 Kathimerini vom 22.2019, https://www.ekathimerini.com/news/242846/the-russian-assistance-to-turkey-during-the-attempted-coup.

57 Dies und das Folgende nach Jeffrey Mankoff, «A friend in need?», CSIS 29.7.2016, https://www.csis.org/analysis/friend-need-russia-and-turkey-after-coup.

58 DW Englisch vom 28.7.2016, https://www.dw.com/en/turkey-military-purge-good-for-is-fight/a-19436830.

59 Fehim Tastekin, «Is Turkey on moderation path in its foreign policy?», Al

Monitor, 22.5.2020, https://www.al-monitor.com/originals/2020/05/turkey-israel-egypt-libya-uae-ankara-moderate-diplomacy.html.

60 Sinem Adar, Günter Seufert, Turkey's presidential System after two and a half years, Berlin 2021, https://www.swp-berlin.org/en/publication/turkeys-presidential-system-after-two-and-a-half-years.

61 Siehe exemplarisch (R. T. Erdoğan): «Jetzt, da die Türkei einen neuen Unabhängigkeitskrieg führt, kann Trägheit nicht geduldet werden» (Türkisch), Website des Staatspräsidentenamtes vom 7.8.2017, https://www.tccb.gov.tr/haberler/410/80118/turkiyenin-yeni-bir-kurtulus-savasi-verdi gi-donemde-atalete-tahammul-edemeyiz.

62 Wörtlich: «Bis das Messer auf den Knochen trifft».

63 Diken, https://www.diken.com.tr/Erdoğan-doktrini-bundan-sonra-sabre tmeyecegiz-biz-gidecegiz.

64 Nuh Albayrak, «Erdoğan Doktrin», Sabah vom 21.10.2016, https://www.star.com.tr/yazar/Erdoğan-doktrini-yazi-1151314.

65 Kemal Inan, «Wo beginnt die Verteidigung der Türkei?» am 24.9.2016, https://www.setav.org/turkiyenin-savunmasi-nerede-baslar.

66 Yeni Şafak vom 7.8.2017, https://www.yeniŞafak.com/yazarlar/mehmet-acet/suriyede-atilacak-yeni-adim-ne-olacak-2039447.

67 Yeni Şafak vom 29.10.2017, https://www.yeniŞafak.com/gundem/afrini-biz-almazsak-hatay-gider-2805939.

68 Rede Bahçeli vom 25.8.2017, auf Youtube, https://www.youtube.com/watch?v=vCFcJPxd2-c.

69 Yeni Şafak am 24.9.2017, https://www.yeniŞafak.com/gundem/meclis-tamam-dedi-2797057.

70 Der Chefredakteur der AKP-Parteipostille Yeni Şafak am 22.1.2018, https://www.yeniŞafak.com/yazarlar/ibrahim-karagul/o-ser-haritasi-cokecek-bu-vatan-savunmasidir-ve-biz-bunu-cok-iyi-biliriz-2043081.

71 Website des Staatspräsidentenamtes vom 22.12.2016, https://www.tccb.gov.tr/haberler/410/68465/turkiye-istiklal-harbinden-sonra-en-onemli-muca delesini-veriyor.

72 Erdoğan in Haksöz vom 29.9.2016, https://www.yenisoz.com.tr/haber/birileri-lozan-i-zafer-diye-yutturmaya-calisti-16130.

73 All dies Erdoğan am 19.10.2016, nach IHA, https://www.iha.com.tr/haber-Erdoğan-2016-yilinda-1923un-psikolojisi-ile-hareket-edemeyiz-595065.

74 Stavros Drakoularakos, «Turkey and Edogan's rising ‹Lausanne Syndrome›», Digest of Middle East Studies, 18.12.2020, https://onlinelibrary.wiley.com/doi/abs/10.1111/dome.12224.

75 Dies und das Folgende Erdoğan am 16.19.2016 nach Haksöz a. a. O.

76 Hürriyet vom 16.10.2016, https://www.hurriyet.com.tr/gundem/Erdoğan-turkiye-sadece-turkiye-degildir-40250602.

77 «Vorstoß … Bahçelis zu den 12 Inseln: Das geraubte Gut muss zurückge-

geben werden» (türkisch), Zeitung Aydınlık vom 31.5.2022, https://www.aydinlik.com.tr/haber/mhp-tbmm-grup-toplantisinda-konusan-mhp-genel-baskani-devlet-bahceliden-12-ada-cikisi-calinan-mal-iade-edilmeli-318866.

78 BengüTürk am 11.7.2022, https://www.benguturk.com/haber/93765/mhp-lideri-devlet-bahceliye-ulku-ocaklari-genel-baskani-tarafindan-hediye-edilen-harita-yunana-mesaj-oldu.

79 Griechische Zeitung Kathimerini vom 22.12.2021, https://www.ekathimerini.com/in-depth/analysis/1174226/the-demilitarization-or-sovereignty-dilemma.

80 Cengiz Çandar, «Kann in der Ägäis ein Krieg ausbrechen?» (türkisch), Liberale Website T24 vom 6.9.2022, https://t24.com.tr/yazarlar/cengiz-candar/bir-gece-ansizin-ege-de-savas-cikar-mi,36609.

81 Vgl. dazu und zum Folgenden Niels Kadritzke, «Ägäisstreit und kein Land in Sicht», Le Monde diplomatique, 21.7.2022. https://monde-diplomatique.de/shop_content.php?coID=%20100174.

82 Christos Panayiotides, «Audacity begets tryants», Cyprus Mail vom 8.2.2022, https://cyprus-mail.com/2022/02/06/audacity-begets-tyrants.

83 Vgl. Günter Seufert, «Erdoğan als Bauherr in Nordzypern», SWP-Aktuell, 8/2021, https://www.swp-berlin.org/publikation/Erdoğan-als-bauherr-in-nordzypern.

84 Ersin Tatar am 17.8.2022 im Interview mit der Zeitung Aydınlık, https://www.aydinlik.com.tr/haber/kktc-cumhurbaskani-ersin-tatar-aydinlikin-sorularini-yanitladi-kktc-gercegi-koklesip-yerlesiyor-333246.

85 Loengarov Alexander, «Between maritime law and politics in the East Mediterranean», Washington Institute, 24.3.2022, https://www.washingtoninstitute.org/policy-analysis/between-maritime-law-and-politics-east-mediterranean.

86 Deutscher Bundestag, «Seevölkerrechtliche Bewertung der türkisch-libyschen Vereinbarung über die Abgrenzung ihrer maritimen Interessenssphären im östlichen Mittelmeer», https://www.bundestag.de/resource/blob/678992/e6247b1311a73d6058a5d50ea7eb2682/WD-2-143-19-pdf-data.pdf.

87 Alexander Diskopoulos, Nikos Stournaras, «Turkey's quest for strategic autonomy», ELIAMEP, 9.6.2022, https://www.eliamep.gr/en/publication/η-τουρκία-σε-αναζήτηση-στρατηγικής-αυ.

88 Diese und das Folgende nach Tonga Demiryol, «Natural gas and geopolitics in the Eastern Mediterranean, Heinrich-Böll-Stiftung 7.9.2020, https://tr.boell.org/en/2020/09/07/natural-gas-and-geopolitics-eastern-mediterranean.

89 Cem Gürdeniz, «Blue Homeland ‹shows Turkey has become a maritime power›», Hürriyet vom 4.3.2019, http://www.hurriyetdailynews.com/blue-homeland-shows-turkey-has-become-a-maritime-power-141624.

90 Dies und das Folgende ebenda.

91 Siehe Aurélien Denizau, Mavi Vatan, «The Blue Homeland», Paris 2021, https://www.ifri.org/sites/default/files/atoms/files/denizeau_mavi_vatan_turkey_2021.pdf.

92 Siehe Bundestag a. a. O.

93 Website des türkischen NSR, https://www.mgk.gov.tr/index.php/30-ocak-2020-tarihli-toplanti.

94 Günter Seufert, «Außenpolitik und Selbstverständnis», Berlin 2012, https://www.swp-berlin.org/publications/products/studien/2012_S11_srt.pdf.

95 Nebahat Tanrıverdi Yasar, «Unpacking Turkey's security footprint in Africa», SWP-Comment 6/2022.

96 Dies und das folgende ebenda.

97 Frederico Donelli, «UAVs and beyond», Megatrends Afrika, 2/2022, https://www.swp-berlin.org/publikation/policy-brief-02-turkish-security-and-defence-cooperation-with-africa.

98 Ebenda.

99 Tanriverdi a. a. O.

100 Donelli a. a. O. (übersetzt von GS).

101 So Tanriverdi a. a. O.

102 Website der Diyanet, https://diyanet.nl/kurumsal/kurulus-ve-tarihce.

103 Website der Diyanet, https://www.diyanet.be/Kurumsal/Hakk%C4%B1m%C4%B1zda.

104 Website der Diyanet, https://diyanet.nl/kurumsal/kurulus-ve-tarihce.

105 Website der Diyanet, https://www.diyanet.be/Kurumsal/Hakk%C4%B1m%C4%B1zda.

106 Website der DITIB-Lyon, https://www.ditiblyon.fr/fransa-ditibin-subeleri.

107 Die Website der Organisation gibt darüber keine Auskunft, deshalb: https://de.wikipedia.org/wiki/ATIB_Union.

108 Website der DITIB, http://www.ditib.de/default.php?id=5&lang=en.

109 Website der DITIB, http://www.ditib.de/default1.php?id=5&sid=8&lang=en.

110 Wikipedia, https://de.wikipedia.org/wiki/ATIB_Union.

111 Website der Stiftung, https://diyanet.nl/kurumsal/hakkimizda.

112 Website der Organisation, https://www.diyanet.be/Kurumsal/Hakk%C4%B1m%C4%B1zda.

113 So der Wissenschaftliche Dienst des Bundestages, «Rechtlicher Status der DITIB», WD 10–3000–053/18 vom 22.3.2020, https://www.bundestag.de/resource/blob/566948/359318b04c5199597f024f3dd696ff21/wd-10-053-18-pdf-data.pdf.

114 Ebenda.

115 Der CDU-Abgeordnete Christoph de Vries am 19.1.2019, siehe https://www.evangelisch.de/inhalte/154697/19-01-2019/politiker-von-cdu-und-gruenen-fordern-mehr-unabhaengigkeit-der-ditib, und der nordrhein-westfälische Integrationsminister Joachim Stumpf (FDP), https://de.qantara.de/content/integrationsminister-appelliert-an-liberale-muslime-in-ditib.

116 Mathias Rohe, «Gutachten zum Religionsunterricht an den öffentlichen Schulen in Hessen in Kooperation mit DITIB-Landesverband Hessen e. V. nach Artikel 7, Abs. 3 GG, S. 34», Website des Hessischen Kultusministeriums vom 22.3.2020, https://www.hessen.de/sites/default/files/media/prof._dr._mathias_rohe_-_islamwissenschaftliches_gutachten_ditib_hessen_fuer_hkm_2017.pdf.

117 Dies und das folgende Zitat von Nermin Abadan Unat, «Bitmeyen Göç: Konuk İşçilikten Ulus-Ötesi Yurttaşlığa» bei Elif Zehra Kandemir, «DITIB tartismasi neden bütün cemaatleri ilgilendiriyor?» in: Perspektif (IGMG-nahe Zeitschrift), 3.1.2018, https://perspektif.eu/2018/01/03/ditib-tartismasi.

118 Günter Seufert, «Die Türkisch-Islamische Union der türkischen Religionsbehörde (DITIB)», in Günter Seufert und Jacques Waardenburg (Hg.), «Turkish Islam and Europe», Istanbul/Stuttgart 1999, S. 261–264.

119 Rohe, S. 31.

120 Ebenda, S. 34.

121 Abadan-Unat a. a. O.

122 Nachrichtenwebsite Al-Haber vom 17.9.2021, https://www.ahaber.com.tr/gundem/2021/09/17/sondakika-diyanet-isleri-baskanligina-atama-prof-dr-ali-erbas-yeniden-atandi.

123 Zitiert nach Tayfun Atay, Cumhuriyet Online vom 20.9.2017, http://www.cumhuriyet.com.tr/koseyazisi/827391/Sekulerizm_sana_soyluyorum__laiklik_sen_anla_.html#.

124 Vgl. Atay ebenda, weiterhin Stellungnahmen wie die der CHP-Abgeordneten Eren Erdem und Tür Yıldız Biçer, des früheren Justizministers Hikmet Sami Türk und des ehemaligen Präsidenten des Verfassungsgerichts Yekta Güngör Özden.

125 Staatsfernsehen TRT vom 4.10.2018.

126 Ebenda.

127 Regierungsnahe Tageszeitung Sabah vom 2.6.2019, https://www.sabah.com.tr/galeri/yasam/yenikapida-cumhurbaskani-Erdoğanin-katilimiyla-enderun-teravihi.

128 Video von Erdoğans Koranvortrag auf Youtube, veröffentlicht vom Staatssender TRT am 1.6.2019, https://www.youtube.com/watch?v=dmMrı6ninuw.

129 «Wird die Diyanet zur Filiale des Präsidialamts?», fragt die Zeitung Karar

am 17.9.2021, https://www.karar.com/yazarlar/mehmet-ocaktan/diyanet-siyasetin-cankaya-subesi-olabilir-mi-1590638.

130 Vgl. https://www.ytb.gov.tr/yurtdisi-vatandaslar/genel-bilgi am 17.3.2022.

131 Website Haberdar, http://www.haberdar.com/gundem/abd-de-konusan-Erdoğan-deas-tan-hicbir-farki-olmayan-bu-ideolojik-fanatizmin farkli-toplum-katmanlarinda-kok-saldigini-goruyoruz-h211965.html vom 20.9.2021.

132 Dies und das folgende Zitat unter https://www.ytb.gov.tr/kardes-topluluk lar/genel-bilgi am 17.3.2022.

133 Ebenda.

134 Für eine apologetische Darstellung siehe https://www.insightturkey.com/articles/the-world-is-bigger-than-five-a-salutary-manifesto-of-turkeys-new-international-outlook, Zugriff am 17.3.2022.

135 Vgl. https://de.wikipedia.org/wiki/Organisation_der_Turkstaaten, Zugriff am 17.3.2022.

136 Website der Stiftung am 18.3.2022, https://turkiyemaarif.org/page/2018-DUNYADA-MAARIF-16.

137 So nach der türkischen Tageszeitung Cumhuriyet die Süddeutsche Zeitung am 21.1.2020, https://www.sueddeutsche.de/bildung/tuerkei-schulen-deutschland-guelen-1.4759187.

138 Ebenda. Für Beispiele aus den Ländern des Westbalkans siehe https://balkaninsight.com/2019/03/19/diaspora-politics-turkeys-new-balkan-ambas sadors/, Zugriff am 18.3.2022.

139 Vgl. https://www.presseportal.de/pm/66749/4489739, Zugriff 18.3.2022.

140 Siehe https://maarifeurope.de/uber-uns/, Zugriff am 18.3.2022.

141 Der Vorsitzende der Stiftung laut ihrer türkischen Website am 18.3.2022, https://turkiyemaarif.org/post/7-canakkale-zaferini-bir-mufredat-olarak-yeni-nesil-iceriklerle-anlatmaliyiz-1965?lang=tr.

142 Dies und das Folgende nach der Website der UID vom 17.3.2022, die keine Auskunft über die Rechtsform der Organisation gibt, https://u-id.org/de/hakkimizda.

Literaturhinweise

Politisches System

Adar, Sinem, Seufert, Günter, Turkey's presidential System after two and half years: an overview of institutions and politics, Berlin 2021

Akyol, Cigdem, Erdogan (Deutsche Ausgabe), Freiburg 2018

Baser, Bahar, Öztürk, Ahmet E., Authoritarian politics in Turkey: elections, resistance and the AKP, London 2017

Gottschlich, Jürgen, Türkei: Erdogans Griff nach der Alleinherrschaft, Berlin 2016

Grigoriadis, Ioannis, N., Democratic transition and the rise of populist majoritarianism, constitutional reform in Greece and Turkey, Basingstoke 2017

Sapper, Manfred, Wechsel, Volker (Hg.), Vergleichende Toxikologie: Herrschaft in Russland und der Türkei, Osteuropa 10–12/2018

Steinsdorff von, Silvia et al., The Constitutional Court of Turkey. Between legal and political reasoning, Baden-Baden 2022

Stelgias, Nikloaos, The ailing Turkish democracy: the transforming and perpetuation of a hybrid competitive system, Cambridge 2020

Thumann, Michael, Der neue Nationalismus: die Wiederkehr einer totgeglaubten Ideologie, Berlin 2020

Varwick, Johannes (Hg.), Autokratie, Politikum 1/2018

Yücel, Deniz: Taksim ist überall: Die Gezi-Bewegung und die Zukunft der Türkei, Hamburg 2014

Die Türkei im Nahen Osten

Balcı, Bayram, Monceau, Nicolas (Hg.), Turkey, Russia and Iran in the Middle East, Cham 2021

Johansen, Margret et al. (Hg.), Peace Report 2017: a selection of texts, Wien 2016

Volk, Thomas, Turkey's perception of its role in the Middle East: from bridge to pivot, Baden-Baden 2022

Zypern

Bryant, Rebecca, Hatay, Mete, Sovereignty suspended, the making of the so-called state, Philadelphia 2020

Faustmann Hubert, Solomou, Emilios (Hg.), Independent Cyprus 1960–2010, Nicosia 2011

Moudouros, Nikos, State of exception in the Mediterranean, Turkey and the Turkish Cypriot Community, Cham 2021

Beziehungen zu Deutschland und Europa

Adar, Sinem, EU-Policies towards Turkey and avenues for cooperation with the U. S.: protecting shrinking democratic spaces, safeguarding multilateral principles, Washington D. C./Istanbul 2021

Aydin, Yasar, Türkei, Frankfurt am Main 2017

Saatçioglu, Belken, Tekin, Funda (Hg.), Turkey and the European Union, key dynamics and future scenarios, Baden-Baden 2021

Tekin, Funda, Schönlau, Anke (Hg.), The EU-German-Turkish triangel: Narratives, perceptions and discourse of a unique relationship, Baden-Baden 2022

Turhan, Ebru, Seufert, Günter (Hg.), German interests and Turkey's EU Accession Process: a holistic perspective, Istanbul 2015

Verein zur Förderung der Städtepartnerschaft Bremen-Izmir e. V. (Hg.), Wege der Freundschaft, 25 Jahre Städtepartnerschaft Bremen-Izmir, Bremen 2022

Politische Geschichte seit dem späten Osmanischen Reich

Kieser, Hans-Lukas, Talât Pascha: Gründer der modernen Türkei und Architekt des Völkermords an den Armeniern, Zürich, 2021

Philliou, Christine, M., Turkey: a past against history, Berkeley 2021

Reinkowski, Maurus, Geschichte der Türkei: Von Atatürk bis zur Gegenwart, München 2021

Zürcher, Erik, J., Turkey: a modern history, London 2017

Gesellschaft

Dink, Hrant, Von der Saat der Worte, Berlin 2015

Eczacıbası, Bülent, A rip in the sea: New responsibilities for buisness, Istanbul 2020

Farah, Jakob (Hg.), Türkei: Gezi, Gülen, Großmachttäume, Edition Le Monde diplomatique, Heft 29, 2021

nGbK-Projektgruppe 77–13 (Hg.), Politische Kunst im Widerstand in der Türkei, Berlin 2015

Schlötzer, Christiane, Türkei: Jenseits von Galata im Übermorgenland, Wien 2016

Schlötzer, Christiane, Istanbul – Ein Tag und eine Nacht, ein Porträt der Stadt in 24 Begegnungen, Berlin 2021

Şen, Gül, Die Entwicklung zivilgesellschaftlicher Strukturen in der Türkei (2002–2010), Berlin 2013

Politisierte Religion

Aydemir, Suna, G., Rückzug und Rückkehr des Religiösen: Religionspolitik/en) der modernen Türkei (1839–2002), Wiesbaden 2019

Bermek, Sevinç, The rise of hybrid political Islam in Turkey: origins and consolidation of JDP, Cham 2018

Tröndle, Dirk, Kontextualisierung des islami(sti)schen Gedankenguts in der Türkei: … unter besonderer Berücksichtigung der Ideen von Necip Fazıl Kısakürek, Wiesbaden 2021

Jäger, Thomas, Thiele Ralph (Hg.), Der politische Islamismus als hybrider Akteur globaler Reichweite, Berlin 2021

Karakoyun, Ercan, Die Gülen-Bewegung: Was sie ist, was sie will, Freiburg 2017

Knoblach, Jonas, Kontinuität und Brüche kemalistischer Politikentwürfe im 21. Jahrhundert: Siegeszug des politischen Islams oder der lange Atem Atatürks?, Baden-Baden 2022

Seufert, Günter, Überdehnt sich die Bewegung von Fethullah Gülen? Eine türkische Religionsgemeinschaft als nationaler und internationaler Akteur, Berlin 2013

Kurden

Gourlay, William, The Kurds in Erdogan's Turkey: balancing identity, resistance and citizenship, Edinburgh 2022

Kaya, Mehmet, S., The Zaza Kurds of Turkey: a Middle Eastern minority in a globalised society, London 2018

Seufert, Günter (Hg.), Der Aufschwung kurdischer Politik: Zur Lage der Kurden in Irak, Syrien und der Türkei, Berlin 2015

Seufert, Günter (Hg.), Die Kurden im Irak und in Syrien nach dem Ende der Territorialherrschaft des «Islamischen Staates», Berlin 2018

Balkan

Öztürk, Ahmet E., Religion, identity and power: Turkey and the Balkan in the twenty-first century, Edinburgh 2021

Radeljic, Branislav, Özsahin, Mustafa C., Turkey's return to the Western Balkans: policies of continuity and transformation, Berlin 2022

Verhältnis zu Russland

Isachenko, Daria, Turkey and Russia, the logic of conflictual cooperation, Berlin 2021

Kınıklıoglu, Suat, Eurasianism in Turkey, Berlin 2022

Türkische Diaspora

Adar, Sinem, Eine Neubetrachtung der politischen Einstellungen türkischer Migranten in Deutschland, Berlin 2020

Gülalp, Haldun, Seufert, Günter (Hg.), Religion, identity and politics: Germany and Turkey in interaction, London 2013

Lehman, Karsten, Resi, Wolfram (Hg.), Religiöse Vielfalt in Österreich, Baden-Baden 2022

Jamal, Lubna, Aydın, Yasar (Hg.), Graue Wölfe: Türkischer Ultranationalismus in Deutschland, Bonn 2022

Wohlrab-Sahr, Monika, Tezcan, Levent (Hg.), Islam in Europa: Institutionalisierung und Konflikt, Baden-Baden 2022

Migration

Mau, Steffen, Sortiermaschinen: die Neuerfindung der Grenze im 21. Jahrhundert, Bonn 2022

Schenk, Michael, Die Flüchtlingsthematik in den Medien, Medientenor und Bevölkerungsmeinung, Baden-Baden 2022

Erdogan, Murat, Syrians barometer: A framework for achieving social cohesion with Syrians in Turkey, Ankara 2022

Bild- und Kartennachweis

Seite 16: © Christopher Kubaseck

Seite 27: © picture alliance/AA/Murat Kaynak

Seite 45: © picture alliance/Westend61/A. Tamboly

Seite 55: © picture alliance/imageBROKER/Hans Lippert

Seite 68: © Christopher Kubaseck

Seite 79: © picture alliance/Zoonar/Khaled Eladawy

Seite 89: © picture alliance/dpa/Nikola Mihov/Wostok Press

Seite 99: © Fremdenverkehrsamt der Türkei

Seite 107: © Christopher Kubaseck

Seite 134: © picture alliance/imageBROKER/Karl F. Schöfmann

Seite 161: © Peter Palm, Berlin

Seite 168: © picture-alliance/dpa/epa Bozoglu

Seite 190: © Peter Palm, Berlin

Seite 198: © Peter Palm, Berlin

Seite 205: © Peter Palm, Berlin

Seite 223: © 2004, Schüler

Personenregister

Kursive Seitenzahlen verweisen auf Bildtexte.

Aus dem Verlagsprogramm

Bücher zum Osmanischen Reich und zur Türkei

Rolf Hosfeld
Tod in der Wüste
Der Völkermord an den Armeniern
2. Auflage. 2015. 288 Seiten mit 18 Abbildungen und 1 Karte.
Gebunden

Maurus Reinkowski
Geschichte der Türkei
Von Atatürk bis zur Gegenwart
2021. 496 Seiten mit 51 Abbildungen und 6 Karten. Gebunden

Klaus Kreiser
Atatürk
Eine Biographie
2. Auflage. 2014. 336 Seiten mit 38 Abbildungen und 4 Karten.
Broschiert
C.H.Beck Paperback

Martin Strohmeier, Lale Yalçin-Heckmann
Die Kurden
Geschichte, Politik, Kultur
5. Auflage. 2017. 283 Seiten mit 8 Abbildungen und 5 Karten. Broschiert
C.H.Beck Paperback

Hasan Cobanli
Erdoğanistan
Der Absturz der Türkei und die Folgen für Deutschland
2017. 226 Seiten. Klappenbroschur
C.H.Beck Paperback

C.H.Beck

Bücher zum Osmanischen Reich und zur Türkei

Suraiya Faroqhi
Geschichte des Osmanischen Reiches
8. Auflage. 2021.
128 Seiten mit 2 Karten. Broschiert
C.H.Beck Wissen

Klaus Kreiser
Geschichte der Türkei
Von Atatürk bis zur Gegenwart
2. Auflage. 2020. 128 Seiten mit 2 Karten.
Broschiert
C.H.Beck Wissen

Irene Schneider
Der Islam und die Frauen
2. Auflage. 2019. 288 Seiten. Broschiert
C.H.Beck Paperback

Klaus Kreiser
Istanbul
Ein historischer Stadtführer
2013. 336 Seiten mit 38 Abbildungen und 14 Plänen.
Paperback
Beck'sche Reihe

Matthias Göritz
Die Sprache der Sonne
Roman
2023. 331 Seiten mit 2 Karten. Gebunden

C.H.Beck